上：《九歌图·东皇太一、云中君》

下：燕昭王黄金台招贤

上：战国·秦　鎏金银盘

下：战国·楚　"大府"错银卧牛铜镇

上：战国·魏　错金银马首形铜辕

中：战国·楚　错金鄂君启铜节

下：鬼谷子下山图

上：战国 · 中山　中山王方壶

下：战国 · 中山　中山王圆壶拓片

战国

马平安 著

何以称雄

进如锋矢，战如雷霆

布衣驰骛，万乘争雄

团结出版社

图书在版编目（ＣＩＰ）数据

战国何以称雄 / 马平安著. -- 北京 ：团结出版社，
2018.1

ISBN 978-7-5126-5801-1

Ⅰ.①战… Ⅱ.①马… Ⅲ.①中国历史－春秋战国时
代－通俗读物 Ⅳ.①K225.09

中国版本图书馆CIP数据核字(2017)第291493号

出　版：团结出版社
　　　　（北京市东城区东皇城根南街84号　邮编：100006）

电　话：（010）65228880　65244790　（出版社）

　　　　（010）65238766　85113874　65133603（发行部）

　　　　（010）65133603（邮购）

网　址：http://www.tjpress.com

E-mail：zb65244790@vip.163.com

　　　　fx65133603@163.com（发行部邮购）

经　销：全国新华书店

印　装：三河腾飞印务有限公司

开　本：160mm×230mm　　16开

印　张：21.5

字　数：305千字

印　数：4045

版　次：2018年1月　第1版

印　次：2018年1月　第1次印刷

书　号：978-7-5126-5801-1

定　价：62.00元

目录

魏文侯的称雄之道

魏文侯时期的朝廷，人才济济。济济人才中的佼佼者，文有李悝、魏成、翟璜、田文、任座等一帮谋臣；武有吴起、西门豹、乐羊等一伙干将。对于他们，魏文侯根据各人不同的特点，用其所长，避其所短，充分发挥他们的所长，以此换来了战国初期魏国称雄诸侯百年的局面。

一

公元前 403 年，三家分晋。

以韩、赵、魏三家分晋为标志，中国历史从此进入战国时代。

战国，顾名思义，这个时代一定是与战争、战乱紧密地联系在一起的，战乱的印记一定是十分明显的。

周武王建立周王朝，周公定制，推行邦国制，较大的诸侯国就有 72 个。

经过春秋三百多年的扫荡与兼并，到三家分晋时已经剩下不多的十余个国家，其中齐、楚、燕、韩、赵、魏、秦七国互争雄长，这七大国被后世史家称为战国七雄。

战国初年，大国之中，魏国最强。

司马迁在《史记·魏世家》中说：魏文侯六年，魏氏修建少梁城。十三年，文侯派其子击攻取秦国繁、庞二城，将城中居民逐出而占有其地。十六年，又进攻秦国，"筑临晋、元里"二城。十七年，魏伐中山，灭其国。由此可见，战国初年，并非是秦国攻伐魏国，而是魏国总是在不断欺负着秦国。

敢于到处攻伐别的国家，没有别的理由，就是因为魏国综合国力比别的国家强大。

强大者欺负弱小者，想怎样欺负就怎样欺负，想什么时候欺负就什么时候欺负，这就是霸道，就像猫玩老鼠一样，这就是人世间弱肉强食的丛林法则，不给你讲道理。你有什么办法？有本事你也强大，你也发展，你也欺负我？不然你就老实点、规矩点，少惹老子生气，更别勾起老子对领土或其他物质的欲望，否则，大爷一出手，就没有你好的日子过，不信您就等着瞧！

战国初年的魏国，就是这样一个凭借自己强大国力到处为所欲为的诸侯，它就有这样的底气。

要说魏国能够有这样的资本，并不是因为其国土肥水茂，地理位置极好，也不是其国独居天险，别国无法觊觎，而是在这个转型期的当口，魏国幸运地出现了一位英明之主，将魏国的软实力充分开发出来，并且将国家硬件出现的漏洞也充分弥补了回来。

这位明主就是魏文侯。

二

作为魏国的当家人，魏文侯确实不负众望。

首先，他有称雄称霸的雄心。

高度决定出路。不强即弱、非此即彼的选择，决定了魏文侯要走富国强兵的路线，不仅要走，还要快走，甚至还要跑起来。

也就是说，魏国要想在群雄中站稳脚跟并进而成为强国，全面改革是其唯一的选择。

其次，他懂得干部决定成败的道理。

英明的领导者往往会在制定正确目标与发掘任用有用人才两个方面下足功夫。历史事实充分证明，魏文侯就是这样一个明智的、有高度的领导。

作为一国之君，魏文侯懂得，处在魏国当家人的位置上，必须扮演好当家人总揽全局的角色。要使魏国在四面环敌的环境中生存下去，并能够得到发展，就不能逞匹夫之勇，就不该唯个人之智，唯一最有效的方法就是要发掘人才、量才用人、因才用人。用人才之智扩展自己之智，用人才之力增加自己之力，用人才之能提高自己之能，用众人之力托起魏国的强盛。

为此，魏文侯将人才工程上升为魏国最重要的政治工程。他也因此在这方面下做足了功夫，全方位上马，自己则坐收富国强兵之利。

三

魏文侯不仅很懂得招揽人才的诀窍，他也善于在这方面花时间、花气力宣传和推销自己。

冯梦龙在《东周列国志》中提到了两件事情：

第一件事情内容大致如下：

却说三晋之中，惟魏文侯斯最贤，能虚心下士。时孔子高弟卜商，字子夏，教授于西河，文侯从之受经；魏成荐田子方之贤，文侯与之为友。成又言："西河人段干木，有德行，隐居不仕。"文侯即命驾车往见。干木闻车驾至门，乃逾后垣而避之，文侯叹曰："高士也！"遂留西河一月，日日造门请见，将近其庐，即凭轼起立，不敢倨坐。干木知其诚，不得已而见之，文侯以安车载归，与田子方同为上宾。四方贤士闻风来归，又有李克、翟璜、田文、任座一班谋士，济济在朝。当时人才之盛，无出魏右，秦人屡次欲加兵于魏，畏其多贤，为之寝兵。

这里点出了很重要的几项信息：

1. "三晋之中，惟魏文侯斯最贤，能虚心下士。"魏文侯之贤，在于能虚心下士。也就是说能够听进各方面的意见。从中看出魏文侯不是一个狂妄自大、故步自封，而是一个能够虚心听从大家意见的圣明君王。

2. 为了得到孔门高足子夏，魏文侯不惜亲自屈身到西河求贤。

3. 在遭到子夏的闭门羹后，魏文侯不是大怒，不是退缩，而是干脆执着地留在西河，一留就是三十天，在这一个月里，他什么都放下，专门天天登门请求一见。

也许，在遭到子夏的拒见后，魏文侯心中不是恼怒而是狂喜。他在心底里暗暗祈祷，这正是他所预想的结果。如果轻而易举就请出子夏，一来魏文侯会因为太容易、太简单而对这个人才的价值发生怀疑；二来魏文侯就是正想借这个臭脾气、摆架子的书生的难得一见的事例在全天下人的面前做足他"虚心下士"的广告招牌。试想想，如果是个上点台面的人都得国君出面屈驾去请，还得做到低三下四，还不得把他累死拉倒。通过对子夏的形象攻关，魏文侯相信其他有能力想建功立业的人才会源源不招自来，他对子夏的礼敬绝对值得。

4. 事情果然是按照魏文侯预想的路数发展。子夏归魏后，"四方贤士闻风来归，又有李克、翟璜、田文、任座一班谋士，济济在朝。当时人才之盛，无出魏右。"

总之，这个国君不简单。

魏文侯凭着他过人的手段，达到了他广揽四方人才的目的。

第二件事情的经过则大致如下：

文侯尝与虞人期定午时，猎于郊外。其日早朝，值天雨，寒甚，赐群臣酒，君臣各饮，方在浃洽之际，文侯问左右曰："时及午乎？"答曰："时午矣。"文侯遽命撤酒，促舆人速速驾车适野。左右曰："雨，不可猎矣，何必虚此一出乎？"文侯曰："吾与虞人有约，彼必相候于郊，虽不猎，敢不亲往以践约哉？"国人见文侯冒雨而出，咸以为怪，及闻赴虞人之约，皆相顾语曰："我君之不失信于人如此。"于是凡有政教，朝令夕行，无敢违者。

上述事例表明，魏文侯绝对是一个优秀的政治表演家。他十分懂得做秀的重要性。牢笼人才如此；取得民信亦是如此。在牢笼人才方面，他深深懂得士人们心高气傲、不愿趋附的弱点，故而能够以子夏为突破口，用"虚心下士"之法最终取得成功。但对于基层的芸芸众生，普通民众，他又采用了另一种颇具特色的突破办法。这就是他与最底层的猎人在一个乌云滚滚、天冷气寒的日子约定一起出外打猎。结果届时大雨倾盆，人们畏惧寒冷与雨水都猫在室内。魏文侯却"冒雨而出"让国人"咸以为怪，及闻赴虞人之约，皆相顾语曰：'我君之不失信于人如此。'"这样，他在民众的心里就建立起来了绝对的信任与令行禁止的道德约束，"于是凡有政教，朝令夕行，无敢违者。"魏文侯又一次以精心的设计与表演达到了他对民众令行禁止的目的。

接下来，具有雄心、擅长政治的魏文侯，在万事俱备的前提下，很快就把魏国搞成了战国诸侯国中的头等强国。

四

魏文侯时期的朝廷中，人才济济。

济济人才中的佼佼者，文有李悝、魏成、翟璜、田文、任座等一帮谋臣；武有吴起、西门豹、乐羊等一伙干将。对于他们，魏文侯根据各人不同的特点，用其所长，避其所短，充分发挥了他们的所长。

我们可以先重点考察一下李悝，以此来作为认识与说明魏文侯人才库的高度。

李悝，又名李克，生卒年已不可考，是魏文侯能臣中的一位著名的人物。

最初，他为魏文侯的上地守，后升为魏国的相国。

在魏文侯的支持下，李悝在魏国进行改革。经济上，"尽地力之教"，推行授田制度，发展农业生产；军事上，大胆推行军制革新，奖励在战场上英勇作战的有功将士；政治上，打破贵族垄断的世袭世禄制和当时国与国的界限，"夺淫民之禄，以来四方之士"；在法律上，作《法经》六篇，将制定好的法律公诸于众，强调社会生活一切遵守法纪。

魏国初年的这场变法运动，不仅使李悝获得了战国时期法家始祖的地位，而且彻底改变了战国初年魏国在各国中的软弱地位，使得魏国的国力开始迅速强大起来。

正因为有魏文侯用人不疑之因，才会有李悝在魏国变法的成功之果。

在《东周列国志》中，李悝虽然所占篇幅不多，但他与魏文侯之间良好的君臣关系，还是留下了一段精彩的记述：

> 文侯以翟璜荐贤有功，欲拜为相国，访于李克。克曰："不如魏成。"文侯点头。克出朝，翟璜迎而问曰："闻主公欲卜相，取决于子，今已定乎，何人也？"克曰："已定魏成。"翟璜忿然曰："君欲伐中山，吾进乐羊；

君忧邺，吾进西门豹；君忧西河，吾进吴起。吾何以不若魏成哉？"李克曰：
"成所举卜子夏、田子方、段干木，非师即友。子所进者，君皆臣之。成
食禄千锺，什九在外，以待贤士；子禄食皆以自赡。子安得比于魏成哉？"
璜再拜曰："鄙人失言，请侍门下为弟子。"

也正因为主正臣直，魏国将相得人，边鄙安集，三晋之中，唯魏最强。

对西门豹的重用，是魏文侯用人的灵活性与实用性的另外一个很鲜活
的事例。

李悝是一个具有战略特质的人才，魏文侯就将中央政府改革工作全面
交由他负责。西门豹的特点是不信邪，勤政实干，是担当一方的能臣干将。
魏文侯就根据翟璜的举荐，让他到问题成堆的邺城去拨乱反正。

据《东周列国志》中记述：

豹至邺城，见闾里萧条，人民稀少，召父老至前，问其所苦。

父老皆曰："苦为河伯娶妇。"豹曰："怪事，怪事，河伯如何娶妇？
汝为我详言之。"

父老曰："漳水自沾岭而来，由沙城而东，经于邺，为漳河。河伯即
清漳之神也，其神好美妇，岁纳一夫人，若择妇嫁之，常保年丰岁稔，雨
水调均，不然神怒，致水波泛溢，漂溺人家。"

豹曰："此事谁人倡始？"

父老曰："此邑之巫觋所言也，俗畏水患，不敢不从，每年里豪及廷掾，
与巫觋共计，赋民钱数百万，用二三十万，为河伯娶妇之费，其余则共分
用之。"

豹问曰："百姓任其瓜分，宁无一言乎？"

父老曰："巫觋主祝祷之事，三老、廷掾有科敛奔走之劳，分用公费，
固所甘心。更有至苦，当春初布种，巫觋遍访人家女子，有几分颜色者，即云：
'此女当为河伯夫人。'不愿者，多将财帛买免，别觅他女。有贫民不能买免，
只得将女与之。巫觋治斋宫于河上，绛帷床席铺设一新，将此女沐浴更衣，

居于斋宫之内。卜一吉日，编苇为舟，使女登之，浮于河，流数十里，乃灭。人家苦此烦费，又有爱女者，恐为河伯所娶，携女远窜，所以城中益空。"

豹曰："汝邑曾受漂溺之患否？"

父老曰："赖岁岁娶妇，不曾触河神之怒。但漂溺虽免，奈本邑土高路远，河水难达，每逢岁旱，又有干枯之患。"

豹曰："神既有灵，当嫁女时，吾亦欲往送，当为汝祷之。"

及期，父老果然来禀，西门豹具衣冠亲往河上，凡邑中官属、三老、豪户、里长、父老，莫不毕集。百姓远近皆会，聚观者数千人。

三老、里长等引大巫来见，其貌甚倨，豹观之，乃一老女子也。小巫女弟子二十余人，衣裳楚楚，悉持巾栉、炉香之类，随侍其后，豹曰："劳苦大巫，烦呼河伯妇来，我欲视之。"老巫顾弟子使唤至，豹视女子，鲜衣素袜，颜色中等，豹谓巫妪及三老众人曰："河伯贵神，女必有殊色，方才相称，此女不佳，烦大巫为我入报河伯，但传太守之语，'更当别求好女，于后日送之！'"

即使吏卒数人，共抱老巫投之于河，左右莫不惊骇失色。豹静立俟之。良久曰："妪年老不干事，去河中许久，尚不回话，弟子为我催之。"复使吏卒抱弟子一人，投于河中。少顷又曰："弟子去何久也？"复使弟子一人催之，又嫌其迟，更投一人，凡投弟子三人，入水即没。豹曰："是皆女子之流，传语不明，烦三老入河，明白言之。"三老方欲辞，豹喝："快去，即取回覆。"吏卒左牵右拽，不由分说，又推河中，逐波而去。

旁观者皆为吐舌，豹簪笔鞠躬，向河恭敬以待，约莫又一个时辰，豹曰："三老年高，亦复不济，须得廷掾、豪长者往告。"那廷掾、里豪吓得面如土色，流汗浃背，一齐皆叩头求哀，流血满面，坚不肯起。西门豹曰："且俟须臾。"众人战战兢兢，又过一刻，西门豹曰："河水滔滔，去而不返，河伯安在？枉杀民间女子，汝曹罪当偿命。"

众人复叩头谢曰："从来都被巫妪所欺，非某等之罪也！"豹曰："巫妪已死，今后再有言河伯娶妇者，即令其人为媒，往报河伯。"于是廷掾、里豪、三老干没财赋，悉追出散还民间，又使父老即于百姓中，询其年长无妻者，以女弟子嫁之，巫风遂绝，百姓逃避者，复还乡里。

西门豹初来乍到，即进行充分的调查研究，破除迷信，消除了当地多年"河伯娶妇"的闹剧。他又大兴水利，开挖十二条渠，引漳水灌溉庄稼，使得邺城再无旱涝之灾，百姓安居乐业。

西门豹治邺的成功，充分说明了魏文侯用人的独特眼光和务求实用的标准。

除了李悝、西门豹等人，魏文侯顶住众人反对的压力，重用乐羊攻伐中山国与吴起驻防西河，更证明了魏文侯用人的眼光和气魄。

《东周列国志》中说：

却说魏文侯左右见乐羊新进，骤得大用，俱有不平之意。及闻其三次辍攻，遂谮于文侯曰："乐羊乘屡胜之威，势如破竹，特因乐舒一语，三月不攻，父子情深，亦可知矣。主公若不召回，恐老师费财，无益予事。"文侯不应，问于翟璜。璜曰："此必有计，主公勿疑。"自此群臣纷纷上书，有言中山将分国之半与乐羊者，有言乐羊谋与中山，共攻魏国者，文侯俱封置箧内。但时时遣使劳苦，预为治府第于都中，以待其归。乐羊心甚感激，见中山不降，遂率将士尽力攻击，中山城坚厚，且积粮甚多，鼓须与公孙焦昼夜巡警，拆城中木石，为捍御之备，攻至数月，尚不能破，恼得乐羊性起，与西门豹亲立于矢石之下，督令四门急攻，鼓须方指挥军士，脑门中箭而死，城中房屋墙垣，渐已拆尽。

公孙焦言于姬窟曰："事已急矣！今日止有一计，可退魏兵。"窟问："何计？"公孙焦曰："乐舒三次求宽，羊俱听之，足见其爱子之情矣，今攻击至急，可将乐舒绑缚，置于高竿，若不退师，当杀其子，使乐舒哀呼乞命，乐羊之攻，必然又缓。"姬窟从其言，乐舒在高竿上大呼："父亲救命！"

乐羊见之，大骂曰："不肖子！汝仕于人国，上不能出奇运策，使其主有战胜之功；下不能见危委命，使君决行成之计。尚敢如含乳小儿，以哀号乞怜乎？"言毕，架弓搭矢，欲射乐舒。

舒叫苦下城，见姬窟曰："吾父志在为国，不念父子之情，主公自谋战守，臣请死于君前，以明不能退兵之罪。"公孙焦曰："其父攻城，其子不能无罪，合当赐死。"

姬窟曰："非乐舒之过也。"

公孙焦曰："乐舒死，臣便有退兵之计。"

姬窟遂以剑授舒，舒自刭而亡。公孙焦曰："人情莫亲于父子，今将乐舒烹羹以遗乐羊，羊见羹必然不忍，乘其哀泣之际，无心攻战，主公引一军杀出，大战一场，幸而得胜，再作计较。"姬窟不得已而从之，命将乐舒之肉烹羹，并其首送于乐羊曰："寡君以小将军不能退师，已杀而烹之，谨献其羹，小将军尚有妻孥，元帅若再攻城，即当尽行诛戮。"

乐羊认得是其子首，大骂曰："不肖子！事无道昏君，固宜取死。"即取羹对使者食之，尽一器，谓使者曰："蒙汝君馈羹，破城日面谢，吾军中亦有鼎镬，以待汝君也。"使者还报，姬窟见乐羊全无痛子之心，攻城愈急，恐城破见辱，遂入后宫自缢。公孙焦开门出降，乐羊数其谲诡败国之罪，斩之。

乐羊凯旋而归后，成了魏国的大功臣，他自己也为此有点飘飘然起来。然而，魏文侯厚赏了他后，却不再用他。朝臣不解，倒是李悝道破了天机，曰："乐羊不爱儿子，何况他人！"

乐羊之后，魏文侯又采用翟璜之言，起用吴起代守西河，秦军不敢东进。

文侯与翟璜谋及守西河之人，璜遂荐吴起可用。文侯召起见之，谓起曰："闻将军为鲁将有功，何以见辱敝邑？"起对曰："鲁侯听信谗言，信任不终，故臣逃死于此。慕君侯折节下士，豪杰归心，愿执鞭马前。倘蒙驱使，虽肝脑涂地，亦无所恨。"文侯乃拜起为西河守。起至西河，修城治池，练兵训武，其爱恤士卒，一如为鲁将之时，筑城以拒秦，名曰吴城。

魏文侯时代，是魏国称雄最好的年代。魏文侯以他政治家的眼光、气魄和胸怀，广采博收，将当时各国最优秀的人才纷纷罗致到他的麾下，从而为魏国霸业奠定了基础。

历史的真实记录是：

公元前414年，魏军包围并占领了黄河边上的繁庞（今陕西韩城东），赶走了秦国的居民。

公元前413年，魏军在郑（今陕西华县）大败秦军。

公元前409年，魏文侯派吴起再次伐秦，魏军在两年内就先后占领了秦国的邻晋（今陕西大荔东）、元里（今陕西澄城南）、洛阳（今陕西大荔西北）以及郃阳（今陕西合阳东南）等地。

就这样，秦国的河西之地（在今陕西黄河以西、洛水以北）全部丧失，秦军被迫退守北洛水，在重泉（今陕西蒲城东南）筑城防御。

接着，魏国设置了河西郡，任命吴起做郡守。吴起在驻守河西时期，鼓励开垦荒地，重视农业生产，屯粮积谷，充实国库。

魏文侯在位40多年间，重用法家，励精图治，很快就使魏国成为战国初期的头号强国。从魏文侯起到公孙鞅在秦国变法时止，魏国称霸中原诸侯各国能达近百年之久不能不说与魏文侯的知人善用有着很大的关系。

可惜魏文侯的后代，没有人有他那样的胸襟、眼光以及用人的胆识和气魄。因此在魏文侯死后，魏国的好日子便江河日下，逐渐一去不返。

战国女人花

　　貌美是女人征服男人最大的资本，女人靠面相取悦男人成就自己。当一个女人没有这样的资本时，她就失去了天然的优势。钟离春命苦，她的爹妈没有给她一副天生的美人坯子。她生得丑陋，黑得出奇，丑到无人愿意多看她一眼。在当时男性比例远远高于女性的时代，过了四十，还嫁不出去，可见钟离春身边的男人们是多么的短视。可是，老天爷最公平。钟离春人生得丑，心却明慧得很，闲着无事，她研究起了政治，钻研起国家大事，还真的把家国天下事弄得清清楚楚。有了政治智慧，钟离春便充满自信，她不再为自己长得丑犯愁，她决定要让世人大吃一惊，找个最尊贵的婆家，让周围狗眼看人低的男人们后悔一把。

一

战国，是一个男人角逐和争雄的时代。

在这个时代，男人们在战场上刀光剑影，就像今日男人们在商场上对金钱角逐与拼命一样，雄性荷尔蒙激素高度激昂、奔放，就像一个个开屏的孔雀，肆无忌惮地尽情倾洒、展现着自己最吸引异性的地方。

然而，男人们强的是表面，女人们却是强在骨子里面。

在战国那个动乱的年代，上到国君王侯，下到贩夫走卒，很多人的前途与命运恰恰就掌握在这些弱柳蚕眉的手中，事实俱在，还真不由你不信。

这里提到的钟离春就是一位这样的女人。

就常理而言，美貌是天下女人们的最大资本。自古英雄爱美人。很多达官贵人，风骚富者，并不惧怕自己敌人的强大，然而却过不了美貌女人的这道关。不怕风吹浪打，却惧怕女人的石榴裙内的杨柳细腰。说白了，还是这些男人们的道行不够，仅凭面相取人，还在原始生理需要层面上徘徊。

战国时代的钟离春却给后世有本事、靠才学的女人们正了名，这就是：不靠面相，也照样能征服男人，做成大事情。

按照史书上的记载，钟离春为人貌相极丑。

据西汉刘向在《古列女传》卷六中记载：

钟离春者，齐无盐邑之女，宣王之正后也。其为人极丑，无双白头，深目，长指，大节，卬鼻，结喉，肥顶，少发，折腰，出胸，皮肤若漆行。年四十，无所容人，街嫁不售，流弃莫执，于是乃拂拭短褐，自诣宣王。

常言道，女人靠面相取悦男人成就自己，貌美便是女人征服男人最大的资本。当一个女人没有这样的资本时，她就失去了天然的优势。钟离春命苦，她的爹妈没有给她一副天生的美人坯子。她生得丑陋，黑得出奇，丑到无人愿意多看她一眼。在当时男性比例远远高于女性的时代，过了四十，还嫁不出去，可见钟离春身边的男人们是多么的短视。可是，老天爷最公平。钟离春人生得丑，心却明慧得很，闲着无事，她研究起了政治，钻研起国家大事，还真的把家国天下事弄得清清楚楚。有了政治智慧，钟离春便充满自信，她不再为自己长得丑犯愁，她决定要让世人大吃一惊，找个最尊贵的婆家，也让周围狗眼看人低的男人们后悔一把。

冯梦龙在《东周列国志》第八十九中写道：

一日，宣王宴于雪宫，盛陈女乐，忽有一妇人，广额深目，高鼻结喉，驼背肥项，长指大足，发若秋草，皮肤如漆，身穿破衣，自外而入，声言："愿见齐王。"武士止之曰："丑妇何人，敢见大王？"丑妇曰："吾乃齐之无盐人也，复姓钟离，名春，年四十余，择嫁不得，闻大王游宴离宫，特来求见，愿入后宫，以备洒扫。"左右皆掩口而笑曰："此天下强颜之女也！"乃奏知宣王。宣王召入，群臣侍宴者，见其丑陋，亦皆含笑。宣王问曰："我宫中妃侍已备，今妇人貌丑，不容于乡里，以布衣欲干千乘之君，得无有奇能乎？"钟离春对曰："妾无奇能，特有隐语之术。"宣王曰："汝试发隐术，为孤度之，若言不中用，即当斩首。"钟离春乃扬目炫齿，举手再四，拊膝而呼曰："殆哉，殆哉！"宣王不解其意，问于群臣，群臣莫能对。宣王曰："春来前，为寡人明言之。"春顿首曰："大王赦妾之死，妾乃敢言。"宣王曰："赦尔无罪。"春曰："妾扬目者，代王视烽火之变；炫齿者，代王惩拒谏之口；举手者，代王挥谗佞之臣；拊膝者，代王拆游宴之台。"宣王大怒曰："寡人焉有四失？村妇妄言！"喝令斩之。春曰："乞申明大王之四失，然后就刑。妾闻秦用商鞅，国以富强，不日出兵函关，与齐争胜，必首受其患。大王内无良将，边备渐弛，此妾为王扬目而视之。妾闻：'君有诤臣，不亡其国；父有诤子，不亡其家。'大王内耽女色，外荒国政，忠谏之士，拒而不纳，妾所以炫齿为王受谏也。

且王驩等阿谀取容，蔽贤窃位；驺衍等迂谈阔论，虚而无实。大王信用此辈，妾恐其有误社稷，所以举手为王挥之。王筑宫筑囿，台榭陂池，殚竭民力，虚耗国赋，所以拊膝为王拆之。大王四失，危如累卵，而偷目前之安，不顾异日之患。妾冒死上言，倘蒙采听，虽死何恨！"

宣王叹曰："使无钟离氏之言，寡人不得闻其过也！"即日罢宴，以车载春归宫，立为正后。春辞曰："大王不纳妾言，安用妾身？"于是宣王招贤下士，疏远嬖佞，散遣稷下游说之徒，以田婴为相国，以邹人孟轲为上宾，齐国大治。即以无盐之邑封春家，号春为无盐君。

钟离春是聪明的，因为她已经把齐宣王完全研究个明明白白。她知道，这个君王的身边不缺长得好看的女人，但却缺有见识，能够帮得上并成就这个男人，让他充满自信并且还有点依赖的女人。

钟离春又是大胆的，正因为她把齐宣王完全研究个明明白白，所以她才会毫无顾忌地径直来到齐王宫，自报家门说要嫁给齐宣王。

宫中所有人，无论是美姬娇娃，还是御林军侍卫，都是狗眼看人低，见她生得广额深目、高鼻结喉、驼背肥硕、长指大足、发若秋草、皮肤如漆、身穿破衣、口出狂言，都笑了，满眼是不屑的神情，笑她厚颜无耻，笑她不知天高地厚，笑她癞蛤蟆想吃天鹅肉。

不过，齐宣王还算个明君，他隐约地感到，这个女人不简单，由此就给了钟离春一个展露自己才华的机会。

钟离春说她没什么奇能，只是有隐语之术，言罢，扬目，炫齿，举手四次，拊膝呼叫：

"危险啊！危险啊！"

齐宣王发蒙，群臣们也不懂。

钟离春于是解释说：

"妾扬目，代王视烽火之变；炫齿，代王惩拒谏之口；举手，代王挥谗佞之臣；拊膝，代王拆游宴之台。"

齐宣王大怒，你这个丑妇，竟然敢戏耍本大王，下令立刻将她推出斩首。

钟离春倒是不急不忙，她一一列举事实，娓娓自辩，说得齐宣王哑口无言，说得齐宣王心悦诚服，说得他最后承认了自己确有"四失"。

齐宣王服了，认定钟离春是当今天下的奇女子，于是排除阻力，真的把她立为了齐宫正后。

美女天下还不多了去！但想找到钟离春这样有胆有识、充满智慧并且真能帮得上男人创业的女人，却不是一件轻易能够办到的事情。说到底，这个齐宣王还是想将国家治理好，还是想有所作为。想想看，这个世上哪个男人不想有所作为？男人的一半是女人。女人能顶半边天。说到底，欲有所作为的男人，谁的心底里都有一个钟离春梦，谁都希望他的女人能够辅弼他一起比翼齐飞，并能为他分忧解愁。

明人彭大翼在《山堂肆考》卷三十八《拜无盐氏》中说："拜无盐氏为皇后，而齐国大治者，丑女力也。"

齐国因为钟离春而大治，钟离春因为举荐自己成功成为王后而为当时天下人所羡慕。

这是一个智慧型女人靠自己本事打拼天下并取得成功的一个典型的个案。

二

有钟离春这样貌丑却能旺夫的女人，也就会有虽然貌美却因为狭隘短视而断送自己夫君前程的小聪明或者纯花瓶型的女人。

提到战国时的名女人，郑袖就是这样一位皮相虽然姣好，然心性和学识却很差的女人。

郑袖之所以会成为战国时代的名女人，和她的身份有关。她是楚怀王的夫人，因为夺宠固宠而成为害君害国的红颜祸水。

据史书记载："时南后郑袖贵于楚。"说得很清楚，郑袖就是南后，因为美貌腰纤而"贵于楚"。

郑袖一定长得很美，而且还有相当高的智商，两者加起来，她成了颇具魅力、极有味道的女人。楚怀王喜欢她，喜欢得不得了，把万千的宠爱都给了她。

然而，有条件遍阅天下美色的君主，其情爱皆往往难以专注，当一个新美人出现后，楚怀王便开始移情别恋，逐渐冷淡了郑袖。这事放在别的女人身上，倒还稀松平常。但郑袖嫉妒心很强，她不允许别人横刀夺爱。

郑袖是有手段的，她没吵没闹，装得若无其事，暗中却巧设陷阱，痛下杀手。她假装非常关心地对新美人说：

"大王讨厌人的鼻气，你见王时定要掩住自己的鼻子。"

新美人很感激，照着她讲的做。

楚怀王迷惑不解，拿着此事问郑袖，得到的回答是：

"她嫌大王体臭，故恶心不能闻。"

君王大怒，怒不可遏，立刻命人割去了新美人的鼻子。这样，楚怀王把宠爱又给了郑袖。

宠爱失而复得，郑袖接受教训，开始强化自己的势力，以巩固地位。她在内宫建立权威，又寻找外廷的支持。一直在寻求强硬靠山的佞臣靳尚，立即体会了郑袖的用心。两者各求所需，一拍即合。

楚怀王与郑袖的后宫情仇不胫而走，很快传向了各国，传到了张仪的耳中，张仪决定凭借自己的如簧巧舌，搬弄起了秦楚两国的风雨是非。

冯梦龙在《东周列国志》在第九十一回与第九十二回中详细诉说了这件事的来龙去脉：

话分两头。再说齐湣王既胜燕，杀燕王哙与子之，威震天下，秦惠文王患之。而楚怀王为"从约长"，与齐深相结纳，置符为信。秦王欲离齐楚之党，召张仪问计。张仪奏曰："臣凭三寸不烂之舌，南游于楚，伺便进言，必使楚王绝齐而亲于秦。"惠文王曰："寡人听子。"张仪乃辞相印游楚。知怀王有嬖臣，姓靳名尚，在王左右，言无不从。乃先以重赂纳交于尚，然后往见怀王。怀王重张仪之名，迎之于郊，赐坐而问曰："先生辱临敝邑，有何见教？"张仪曰："臣之此来，欲合秦楚之交耳！"楚怀王曰："寡人岂不愿纳交于秦哉？但秦侵伐不已，是以不敢求亲也。"张仪对曰："今天下之国虽七，然大者无过楚齐，与秦而三耳，秦东合于齐则齐重，南合于楚则楚重。然寡君之意，窃在楚而不在齐。何也？以齐为婚姻之国，而负秦独深也。寡君欲事大王，虽仪亦愿为大王门阑之厮。而大王与齐通好，犯寡君之所忌。大王诚能闭关而绝齐，寡君愿以商君所取楚商于之地六百里，还归于楚，使秦女为大王箕帚妾。秦楚世为婚姻兄弟，以御诸侯之患。惟大王纳之！"怀王大悦曰："秦肯还楚故地，寡人又何爱于齐？"群臣皆以楚复得地，合词称贺。独一人挺然出奏曰："不可，不可！以臣观之，此事宜吊不宜贺！"楚怀王视之，乃客卿陈轸也。怀王曰："寡人不费一兵，坐而得地六百里，群臣贺，子独吊，何故？"陈轸曰："王以张仪为可信乎？"怀王笑曰："何为不信？"轸曰："秦所以重楚者，以有齐也。今若绝齐，则楚孤矣。秦何重于孤国，而割六百里之地以奉之耶？此张仪之诡计也。倘绝齐而张仪负王，不与王地，齐又怨王，而反附于秦，齐秦合而攻楚，楚亡可待矣！臣所谓宜吊者，为此也。王不如先遣一使随张仪往秦受地，地入楚而后绝齐未晚。"大夫屈平进曰："陈轸之言是也。张仪反覆小人，决不可信。"嬖臣靳尚曰："不绝齐，秦肯与我地乎？"怀王点头曰："张仪不负寡人明矣。陈子闭口勿言，请看寡人受地。"遂以相印授张仪，赐黄金百镒，良马十驷，命北关守将勿通齐使。一面使逢侯丑随张仪入秦受地。张仪一路与逢侯丑饮酒谈心，欢若骨肉，将近咸阳，张仪诈作酒醉，失足坠于车下。左右慌忙扶起，仪曰："吾足跬损伤，急欲就医。"先乘卧车入城，表奏秦王，留逢侯丑于馆驿。仪闭门养病，不入朝。逢侯丑求见秦王，不得，往候张仪，只推未愈。如此三月，丑乃上书秦王，述张仪许地之言。惠文王复书曰："仪如有约，寡人必当践之。但闻楚与齐尚未决绝，寡人恐受欺于楚，非得张仪病起，不可信也。"
逢侯丑再往张仪之门，仪终不出。乃遣人以秦王之言，还报怀王。怀王曰：
"秦犹谓楚之绝齐未甚耶？"乃遣勇士宋遗假道于宋，借宋符直造齐界，
辱骂湣王。湣王大怒，遂遣使西入秦，愿与秦共攻楚国。张仪闻齐使者至，
其计已行，乃称病愈入朝。过逢侯丑于朝门，故意讶曰："将军胡不受地，
乃尚淹吾国耶？"丑曰："秦王专侯相国面决，今幸相国玉体无恙，请入
言于王，早定地界，回覆寡君。"张仪曰："此事何须关白秦王耶？仪所
言者，乃仪之俸邑六里，自愿献于楚王耳。"丑曰："臣受命于寡君，言
商于之地六百里，未闻只六里也。"张仪曰："楚王殆误听乎？秦地皆百
战所得，岂肯以尺土让人？况六百里哉？"逢侯丑还报怀王。怀王大怒曰：
"张仪果是反覆小人，吾得之，必生食其肉！"遂传旨发兵攻秦。客卿陈
轸进曰："臣今日可以开口乎？"怀王曰："寡人不听先生之言，为狡贼
所欺，先生今日有何妙计？"陈轸曰："大王已失齐助，今复攻秦，未见
利也。不如割两城以赂秦，与之合兵而攻齐，虽失地于秦，尚可取偿于齐。"
怀王曰："本欺楚者，秦也，齐何罪焉？合秦而攻齐，人将笑我。"即日
拜屈匄为大将，逢侯丑副之，兴兵十万，取路天柱山西北而进，径袭蓝田。
秦王命魏章为大将，甘茂为副，起兵十万拒之。一面使人征兵于齐。齐将
匡章亦率师助战。屈匄虽勇，怎当二国夹攻，连战俱北。秦齐之兵，追至
丹阳，屈匄聚残兵复战，被甘茂斩之。前后获首级八万有余，名将逢侯丑
等死者七十余人，尽取汉中之地六百里，楚国震动。韩魏闻楚败，亦谋袭楚。
楚怀王大惧，乃使屈平如齐谢罪。使陈轸如秦军，献二城以求和。魏章遣
人请命于秦王，惠文王曰："寡人欲得黔中之地，请以商于地易之，如允，
便可罢兵。"魏章奉秦王之命，使人言于怀王。怀王曰："寡人不愿得地，
愿得张仪而甘心焉！如上国肯以张仪畀楚，寡人情愿献黔中之地为谢。"
不知秦王肯放张仪入楚否，且看下回分解。

话说楚怀王恨张仪欺诈，愿白献黔中之地，只要换张仪一人。左右忌
嫉张仪者，皆曰："以一人而易数百里之地，利莫大焉！"秦惠文王曰："张

仪吾股肱之臣，寡人宁不得地，何忍弃之？"张仪自请曰："微臣愿往！"
惠文王曰："楚王含盛怒以待先生，往必见杀，故寡人不忍遣也。"张仪
奏曰："杀臣一人，而为秦得黔中之地，臣死有余荣矣！况未必死乎？"
惠文王曰："先生何计自脱？试为寡人言之。"张仪曰："楚夫人郑袖，
美而有智，得王之宠。臣昔在楚时，闻楚王新幸一美人，郑袖谓美人曰：
'大王恶人以鼻气触之，子见王必掩其鼻。'美人信其言。楚王问于郑袖
曰：'美人见寡人，辄掩鼻，何也？'郑袖曰：'嫌大王体臭，故恶闻之。'
楚王大怒，命劓美人之鼻。袖遂专宠。又有嬖臣靳尚，媚事郑袖，内外用事。
而臣与靳尚相善，臣自料能借其庇，可以不死，大王但诏魏章等留兵汉中，
遥为进取之势，楚必然不敢杀臣矣。"秦王乃遣仪行。仪既至楚国，怀王
即命使者执而囚之，将择日告于太庙，然后行诛。张仪别遣人打靳尚关节。
靳尚入言于郑袖曰："夫人之宠不终矣，奈何！"郑袖曰："何故？"靳
尚曰："秦不知楚王之怒张仪，故遣使楚。今闻楚王欲杀仪，秦将还楚侵地，
使亲女下嫁于楚，以美人善歌者为媵，以赎张仪之罪。秦女至，楚王必尊
而礼之，夫人虽欲擅宠，得乎？"郑袖大惊曰："子有何计，可止其事？"
靳尚曰："夫人若为不知者，而以利害言于大王，使出张仪还秦，事宜可已。"
郑袖乃中夜涕泣，言于怀王曰："大王欲以地易张仪，地未入秦，而张仪
先至，是秦之有礼于大王也。秦兵一举而席卷汉中，有吞楚之势，若杀张
仪以怒之，必将益兵攻楚。我夫妇不能相保，妾中心如刺，饮食不甘者累
日矣。且人臣各为其主，张仪天下智士，其相秦国久，与秦偏厚，何怪其然？
大王若厚待仪，仪之事楚，亦犹秦也。"怀王曰："卿勿忧，容寡人从长
计议。"靳尚复乘间言曰："杀一张仪，何损于秦？而又失黔中数百里之地。
不如留仪，以为和秦之地。"怀王意亦惜黔中之地，不肯与秦，于是出张仪，
因厚礼之。张仪遂说怀王以事秦之利。怀王即遣张仪归秦，通两国之好。
屈平出使齐国而归，闻张仪已去，乃谏曰："前大王见欺于张仪，仪至，
臣以为大王必烹食其肉，今赦之不诛，又欲听其邪说，率先事秦。夫匹夫
犹不忘仇雠，况君乎？未得秦欢，而先触天下之公愤，臣窃以为非计也。"

怀王悔，使人驾轺车追之，张仪已星驰出郊二日矣。张仪既还秦，魏章亦班师而归。史臣有诗云：

张仪反覆为嬴秦，朝作俘囚暮上宾。

堪笑怀王如木偶，不从忠计听谗人。

由此可见，张仪之所以每每能在楚怀王那里兜售其奸，除了楚怀王见利忘义、目光短浅外，还在于有郑袖与靳尚这样的小人在其中的挑拨离间与搬弄是非。善于利用各种政治和人情关系的张仪，就是看准了这一点，因而才敢于屡屡以身试险，把主意直接打到了郑袖的身上。张仪当时效力于秦国，曾以土地诱得楚怀王毁坏了楚齐联盟，而后又食了言。楚怀王恨他，恨得咬牙切齿，恨得愿以出国黔中领土换张仪的性命。已打好算盘的张仪并不惧怕，说服了秦惠文王，再次只身进入楚国，利用郑袖的枕边软语，换得楚怀王的这样一句话：

"卿勿忧，容寡人从长计议。"

从长计议的结果是：张仪又一次被礼送回国。

郑袖最后的结局不明。

楚怀王则最后被秦所骗，入秦遭到扣留，最后死在了异乡。

靳尚到了下新任君主楚顷襄王时，依然得势，排挤了直臣屈原。

唐人崔道融讥讽楚怀王云：

宫花一朵掌中开，缓急翻为敌国谋。

六里江山天下笑，张仪容易去还来。

宋人曾巩亦作《晚望》诗，对这段历史发出感叹：

蛮荆人事几推移，旧国兴亡欲问谁？

郑袖风流今已尽，屈原辞赋世空悲。

红颜祸水，此为一例。

三

女人一般大多娇弱，为生计以色侍人。在这个过程中，女人一般都是被动的一方，各以绝色被男人所欺。但女人如果有目的主动献色，渔色者大多不能善终。楚国的春申君与李嫣男女二人不干不净的史实很生动地证明了这一点。

对于颇有野心的李嫣与战国四公子之一春申君的爱恨情仇，《东周列国志》中有如下详细的描述：

再说考烈王在位已久，尚无子息，黄歇遍求妇人宜子者以进，终不孕。有赵人李园，亦在春申君门下，为舍人。有妹李嫣色美，欲进于楚王，恐久后以无子失宠，心下踌躇："必须将妹先献春申君，待其有娠，然后进于楚王，幸而生子，异日得立为楚王，乃吾甥也。"又想："吾若自献其妹，不见贵重。还须施一小计，要春申君自来求我。"于是给五日假归家，故意过期，直待第十日方至。黄歇怪其来迟。李园对曰："臣有女弟名嫣，颇有姿色，齐王闻之，遣使来求。臣与其使者饮酒数日。是以失期。"黄歇想道："此女名闻齐国，必是个美色。"遂问曰："已受其聘否？"园对曰："方且议之，聘尚未至也。"黄歇曰："能使我一见乎？"园曰："臣在君之门下，即吾女弟，谁非君妾婢之流，敢不如命。"乃盛饰其妹，送至春申君府中。黄歇一见大喜，是夜即赐李园白璧二双，黄金三百镒，留其妹侍寝。未三月，即便怀孕。李园私谓其妹嫣曰："为妾与为夫人孰贵？"嫣笑曰："妾安得比夫人？"园又曰："然则为夫人与为王后孰贵？"嫣又笑曰："王后贵盛！"李园曰："汝在春申君府中，不过一宠妾耳！今楚王无子，幸汝有娠，倘进于楚王，他日生子为王，汝为太后，岂不胜于为妾乎？"遂教以说词，使于枕席之间，如此这般："……春申君必然听从。"李嫣一一领记。夜间侍寝之际，遂进言于黄歇曰："楚王之贵幸君，虽兄弟不如也。今君相楚二十余年，而王未有子，予秋百岁后，将更立兄弟。兄弟于君无恩，必将各立其所亲幸之人，君安得长有宠乎？"黄歇闻言，沉思未答。嫣又曰："妾所虑不止于此也。君贵，用事久，多失礼于王之兄弟，兄弟诚立，祸且及身，岂特江东封邑不可保而已哉？"黄歇愕然曰："卿言是也，吾虑不及此！今当奈何？"李嫣曰："妾有一计，不惟免祸，而且多福。但妾负愧，难于自吐，又恐君不我听，是以妾未敢言。"黄歇曰："卿为我划策，何为不听？"李嫣曰："妾今自觉有孕矣，他人莫知也。幸妾侍君未久，诚以君之重，而进妾于楚王，王必幸妾。妾赖天佑生男，异日必为嫡嗣，则是君之子为王也。楚国尽可得，孰与身临不测之罪乎？"黄歇如梦初觉，如醉初醒，喜曰："'天下有智妇人，胜于男子'。卿之谓矣。"

次日，即召李园告之以意，密将李嫣出居别舍。黄歇入言于楚王曰："臣所闻李园妹名嫣者有色，相者皆以为宜子，当贵，齐王方遣人求之，王不可不先也。"楚王即命内侍宣取李嫣入宫。嫣善媚，楚王大宠爱之。及产期，双生二男，长曰捍，次曰犹。楚王喜不可言，遂立李嫣为王后，长子捍为太子。李园为国舅，贵幸用事，与春申君相并。园为人多诈术，外奉春申君益谨，而中实忌之。及考烈王二十五年，病久不愈，李园想起其妹怀娠之事，惟春申君知之，他习太子为王，不便相处，不如杀之，以灭其口。乃使人各处访求勇力之士，收置门下，厚其衣食，以结其心。朱英闻而疑之，曰："李园多蓄死士，必为春申君故也。"入见春申君曰："天下有无妄之福，有无妄之祸，又有无妄之人，君知之乎？"黄歇曰："何谓'无妄之福'？"朱英曰："君相楚二十余年矣。名为相国，与楚王无二。今楚王病久不愈，一旦富车晏驾，少主嗣位，而君辅之，如伊尹周公，俟王之年长，而反其政；若天与人归，遂南面即真。此所谓'无妄之福'也。"黄歇曰："何谓'无妄之祸'？"朱英曰："李园，王之舅也，而君位在其上，外虽柔顺，内实不甘。且同盗相妒，势所必至也。闻其阴蓄死士，为日已久，何所用之？楚王一薨，李园必先入据权，而杀君以灭口。此所谓'无妄之祸'也。"黄歇曰："何谓'无妄之人'？"朱英曰："李园以妹故，宫中声息，朝夕相通，而君宅于城外，动辄后时。诚以郎中令相处，某得领袖诸郎，李园先入，臣为君杀之。此所谓'无妄之人'也。"黄歇掀髯大笑曰："李园弱人耳，又事我素谨，安有此事？足下得无过滤乎？"朱英曰："君今日不用吾言，悔之晚矣。"黄歇曰："足下且退，容吾察之。如有用足下之处，即来相请。"朱英去三日，不见春申君动静，知其言不见用，叹曰："吾不去，祸将及矣！鸱夷子皮之风可追也。"乃不辞而去，东奔吴下，隐于五湖之间。髯翁有诗云：

红颜带子入王宫，盗国奸谋理不容。

天启春申无妄祸，朱英焉得令郎中？

朱英去十七日，而考烈王薨。李园预与宫殿侍卫相约："一闻有变，当先告我。"至是闻信，先入宫中，吩咐秘下不发丧，密令死士伏于棘门之内。捱至日没，方使人徐报黄歇。黄歇大惊，不谋于宾客，即刻驾车而行。方进棘门，两边死士突出，口呼："奉王后密旨，春申君谋反宜诛！"黄歇知事变，急欲回车。手下已被杀散。遂斩黄歇之头，投于城外，将城门紧闭，然后发丧。拥立太子捍嗣位，是为楚幽王，时年才六岁。李园自立为相国，独专楚政。奉李嫣为王太后。传令尽灭春申君之族，收其食邑。哀哉！自李园当国，春申君宾客尽散，群公子皆疏远不任事。少主寡后，国政日紊，楚自此不可为矣。

由此可见，春申君之祸，与门客李园、李嫣兄妹的权力野心有着很大的关系。但如果春申君不是那么迷恋女色，不是那么因为自己私利的膨胀，凭借着他的眼光、才学，完全是可以避开这一灭族大祸的。

表面上看来，春申君之祸，与他渔色李嫣有着很大的关系，实际上，则是与他的性格缺陷及种种不自律有着很大的关系。

第一，门客李园及其小妹李嫣都是有野心的人，攀附主人别有用心。

春申君竟然看不到这一点，只能说明他并不察人。

第二，春申君的权力基础是来自楚考烈王对他的极端信任。然而，春申君竟然为了自己私利，与李嫣合伙欺骗君主，将自己用过并且怀上自己子嗣的女人送给楚考烈王做后。私心一旦膨胀，大祸临头也就为时不远。

第三，门客朱英发现了李园兄妹的不轨举动并及时警告春申君，春申君却不引起注意，最后落得个身首异处的下场。

第四，春申君在两性问题上的不检点及其内心深处的"盗国奸谋"不仅导致了他的全家被杀，也导致楚国政权从此落入宵小之手，"国政日紊，楚自此不可为矣。"事实说明，楚国之迅速灭亡，与春申君和李嫣的相互利用有着一定的关系。

四

战国时代，还没有后世的三纲五常，女人们在性生活上的需求，不像后世那样被封建礼教禁锢得严严实实。她们只要有条件，并不躲躲藏藏，敢于寻求生理刺激，满足上帝赋予人类自己的这一低级层面的肉体享受。

这，无可厚非。

但是，事情总得适可而止。有女人因此而成就男人，有女人则因此而葬送男人。

芈八子与赵姬就是这方面的女性代表。

芈八子为楚国贵族之女，出落成芳龄后随惠文后陪嫁到了秦国，成为秦惠文王的一位媵妾。

楚国南土温润，芈八子性格圆融；到秦国后西风尽吹，又将这位不谙世事的江南水乡女子养育成为一位敢担责任、敢拼敢杀、喜欢权力争斗的北国女中豪杰。

按照宋人吕祖谦在《大事记题解》卷四《秦立芈八子为太后听政》一

文中的说法，秦国后宫的后妃共分七等，有王后、美人、良人、八子、七子、长使、少使。依照这种说法，芈八子处在后宫的第四等级，按道理不可能达到操纵秦国政权的目的，可世上的事情十分复杂。

芈八子能够最后成为宣太后，自然有她常人不具备的优势。

在传统社会，女人嫁人，最重要的职责就是为丈夫生儿育女，繁衍香火、蔓延种族。在这点上做得好不好、是否充分，直接关系到她们在家庭乃至家族中的地位。如是君王媵妾，则关系到国家最高权力能否有继承人顺利延续等问题。

芈八子入驻秦宫侍奉君王，在美女如云的后宫，众多女人抢夺一个男人，具体到每一个女人，生育概率自然是大大下降。然而，芈八子她竟然能为秦惠文王生得三子，有长子嬴稷、次子嬴市、幼子嬴悝，这只能说明，芈八子不但自己的肚子争气，更重要的是，她一定有魅力、有办法、有诱惑秦惠文王到她枕边的本事。

惠文后只为秦惠文王育有一子，这就是秦武王。但秦武王因为力举周鼎断胫而死。秦武王无后，芈八子看到了从天而降的机会。

"武王薨，诸弟争立。"

古往今来，在权力问题上，没有其他途径可走，成王败寇，唯一个"争"字了得。

但是，争，得有本钱。能够有资格争的人都是王子世家子弟无疑，谁没有点势力？

观古今历史，权力争斗都逃脱不了各方斗法比宝的这一铁律。谁的"法力"高，谁的宝贝多，谁的实力强，谁在争斗中最狠，谁能果断抓住机会，及时化不利形势为有利，谁胜出的概率就较高。

然而，利益所在。没有人会自动出台放弃希望。哪怕前景叵测，后果可怕。但是谁也不会放弃这个看似前途无限光明的机会，不会去顾及后果是多么的恐惧和可怕。

从历史上看，芈八子身体强健，精力过人，工于心计、擅长政治，行事果断。更重要的是，她擅长官场经营，把自己兄弟魏冉、芈戎早就安排到握有军权的关键位置，拥有一个颇具实力、敢杀敢拼、官场人脉资源盘根错节的私人实力集团。

秦武王的突然离世，使秦国最高权力一时出现了空缺。在最高权力继承人问题上，觊觎各派并无和谈的基础。在这个时刻，各派领袖的决策往往就具有决定性的影响力。

本可以先声夺人的惠文后集团，因为惠文后的当断不断，错失了最佳的继续掌握秦国王权的机会。与之对立的芈八子集团，则因为芈八子的魄力与能力，迅速抓住这个转瞬即逝的时机，化被动为主动，果断先发制人，最终捷足先登。

首先，芈八子集团通过各种关系，疏通燕赵两国，护送远在燕国做人质的嬴稷迅速回国，在其他反对派集团还没有反应过来之际，抢先强力将嬴稷推向王位，让他王袍加身。

其次，在谁来辅佐新王问题上，芈八子又当仁不让，果断为自己改号为宣太后，宣布由自己来临朝称制。

这两手来得太急太快，秦国上下一时还没有反应过来。

但新局面、新格局一旦铸成，谁也轻易动摇不了。竞争下来，反对派集团只好愿赌服输，甘拜下风。

宣太后上位不久，楚国伐韩，韩国向秦国求援。

据《战国策》卷二十七《韩二》中记载：

楚围雍氏五月，韩令使者求救于秦，冠盖相望也，秦师不下崤。韩又令尚靳使秦，谓秦王曰："韩之于秦也，居为隐蔽，出为雁行。今韩已病矣，秦师不下崤。臣闻之，唇揭者其齿寒，愿大王之熟计之。"宣太后曰："使者来者众矣，独尚子之言是。"召尚子入。宣太后谓尚子曰："妾事先王也，先王以其髀加妾之身，妾困不疲也；尽置其身妾之上，而妾弗重也，何也？以其少有利焉。今佐韩，兵不众，粮不多，则不足以救韩。夫救韩之危，日费千金，独不可使妾少有利焉。"

雍氏被楚军围困长达五个月，韩国接连派出使者，以致车队在道中相望，向秦国求救。可是无论韩国使者怎么求，秦国就是按兵不动。

面对秦国拒人千里的态度，韩国依然不放弃，又派出能口吐莲花的尚靳，希望最终能说动秦国。

来到秦廷，尚靳开门见山地对秦昭王说：韩国对于秦国而言，向来是唇齿相依；今韩国危在旦夕，对秦军望眼欲穿，却不见秦军踪影。既然唇齿相依，唇揭则齿寒。

针对尚靳的直言，宣太后竟然以自己与秦惠文王的房事作比喻。她答复说：妾侍奉先王，有时他将大腿压在妾身，妾感觉困倦沉重；但有时将整个身子压在妾身之上，而妾反而觉得不重。这是什么道理？是因为对我有利。今秦要援助韩，若是兵不众，粮不多，则不足以救韩。救韩之危，日费千金，是否能让妾有利可图呢？

在国事谈判中，把房事当作外交辞令，敢于毫不顾忌地娓娓道来，前无古人后无来者。就凭这一点，宣太后也是天下古今女人中之第一人。

作为在楚国长大的女人，拒绝韩国的求援，不愿意与母国为敌，尤其在自己刚刚掌握秦国大权之际，不想被家乡人骂为数典忘祖，实在情有可原。然而，作为秦国当家人，她必须为秦国的利益考虑，若是韩国能让秦国得利，即使得罪母国，也可在所不惜。因此，她最后允准秦昭王的救韩决策。

对于宣太后，最能引起世人好奇的，还是她与义渠国王的爱恨情仇。

义渠，人称义渠之戎，为西北羌戎民族分支，主要分布于今甘肃、陕西和宁夏一带。在商朝时，已有活动痕迹。西周时，曾朝觐周天子。趁着西周末内乱，平王东迁，正式建国——义渠国，设都城于今甘肃庆阳西南。随即，展开兼并战争，吞灭众多西戎部落，疆域东至陕北，西达陇西，南滨泾水，北控河套，成为卧榻于秦国身旁的一个西方大国。

秦国与义渠争夺西戎霸权，一直持续了四百余年。

秦穆公在位时期，重用谋臣由余，出兵"伐戎王，益国十二，开地千里，遂霸西戎"。

秦躁公十三年（公元前430年），"义渠伐秦，侵至渭阳"。

此后，两国关系时紧时缓，时战时和。

秦昭王初立之际，掌握秦国最高权力的宣太后，面对义渠这匹西方战狼，所采取的手段与嬴氏历代君主的疆场争雄策略迥然不同。她明智地将一个"柔"字，作了解决义渠威胁秦国的原则。

从国家层面，她推行怀柔政策，向义渠抛出橄榄枝，丢掉旧怨，发展新的双边关系，互通有无，化滚滚狼烟为牧歌声声。

从个人层面，她对义渠王，同样来了个以柔克刚。利用女人的特殊优势，她先是给了他迷人的微笑，继而给了温暖的怀抱以及床笫上的欢愉。

从国家到个人，从个人到国家，宣太后作了崭新的政治尝试。

宣太后本来就是美人胚子，风韵犹存，柔情似水，很快让义渠王这头雄狮拜倒在她的石榴裙下，醉生梦死在温柔乡里。两人在甘泉宫双宿双飞，恩恩爱爱，俨然一对夫妻。尔后，宣太后为义渠王连生下两个儿子，四口宛如组成了一家。

春花秋月，年轮飞转。宣太后与义渠王保持了将近三十年的情人关系，秦国与义渠也维持了将近三十年的和平。

然而，国家的利益终究不能被个人的情感所替代。宣太后再用心对义渠王温柔如水，也不能换来义渠国民对义渠王开疆拓土的国家要求。

温柔女人做不得，宣太后便拿出了她女强人的一面。秦昭王三十五年（公元前272年），她借口团聚，把义渠王诱来甘泉宫，将这个相伴了三十年的情人送上了不归路，并趁机灭亡义渠国，将其地设置为秦国陇西、北地、上郡三郡，进行垂直行政管理。

对于宣太后和秦昭襄王来说，于政治而言，二人是君臣，母是君，子是臣。彼此有亲人之情，也有权力之争。在解决义渠之事上，秦昭襄王利用了母亲，但多少感激着母亲，为他彻底铲除了西戎之患。

宣太后晚年，权力被秦昭王架空。到了养地的宣太后，在权力真空的状态下，度过了她人生最后的一段岁月。

无法否认，这是一个欲望非常强烈的女人，喜欢刺激的生活。当权力消退后，为打发百无聊赖的时光，便以情欲替代了权力欲，用男欢女爱的方法来继续激发自己的活力，让生命之树保持常青。

根据史书记载，宣太后一生有三个男人。

第一个男人是秦惠文王，尽管只是纳妾，却是明媒正娶。

第二个男人是义渠王，虽说没有名分，却有夫妻之实。

第三个男人是魏丑夫，端的是一个标准的面首。

当时，盛行人殉制度，权贵人物死后用活人殉葬。

宣太后晚年，爱魏丑夫，爱得深沉，爱得痴迷，爱得须臾不离左右。她垂垂老矣，且重病在身，可她仍希望身后能继续得到心爱的魏丑夫陪伴。

弥留之际，她立下遗嘱：

"为我葬，必以魏子为殉。"

魏丑夫怕了，为了逃脱陪葬的命运，乞求大臣庸芮帮他想想办法。

庸芮接受请托，趁看望宣太后之机，问宣太后：

"人死后还有知觉？"

宣太后不假思索地回答：

"无知。"

庸芮见她上钩，追问：

"太后圣明，明知死者之无知，却为何要以生前所爱之人，来陪葬无知之死人？假使死者有知，先王对太后积怒已久，太后自救过错尚不暇，怎再得空与魏丑夫相聚？"

一番话说得宣太后不由得点头称是，由此放过了魏丑夫。

魏丑夫死里逃生，宣太后则撒手而去。

这个承上启下的奇女子，一生活得飒飒爽爽，明明白白。在政治大业上，她站在秦国统一六国中间的那个关键点上，把统一的接力棒，从祖宗那里取来，传给了子孙。

这个女人实在不简单。

五

赵姬是战国末期一位命运出奇好的人。

因为美艳娇人，因为性格可爱，她遇上了当时富甲天下的吕不韦，并且成为吕不韦的终生情人。

从命运学的角度看，吕不韦与赵姬互为贵人。

没有吕不韦，赵姬很可能永远只是一个赵国的民间美人，命运及前途捉摸不定；没有赵姬，吕不韦也无缘问鼎政治，更不可能成为当时"天下"第一国的秦国的相邦，握有主宰天下的大权。一对男女奇缘竟然互帮互助成为秦国统一天下的驱动器，历史上还倒真是千古一对。

当初，吕不韦娶邯郸美女，号为赵姬，善于歌舞。吕不韦对她也异常喜欢，二人床第恩爱，也是其乐无穷，如此常相厮守下去，倒也是件令常人艳羡、无法企及的美事。可耐不得吕不韦不是常人，他精明过人，不但赚得家财万贯，还想进一步因富取贵，洗刷自己的土豪身份。因为有此志向，他研究了当时的天下状况，得出了将本钱押到在赵国做人质的秦国公子异人的身上。

凭着他的精明，吕不韦用金钱途径与利害分析做通了秦国太子妃华阳夫人立异人为嗣；

凭着他的精明，吕不韦又将已经怀孕两月的爱姬——赵姬送与当时在赵穷困潦倒的异人；

凭着他的精明，吕不韦最后用金钱铺路将异人安全送回秦国。后又将赵姬与其子政安全接回秦国。

　　凭着这些不世之功，秦昭王封吕不韦为客卿，食邑千户。吕不韦从此由商人转型走上了仕途。

　　不久，秦昭王去世，太子安国君继位为秦孝文王，立异人为太子，赵姬为太子妃。三年后，秦孝文王薨，异人继位，是为秦庄襄王，赵姬自然成为名正言顺的秦国王后。

　　秦庄襄王即位后，立刻立吕不韦为秦相。

　　又不久，秦庄襄王薨，秦王政继位。任吕不韦为仲父。吕不韦的政治家梦从此得以实现。

　　常言道："物壮则已，盛极而衰。"

　　如果吕不韦从此谦虚谨慎，彻底厘清与赵姬的剪不断理还乱的情人关系，他的富贵还可长享。然而，此时的吕不韦因为手握秦国政权，头脑早已发热，他与赵姬旧情不断，经常入宫与赵姬私通。这种情况实际上不能长久。吕不韦自己也明白应该及时脱身，但他已不复往日的精明，只是寻找了一个品行低劣、阳具颇大的嫪毐代他侍奉赵姬。嫪毐后来事发造反，吕不韦从此也就走上了命运的蹇途。

　　《东周列国志》中说：

　　却说吕不韦以阳伟善战，得宠于庄襄后，出入宫闱，素无忌惮；及见秦王年长，英明过人，始有惧意。奈太后淫心愈炽，不时宣召入甘泉宫。不韦怕一旦事发，祸及于己，欲进一人以自代，想可以称太后之意者，而难其人。闻市人嫪大，其阳具有名，里中淫妇人争事之。秦语呼人之无士行者曰毐，因称为嫪毐。偶犯淫罪，不韦曲赦之，留为府中舍人。秦俗：农事毕，国中纵倡乐三日，以节其劳。凡百戏任人陈设，有一长一艺，人所不能者，全在此日施逞。吕不韦以桐木为车轮，使嫪毐以其阳具穿于桐轮之中，轮转而具不伤，市人皆掩口大笑。太后闻其事，私问于不韦，似有欣美之意。不韦曰："太后欲见其人乎？臣请进之。"太后笑而不答，良久曰："君戏言耶？此外人，安得入内？"不韦曰："臣有一计在此。

使人发其旧罪，下之腐刑，太后行重赂于行刑者，诈为阉割，然后以宦者给事宫中，乃可长久。"太后大悦曰："此计甚妙！"乃以百金授不韦，不韦密召嫪毐，告之以救。毐性淫，欣然自以为奇遇矣。不韦果使人发其他淫罪，论以腐刑。因以百金分赂主刑官吏，取驴阳具及他血，诈作阉割，拔其须眉。行刑者故意将驴阳传示左右，尽以为嫪毐之具。传闻者莫不骇异。嫪毐既诈腐如宦者状，遂杂于内侍之中以进。太后留侍宫中。夜令侍寝，试之，大畅所欲，以为胜不韦十倍也。明日，厚赐不韦，以酬其功。不韦乃幸得自脱。太后与嫪毐相处如夫妇。未几怀妊，太后恐生产时不可隐，诈称病，使嫪毐行金赂卜者，使诈言宫中有祟，当避西方二百里之外。秦王政颇疑吕不韦之事，亦幸太后稍远去，绝其往来，乃曰："雍州去咸阳西二百余里，且往时宫殿俱在，太后宜居之。"于是太后徙雍城，嫪毐为御而往。既去咸阳，居雍故宫，名曰大郑宫，嫪毐与太后，益相亲不忌，两年之中，连生二子，筑密室藏而育之。太后私与嫪毐，异日王崩，以其子为后，外人颇有知者，但无人敢言。太后奏称嫪毐代王侍养有功，请封以土地。秦王奉太后之命，封毐为长信侯，予以山阳之地。毐骤贵，愈益恣肆。太后每日赏赐无算，富室舆马，田猎游戏，任其所欲，事无大小，皆决于毐。毐蓄家僮数千人，宾客求宦达，愿为舍人者，复千余人。又贿结朝贵为己党，趋权者争附之，声势反过于文信侯矣。

秦王政九年春，彗星见，其长竟天，太史占之曰："国中当有兵变也。"按秦襄公立鄜畤以祀白帝，后德公迁都于雍，遂于雍立郊天之坛，秦穆公又立宝夫人祠，岁岁致祭，遂为常规。后来虽再迁咸阳，此规不废。太后居于雍城，秦王政每岁以郊祀之期，至雍朝见太后。因举祀典，自有祈年宫驻驾。是春复当其期；适有彗星之变，临行，使大将王翦耀兵于咸阳三日，同尚父吕不韦守国。桓齮引兵三万，屯于岐山，然后起驾。时秦王已二十六岁，犹未冠。太后命于德公之庙，行冠礼，佩剑，赐百官大酺五日。太后亦与秦王宴于大郑故宫。也是嫪毐，享福太过，合当生出事来。毐与左右贵臣，赌博饮酒，至第四日，嫪毐与中大夫颜泄，连博失利，饮酒至醉，复求覆局。泄亦醉，不从。嫪毐直前扭颜泄，批其颊。泄不让，亦摘去嫪毐冠缨。毐怒甚，瞋目大叱曰："吾乃今王之假父也！尔窭人子，何敢与我抗乎？"颜泄惧，走出，恰遇秦王政从太后处饮酒出宫。颜泄伏地叩头，号泣请死。秦王政是有心机之人，不发一言，但令左右扶至祈年宫，然后问之。颜泄将嫪毐批颊，及自称假父之语，述了一遍。因奏："嫪毐实非宦者，诈为腐刑，私侍太后，见今产下二子，在于宫中，不久谋篡秦国。"秦王政闻之，大怒，密以兵符往召桓齮，使引兵至雍。有内史肆佐弋竭二人，素受太后及嫪毐金钱；与为死党，知其事，急奔嫪毐府中告之。毐已酒醒，大惊，夜叩大郑宫，求见太后，诉以如此这般："今日之计，除非乘桓齮兵未到，尽发宫骑卫卒，及宾客舍人，攻祈年宫，杀却今王，我夫妻尚可相保。"太后曰："宫骑安肯听吾令乎？"嫪毐曰："愿借太后玺，假作御宝用之。托言：'祈年宫有贼，王有令，召宫骑齐往救驾。'宜无不从。"太后是时主意亦乱，曰："惟尔行之。"遂出玺付毐。毐伪作秦王御书，加以太后玺文，遍召宫骑卫卒，——本府宾客舍人，自不必说，——乱至次日午牌，方才取齐。嫪毐与内史肆佐弋竭，分将其众，围祈年宫。秦王政登台，问各军犯驾之意。答曰："长信侯传言行宫有贼，特来救驾。"秦王曰："长信侯便是贼！宫中有何贼耶？"宫骑卫卒等闻之，一半散去；一半胆大的，便反戈与宾客舍人相斗。秦王下令："有生擒嫪毐者，赐钱百万；杀之而以其首献者，赐钱五十万；得逆党一首者，赐爵一级；舆隶下贱，赏格皆同。"于是宦者及牧围诸人，皆尽死出战。百姓传闻嫪毐造反，亦来持梃助力。宾客舍人死者数百人。嫪毐兵败，夺路斩开东门出走，正遇桓齮大兵，活活的束手就缚，并内史肆佐弋竭等皆被擒，付狱吏拷问得实。秦王政乃亲往大郑宫搜索，得嫪毐奸生二子于密室之中，使左右置于布囊中扑杀之。太后暗暗心痛，不敢出救，惟闭门流涕而已。秦王竟不朝谒其母，归祈年宫。以太史占星有验，赐钱十万。狱吏献嫪毐招词，言："毐伪腐入宫，皆出文信侯吕不韦之计。其同谋死党，如内史肆佐弋竭等，凡二十余人。"秦王命车裂嫪毐于东门之外，夷其三族。肆竭等皆枭首示众。诸宾客舍人，从叛格斗者，诛死；即不预谋乱者，亦远迁于蜀地，凡迁四千余家。太后用玺党逆，不可为国母，减其禄奉，迁居于械阳宫，——此乃离宫之最小者，——以兵三百人守之，凡有人出入，必加盘诘；太后此时，如囚妇矣，岂不丑哉。

秦王政平了嫪毐之乱，回驾咸阳。尚父吕不韦惧罪，伪称疾，不敢出谒。秦王欲并诛之，问于群臣，群臣多与交结，皆言："不韦扶立先王，有大功于社稷；况嫪毐未尝面质，虚实无凭，不宜从坐。"秦王乃赦不韦不诛，但免相，收其印绶。

吕不韦罢相，只不过是秦王嬴政安抚群臣的第一步。接下来。等秦王嬴政接回母亲，嫪毐事件平息后。这个记仇的君王立刻将吕不韦赶出咸阳，迁往河南居住。紧接着，秦王又将吕不韦遣戍西蜀。吕不韦知道秦王容不下他，只好含恨自杀了事。

吕不韦一代奇才，因赵姬得贵，又因为赵姬的淫乱不止而得祸。

成也女人，败也女人。

今天，这个世上不知还有多少人正在或者今后还在这条路上奔忙，乐此不疲，不撞南墙不回头。

吴起的人格缺陷

司马迁借李悝之口说：吴起"贪而好色"。贪，对于吴起而言，就是除了官位，还有金钱物质的私欲；好色，就是他嗜好对异性的追求与偏爱。吴起杀妻，不是他不喜欢这个女人，而是在功名利禄与妻子的天平上，他偏向了前者而已。贪、好色、缺德三大缺陷加在一起，最终造成了吴起的人生悲剧。

一

提及战国时期的名将，应该从吴起谈起。

这不仅因为他性格偏执，功名心太强，更因为他成名的时期就在战国的初期。

吴起是卫国人，也许是他的天性使然，也或许是因为家人功名思想的熏陶，他的行事目的性十分明显，为了达到目的，往往不择手段，甚至敢用最残忍与最原始的伤害自己家人的方法直接向老板证明自己的忠诚，希望能够得到重用，给自己的事业发展打出一片天地。这就给他想投靠的老板们出了一个难题，用他，实在是不放心；不用他，又怕人才流失，为对手所用。

一方面，各国诸侯都赏识吴起的学识和才华，相信他在军事上的能力；另一方面，对于吴起的为人又不能完全地相信与彻底的放心，更不能予以全怀抱的接纳。

这，就注定了吴起的坎坷而又不幸的命运。

从史书的记载中无法弄清楚吴起祖父辈们在社会中的地位及家庭对他早年的人生影响。不过，凭借司马迁《史记》中的史料判断，吴起祖父辈很可能为经商赚钱之辈，因为书中提到他年轻时的家境还是很富裕的，只是因为吴起到处"游仕"不遂，"遂破其家"。由此可见，吴起从早年起，就有着很大的做官梦，甚至不惜以钱取贵，为此败家而不悔。这其中的原动力很可能来自于他的家庭的熏陶与族人们的需求。

在中国传统的农业社会，学而优则仕，人们要想改变自己及其家族的命运，仕途无疑是一条也是唯一一条十分具有诱惑力的光明大道。一个人一旦跻身仕途，家族、亲友往往都能跟着沾光。所谓"一人得道，鸡犬升天"，即谓此也。

一个身在下层通过经商或别的途径富裕起来的家庭，对于跻身官场，以富取贵的愿望往往会较常人显得格外的强烈。吴起就是这样一个人。

这种强烈的以富取贵的个人需求，既成就了吴起的功名，也铸就了吴起此后的起伏坎坷的悲剧人生。

二

战国，这是一个最好的时代。

因为礼崩乐坏、传统秩序被打破，迎来了禁锢了数百年的人性大解放。社会呼唤强者，时代需要能人，只要你足够优秀，你就一定能够脱颖而出。在这个需要真才实学的时代，吴起生逢其时，骥足得展，没有像后来汉武帝时代的飞将军李广一样，本事一流却因为无机会施展而充满遗憾，这是他不幸中的大幸。

战国，又是一个最坏的时代。

因为纲纪崩坏，道德废弛，欲望纵横，人性中兽性的阴暗一面亦呼啸出笼。

在追名逐利的滚滚红尘中，很多人比虎狼还凶，比毒蛇还毒。在那时的社会，"人性恶"无法得到有效的控制。很多人将下三滥的手段发挥到了极致。用常听到的一句话："这人是个畜生"来概括吴起之类感觉十分妥帖。

实际上，在这个时代，许多人为了求名得利，其行事方式往往甚至连畜生都不如，吴起就是这样一个为得到功名不惜动用一切手段的人。

据《东周列国志》中记载：

吴起卫国人，少居里中，以击剑无赖，为母所责。起自啮其臂出血，与母誓曰："起今辞母，游学他方，不为卿相，拥节旄，乘高车，不入卫城，与母相见！"母泣而留之，起竟出北门不顾。往鲁国，受业于孔门高弟曾参，昼研夜诵，不辞辛苦。有齐国大夫田居至鲁，嘉其好学，与之谈论，渊渊不竭，乃以女妻之。起在曾参之门，岁余，参知其家中尚有老母，一日，问曰："子游学六载，不归省觐，人子之心安乎？"起对曰："起曾有誓词在前：'不为卿相，不入卫城。'"参曰："他人可誓，母安可誓也！"由是心恶其人。未几，卫国有信至，言起母已死；起仰天三号，旋即收泪，诵读如故。参怒曰："吴起不奔母丧，忘本之人！夫水无本则竭，木无本则折，人而无本，能令终乎？起非吾徒矣。"命弟子绝之，不许相见。起遂弃儒学兵法，三年学成，求仕于鲁。鲁相公仪休，常与论兵，知其才能，言于穆公，任为大夫，起禄入既丰，遂多买妾婢，以自娱乐。时齐相国田和谋篡其国，恐鲁与齐世姻，或讨其罪，乃修艾陵之怨，兴师伐鲁，欲以威力胁而服之。鲁相国公仪休进曰："欲却齐兵，非吴起不可。"穆公口虽答应，终不肯用。及闻齐师已拔成邑，休复请曰："臣言吴起可用，君何不行？"穆公曰："吾固知起有将才，然其所娶乃田宗之女，夫至爱莫如夫妻，能保无观望之意乎？吾是以踌躇而不决也。"公仪休出朝，吴起已先在相府候见，问曰："齐寇已深，主公已得良将否？今日不是某夸口自荐，若用某为将，必使齐兵只轮不返。"公仪休曰："吾言之再三，主公以子婚于田宗，以此持疑未决。"吴起曰："欲释主公之疑，此特易耳。"乃归家问其妻田氏曰："人之所贵有妻者，何也？"田氏曰："有外有内，家道始立。所贵有妻，以成家耳。"吴起曰："夫位为卿相，食禄万钟，功垂于竹帛，名留于千古，其成家也大矣，岂非妇之所望于夫者乎？"田氏曰："然。"起曰："吾有求于子，子当为我成之。"田氏曰："妾妇人，安得助君成其功名？"起曰："今齐师伐鲁，鲁侯欲用我为将，以我娶于田宗，疑而不用。诚得子之头，以谒见鲁侯，则鲁侯之疑释，而吾之功名可就矣。"田氏大惊，方欲开口答话。起拔剑一挥，田氏头已落地。史臣有诗云：

一夜夫妻百夜恩，无辜忍使作冤魂？
母丧不顾人伦绝，妻子区区何足论。

于是以帛裹田氏头，往见穆公，奏曰："臣报国有志，而君以妻故见疑，臣今斩妻之头，以明臣之为鲁不为齐也。"穆公惨然不乐，曰："将军休矣！"少顷，公仪休入见，穆公谓曰："吴起杀妻以求将，此残忍之极，其心不可测也。"公仪休曰："起不爱其妻，而爱功名，君若弃之不用，必反而为齐矣。"穆公乃从休言，即拜吴起为大将，使泄柳审详副之，率兵二万，以拒齐师。起受命之后，在军中与士卒同衣食，卧不设席，行不骑乘，见士卒裹粮负重，分而荷之，有卒病疽，起亲为调药，以口吮其脓血，士卒感起之恩，如同父子，咸摩拳擦掌，愿为一战。

　　却说田和引大将田忌段朋，长驱而入，直犯南鄙，闻吴起为鲁将，笑曰："此田氏之婿，好色之徒，安知军旅事耶？鲁国合败，故用此人也。"及两军对垒，不见吴起挑战，阴使人觇其作为。见起方与军士中之最贱者，席地而坐，分羹同食。使者还报，田和笑曰："将尊则士畏，士畏则战力。起举动如此，安能用众？吾无虑矣。"再遣爱将张丑，假称愿与讲和，特至鲁军，探起战守之意。起将精锐之士，藏予后军，悉以老弱见客；谬为恭谨，延入礼待。丑曰："军中传闻将军杀妻求将，果有之乎？"起戁觍而对曰："某虽不肖，曾受学于圣门；安敢为此不情之事？吾妻自因病亡，与军旅之命适会其时，君之所闻，殆非其实。"丑曰："将军若不弃田宗之好，愿与将军结盟通和。"起曰："某书生，岂敢与田氏战乎？若获结成，此乃某之至愿也。"起留张丑于军中，欢饮三日，方才遣归，绝不谈及兵事。临行，再三致意，求其审好。丑辞去，起即暗调兵将，分作三路，尾其后而行。田和得张丑回报，以起兵既弱，又无战志，全不挂意。忽然辕门外鼓声大振，鲁兵突然杀至，田和大惊。马不及甲，车不及驾，军中大乱。田忌引步军出迎，段朋急令军士整顿车乘接应。不提防泄柳申详二军，分为左右，一齐杀入，乘乱夹攻。齐军大败，杀得僵尸满野，直追过平陆方回。鲁穆公大悦，进起上卿。田和责张丑误事之罪，丑曰："某所见如此，岂知起之诈谋哉。"田和乃叹曰："起之用兵，孙武穰苴之流也。若终为鲁用，齐必不安。吾欲遣一人至鲁，暗与通和，各无相犯，子能去否？"丑曰："愿舍命一行，将功折罪。"田和乃购求美女二人，加以黄金千镒，令张丑诈为贾客，携至鲁，私馈吴起。起贪财好色，见即受之，谓丑曰："致意齐相国，使齐不侵鲁，鲁何敢加齐哉？"张丑既出鲁城，故意泄其事于行人。遂沸沸扬扬，传说吴起受贿通齐之事。穆公曰："吾固知起心不可测也。"欲削起爵究罪。起闻而惧，弃家逃奔魏国，主子翟璜之家。适文侯与璜谋及守西河之人，璜遂荐吴起可用。文侯召起见之，谓起曰："闻将军为鲁将有功，何以见辱敝邑？"起对曰："鲁侯听信谗言，信任不终，故臣逃死于此。慕君侯折节下士，豪杰归心，愿执鞭马前。倘蒙驱使，虽肝脑涂地，亦无所恨。"文侯乃拜起为西河守。起至西河，修城治池，练兵训武，其爱恤士卒，一如为鲁将之时。筑城以拒秦，名曰吴城。

周安王十五年，魏文侯斯病笃，召太子击于中山。赵闻魏太子离了中山，乃引兵袭而取之。自此魏与赵有隙。太子击归，魏文侯已薨，乃主丧嗣位，是为武侯。拜田文为相国。吴起自西河入朝，自以功大，满望拜相，及闻已相田文，忿然不悦。朝退，遇田文于门，迎而谓曰："子知起之功乎？今日请与子论之。"田文拱手曰："愿闻。"起曰："将三军之众，使士卒闻鼓而忘死，为国立功，子孰与起？"文曰："不如。"起曰："治百官，亲万民，使府库充实，子孰与起？"文曰："不如。"起又曰："守西河而秦兵不敢东犯，韩赵宾服，子孰与起？"文又曰："不如。"起曰："此三者，子皆出我之下，而位加吾上，何也？"文曰："某叨窃上位，诚然可愧。然今日新君嗣统，主少国疑，百姓不亲，大臣未附，某特以先世勋旧，承乏肺腑，或者非论功之日也。"吴起俯首沉思，良久曰："子言亦是。然此位终当属我。"有内侍闻二人论功之语，传报武侯。武侯疑吴起有怨望之心，遂留起不遣，欲另择人为西河守。吴起惧见诛于武侯，出奔楚国。

综上可见：

第一，为求功名，吴起曾发誓："起不为卿相，不复入卫。"因为没有取得卿相职位，"其母死，起终不归。"把功名看得比父母养育之恩还要重要。

第二，为得到鲁国将军之位，"杀其妻"。就因为自己妻子是齐国人，为释鲁君之疑，得到将军的职位，即亲自动手割下了自己老婆的头颅。要知道，这个女人可是在吴起还是个一穷二白的穷书生的时候来到他的身旁，无私地侍候与陪伴了吴起数年啊！

第三，司马迁借李克之口说：吴起"贪而好色"。贪，对于吴起而言，就是除了官位，还有金钱物质的私欲；好色，就是对异性的追求与偏爱。吴起杀妻，不是他不喜欢这个女人，而是在功名利禄与妻子的天平上，他偏向了前者而已。

在十分看重家庭伦理的东方国度，这样一个不孝、不亲、贪婪财色且性格偏执、功名心极强之人，纵使他有经天纬地之才，翻江倒海之能，哪个上司老板敢于毫无顾忌地加以重用，放心地把公司人事权力托付于他？用，也是无奈时的一时，等危机渡过，对吴起这类人还是炒鱿鱼比较放心。

天下虽大，可就是无处安放能够让吴起安全栖息的一张床铺；

岗位之多，却就是没有一个能让吴起至始至终为之奉献一生的重要职位。

这是吴起缺乏道德修养所引发，值得后人认真汲取教训和反思。

实际上，战国初期，与吴起同样命运的，还有一位名将名叫乐羊的人。这位名将，一生只打过一仗，但就是这一仗，将他名铸青史，同时也让他断了后来的锦绣前程。

起初，魏文侯不任命乐羊为将攻打中山国，是因为乐羊的儿子乐舒在那里做官，怕他因为私情而耽搁了公事。但是，乐羊立下誓言，绝不徇私。在围攻中山国时，对手以乐舒性命相要挟，甚至将乐羊的儿子做成肉羹，以惑乐羊进攻之志。但乐羊不为所动，毅然喝下用儿子身体做成的肉羹，果断灭亡了中山国。然而，凯旋而归后，魏文侯厚赏却不继续用他。朝臣不解，倒是国相李悝道破了其中奥妙："乐羊不爱其子，何况别人！"

破家为国却为国家所抛弃，这是国君因为乐羊对待儿子的态度不敢再相信他了的缘故。乐羊如此，吴起亦是如此。

三

用今天国家任用干部的标准："德能勤绩"四个尺度衡量来看，除了"德"一项不过关外，其他三项，毫无疑问，吴起都不仅符合标准，甚至还都远远超出了标准的要求。

吴起的缺点明显，优点也十分突出。时人对他的评价是："用兵，司马穰苴不能过也。"

鲁穆公用他为将，他轻松地就以弱胜强，将来犯的齐军杀得溃不成军、血流成河。

魏文侯用他为西河守，强大的秦军再不能东犯半步。

然而，他的缺点太过明显，因为对自己亲人的无情甚至伤害，让人心生恐惧，缺乏安全感，无论是鲁穆公，还是魏国新嗣君，就是因为这点，最终还是都容不下他。

最后，没有办法，吴起又逃到了楚国。

《东周列国志》中说：

楚悼王熊疑，素闻吴起之才，一见即以相印授之。起感恩无已，慨然以富国强兵自任。乃请于悼王曰："楚国地方数千里，带甲百余万，固宜雄压诸侯，世为盟主；所以不能加于列国者，养兵之道失也。夫养兵之道，先阜其财，后用其力。今不急之官，布满朝署，疏远之族，糜费公廪；而战士仅食升斗之余，欲使捐躯殉国，不亦难乎？大王诚听臣计，汰冗官，斥疏族，尽储廪禄，以待敢战之士，如是而国威不振，则臣请伏妄言之诛！"悼王从其计。群臣多谓起言不可用，悼王不听。于是使吴起详定官制，凡削去冗官数百员，大臣子弟，不得夤缘窃禄。又公族五世以上者，令自食其力；比于编氓，五世以下，酌其远近，以次裁之，所省国赋数万。选国中精锐之士，朝夕训练，阅其材器，以上下其廪食，有加厚至数倍者，士卒莫不竞劝，楚遂以兵强，雄视天下。三晋、齐、秦咸畏之，终悼王之世，不敢加兵。及悼王薨，未及殡敛，楚贵戚大臣子弟失禄者，乘丧作乱，欲杀吴起。起奔入宫寝，众持弓矢追之。起知力不能敌，抱王尸而伏。众攒箭射起，连王尸也中了数箭。起大叫曰："某死不足惜，诸臣衔恨于王，僇及其尸，大逆不道，岂能逃楚国之法哉！"言毕而绝。众闻吴起之言，惧而散走。太子熊臧嗣位，是为肃王。月余，追理射尸之罪，使其弟熊艮夫率兵，收为乱者，次第诛之，凡灭七十余家。

髯翁有诗叹云：

满望终身作大臣，杀妻叛母绝人伦。
谁知鲁魏成流水，到底身躯丧楚人。

又有一诗，说吴起伏王尸以求报其仇，死尚有余智也。诗云：

为国忘身死不辞，巧将贼矢集王尸。
虽然王法应诛灭，不报公仇却报私。

从这段记载中可以看出，吴起不仅有军事之才，也有政治家拨乱反正、富国强兵的智慧和能力。吴起逃奔楚国，本该认真总结、反思一下多年来列国不能容纳自己的深层面的原因。然而，他仍然像一个猛士一样不管不顾地前行。为报楚悼王知遇之恩，他不怕得罪楚国贵族，推行改革，革去世族俸禄，取消贵族享受的终身制，把省下来的钱全部用到强大楚国的军事国防上面。他大胆而大刀阔斧的革新，确也让楚国很快就兵强国富，"以兵强雄视天下。"可是对于自己，他则完全断了自己退路。楚悼王一死，失去既得利益的贵族集团马上群起赶杀吴起。无处可逃的一代名将，就这样不甘心地给自己画上了一个永不瞑目的句号。

对于吴起的非正常死亡，司马迁所给的结论是：
"以刻暴少恩亡其躯。"
悲夫！

商鞅能令政必行

在秦孝公急于富国强兵政策与招贤令的感召下，秦孝公三年，公孙鞅来到了秦国。从此，他的命运与秦国复兴的命运高度结合，他以铁血手段与言必行、行必果的改革揭开了战国时代国际新格局的帷幕，开启了秦国统一天下大业的总枢纽。

一

公元前 360 年的暮春，在通往秦国都城栎阳的漫漫古道上，有一人正在匆匆前行，这位行者名叫公孙鞅。

此刻，他正怀着复杂与忐忑的心情，边行边思考着自己逝去的韶光，思考着诸侯各国的大势走向及形势对策，反复盘算和想象着见到秦国君主后可能出现的各种应对情形与结果。

公孙鞅，本名叫卫鞅。他的祖辈是卫国的国君，按照当时"诸侯之子曰公子，诸侯之孙曰公孙"的礼制，他才又名公孙鞅。后来，他因有功秦国，被秦孝公封他商、於之地，号为商君，所以后人又普遍称他为商鞅。

公孙鞅虽是卫国国君的后代，但却是"庶孽公子"，也就是卫君的非正室的姬妾所生的公子，类似于我们今天所说的小老婆所生的孩子。尽管他的祖辈是卫国的国君，他也是卫国贵族的后裔。但是，到了他这一代，家道已经败落，如三国时代的刘备一样，虽是汉中山靖王刘胜之后，但到他时却成了一个只能以编织草鞋为生的破落的农家子弟。不过，公孙鞅虽然身为一个破落户的子弟，但他到底比刘备多读了很多的书，知识比较渊博。早年他偏好法家的学说，从中汲取许多的知识，这为他成年后的发达奠定了基础。

公孙鞅生活在一个动荡战乱的时代。

当时，经过春秋大规模的兼并战争，到战国初年，主要的诸侯国已经只剩下齐、楚、燕、韩、赵、魏、秦七个对峙的大国了。

经过反复对比和权衡，最初，年轻而又希望有所作为的公孙鞅初步将目标锁定在了魏国。

这是因为，魏国是战国初年政治比较先进，经济、文化比较发达的一个有希望统一天下的强国。

魏文侯时，曾经任用李悝、吴起等一批能人贤士进行变法，富国强兵。而李悝、吴起正是公孙鞅仰慕、效法的改革派人物。

李悝是战国初年著名的改革家，曾在魏国任相，在他任内，魏国富国强兵，称雄诸侯各国。

据《魏书·刑法志》记载："商君以《法经》六篇入秦。"《晋书·刑法志》中也说："李悝撰次诸国法，著《法经》六篇，公孙鞅受之以入秦。"由此可见，李悝的《法经》对公孙鞅以后在秦国的改革与施政产生了多么大的影响。

吴起则是公孙鞅的同乡。早年弃卫前往鲁国，因为仕途不顺后又离鲁奔魏，"魏文侯以为将，击秦，拔五城。""文侯以吴起善用兵，廉平，尽能得士心，乃以为西河守，以拒秦、韩。"（《史记·孙子吴起列传》）

英雄的召唤，刺激着公孙鞅。贵族后裔身份的高贵、家道败落后生活的窘迫，都使得公孙鞅产生了强烈的功名心理。他热衷于法家的学说，对李悝、吴起等人的改革成就十分向往。当时卫国又是魏国的属国，因此，在魏惠王即位不久，公孙鞅为了寻求出路，谋求发展，便离开了自己的故乡卫国，顺理成章地踏着吴起等人的足迹，来到了魏国当时的都城——安邑。

这时，李悝虽然早已去世，吴起也因受到魏武侯亲信大臣的诽谤与排挤，已经逃亡楚国，但是，李悝、吴起的变法措施还在继续推行，魏国仍然相当强大。公孙鞅多么想用自己的热血去浇灌这块土地，去踏着他心中顶礼膜拜的李悝、吴起等先人足迹，用智慧去让魏国继续强大，去让自己功成名就。

但是，在当时十分看重身份与地位的魏国，公孙鞅一时间也找不到接近魏惠王的机会，在反复权衡后，他投到当时正受到魏惠王信任与重用的魏相公叔痤的门下。我们不知道公孙鞅是通过什么途径认识公叔痤的，各种史书上也没有明确的记载，但是，凭猜想，我们也会明白，这不是一件容易做到的事情。要知道，公叔痤当时可是一个中原大国的堂堂宰辅，不是谁想在他身边工作就能在他的身边工作的，可是公孙鞅做到了。从这件事上，无论后人怎样看待公孙鞅，起码，我们应当敬佩他的公关才能。一叶落而知秋，公孙鞅不是一个简单的人物。

公孙鞅投到公叔痤的门下后，做了名"中庶子"。中庶子是公叔痤家中的执事人员，也就是个家臣，官并不大。但是，在公叔痤身边的生活与阅历，却使公孙鞅有机会系统地研究李悝、吴起的学说与改革的实践，这为他后来在秦国的变法奠定了基础。同时，他在帮助公叔痤办理魏国政事的过程中，进一步扩大了见识，拥有了从政的实际经验。

公孙鞅在公孙痤身边兢兢业业地一干就是四年有余。在这四年多的时间中，他十足地表现出了自己的独特的政治见解和卓越的才干。以致丞相公叔痤认为，公孙鞅将是继他之后唯一可以支撑魏国的栋梁。公叔痤在找机会准备将公孙鞅推荐给魏惠王。

但是，天有不测风云。公叔痤还没有来得及推荐公孙鞅，他自己就重病缠身、卧床不起。

有一天，魏惠王亲自去探望重病中的公叔痤，问道："万一先生有个三长两短，我的国家可怎么办呢？"公叔痤乘间回答说："我有个家臣，叫公孙鞅，虽然年轻，但是有非凡的才能。希望大王能把国家托付给他，听凭他去治理。"

魏惠王虽然心比天高，然而却眼拙不会识人，而且，还有一点刚愎自用。他在公叔痤临终前拒绝了这位老人最后一次认真恳切的建议。

公叔痤见魏惠王不肯重用公孙鞅，在魏惠王临别时，支开了身边的仆人，小声叮嘱魏惠王道："大王如果不肯重用公孙鞅，就一定要把他杀掉，千万不能让他离开魏国为别国所用。"然而，魏惠王却心不在焉。

魏惠王一走，公叔痤又于心不忍，马上派人将公孙鞅找来，对他说道："刚才魏王问我，谁可以接替我做魏相。我推荐了你。不过看他的表情，并没有应允。我本着先君后臣的原则，对魏王说，如果不重用你，就把你杀掉，以免将来为敌国所用。魏王已经答应了，你还是快点逃走吧，如果耽误的话，你就会被他们捉住杀掉。"

公孙鞅听了，倒很冷静，思忖了片刻，不慌不忙地对公叔痤说："您让魏王重用我，他不听；那么您让他杀掉我，他怎么会听呢？"他倒劝公叔痤不要烦忧，好好养病。

事情果如公孙鞅预料的那样，魏惠王见公孙鞅年纪轻、资历浅、又没有什么名望，根本看不起他。魏惠王回去以后，满不在乎地对左右说："公叔痤病得太厉害了，他竟叫我把国家交给他的家臣公孙鞅，真够荒唐的。"

实际上，真正荒唐的，不是公叔痤，倒是这个自以为聪明的魏惠王。

公孙鞅是公叔痤的家臣，自然在了解公孙鞅方面，公叔痤拥有着足够的权威。公叔痤能够长期当上魏国的相国，本身就说明他有着独特的能力。他长期协政魏国，广泛招揽宾客，在发现与重用人才上，自然有着一定独到的眼光。他临终前以国事为重，郑重地把公孙鞅推荐给魏惠王，却不料魏惠王不以此为喜，反把这件严肃的事当成了笑话，讲给左右大臣听。事后既不重用也不杀掉公孙鞅，这真真是魏国的悲哀，也足以表明了魏惠王的平庸。

天耶？命耶？人事耶？

公叔痤去世后，公孙鞅成了一个无处可归的人，他感到魏国异乎寻常的寂静和寒冷。但是，他不甘心，仍然抱着希望，赖在魏国，希望通过别的做官友人如公子卬等人的推荐，魏惠王能够改变主意最终重用自己。但是，他的愿望又一次落空。

这样，他不得不另谋出路。

恰在这时，从秦国传来消息，秦国新任国君秦孝公很有远图，已经颁布了招贤令，要仿效关东各国，变法图强。

于是，对魏国死了心的公孙鞅立即收拾行装，带着李悝的《法经》，带着他多年来收集起来的与山东六国有关的政治、经济及军事相关的资料及文献，告别了安邑的故友，跋山涉水、日夜兼程地向秦国奔去。

本该能够使魏国进一步强大的一位旷世奇才，就这样不经意间被魏惠王推向了对手秦国。

从此，魏、秦两国开始换势。

一个新时代就要开始了。

二

公孙鞅奔向的地点是当时的秦都栎阳，他要投奔的主人是极力正在寻求贤才、欲有所作为的秦孝公。

人间正道是沧桑。

秦国自厉公以来，内部危机迭出，发展的步伐大大减弱下来，与正在轰轰烈烈变法改革的中原各主要国家相比，秦国则因宗室贵族的力量强大、君位继承权争斗不已等问题，而逐渐失去了先辈秦穆公时那样的雄风，退离了当时的"国际政治"大舞台。在那样一个物竞天择，适者生存，征战激烈的年代里，落后本身就意味着挨打甚至灭亡。

自秦躁公即位以后，秦国的宗室贵族操纵了国家的政权，少数庶长甚至可以任意决定国君的废立，争夺君位的斗争也时有发生，造成了国君更替不迭、君臣乖乱的局面。

秦怀公在位不到4年就被庶长鼌逼死，于是，秦国大臣又立了秦灵公。

秦灵公死后，灵公的叔父又发动宫廷政变，废太子公子连，篡夺了君位，这就是秦简公。公子连被迫在国外流亡了21年。

在秦简公统治时期，秦国经常受到魏国的进攻。结果是丢城失地，放弃河西。因此，史称"秦以往者数易君，君臣乖乱，故晋复强，夺秦河西地"。（《史记·秦本纪》）政治腐败、经济落后的秦国，已经无法同变法后的魏国相匹敌。面对着这种"国内多忧、未遑外事"的局面，秦国的统治者迫于形势，也开始了社会变革。

公元前408年，秦简公宣布实行"初租禾"，国家根据土地面积向田主征收租税。尽管这个变革比鲁国实行的"初税亩"晚了近300年，但是，它毕竟标志着土地私有制的合法确立，为秦国生产力的发展准备了充分的基础。

秦简公在位16年卒，其子惠公立，惠公励精图治，收回了南郑等领土。

秦惠公在位13年卒，国内权臣再度发动政变，并结合诸侯的力量攻陷京城，太子及其母后均遇害。早年被废的公子连被拥立，是为秦献公，秦国此时的内乱已经达到了高峰。

公元前385年，秦献公正式即位。为了改变秦国长期内忧外患、贫弱落后的局面，秦献公决心仿效中原各国，发愤图强，积极进行社会变革。

公元前 384 年，秦献公宣布了"止从死"，废除了在秦国实行了 300 多年的杀人殉葬的旧制度。

公元前 383 年，秦献公建都栎阳（今陕西临漳东北），把政治中心进一步东移，从战略上进一步把秦国的东进事业向前又推进了一大步。

公元前 379 年，秦献公在蒲、蓝田、善名氏等地设县。县是直属于国君的地方行政组织，县令也由国君直接任免。县的增设，有利于实行中央集权，这对于加强王权与巩固国防，都起到了十分重要的作用。

公元前 375 年，秦献公又初步制定了户籍制度，把全国人口编入国家户籍，五家编为一伍，称为"户籍相伍"。户籍制度的实行不仅确认了以一家一户为基础的个体封建经济的合法性，破坏了旧有的宗法关系，保证并增加了国家的财政收入，而且大大加强了国君的权力。国君从此不仅直接掌握了全国的劳动人手，而且掌握了征发兵员、组织军队的权力。这样就打击与削弱了宗室贵族的利益，限制了他们的私人武装。

秦献公时期，由于实行了上述改革，秦国宗室贵族和少数庶长操纵国家政权的局面基本结束，秦国也开始逐渐地在由弱变强，这为接下来秦孝公任用公孙鞅变法打下了良好的基础。

公元前 361 年，秦孝公即位，时年 21 岁。

21 岁的秦孝公正充满着青春与理想、热血与激情。

但是，摆在他面前的形势却明显地不让人乐观。

一方面，秦献公在临终时留下了遗言：没有收复河西之地是为父的耻辱。他要继任者子继父业，实现强秦的大业。

另一方面，秦国已经在一个相当长的时期内，在内外交困的谷底痛苦地挣扎着。

司马迁在《史记·秦本纪》中描写道：

孝公元年，河山以东强国六，与齐威、楚宣、魏惠、韩哀、赵成侯并。淮、泗之间小国十余。楚、魏与秦接界。魏筑长城，自郑滨洛以北，有上郡。楚自汉中，南有巴、黔中。周室微，诸侯力政，争相并，秦僻在雍州，不与中国诸侯之会盟，夷翟遇之。

这就是说，秦孝公即位初期，他所面临的"国际政治"大舞台已经是一个全新的局面。东迁后的周王室，经过数百年的苟延残喘，已经形同虚设。黄河及太行山脉以东、长江流域，六国争雄的政治局面业已形成。夹杂在其间的，还有淮水及泗水中的十余个不足道的小国。秦国南有楚国，东有魏国，又受到中原各国的轻视，在大国竞争中处于十分不利的地位。

正是在这样的情况下，年轻气盛的秦孝公在秦民族复兴的呐喊声中，登上了秦国的政治舞台。

刚成为秦国国君的秦孝公，其心情与其说是兴奋，倒不如说是激愤。

秦孝公回顾了先祖秦穆公的历史功绩，总结了秦国强弱兴衰的经验教训，肯定了先父秦献公勇于变革、收复失地的雄心壮志，汲取了献公改革过程中暴露出来的错误与教训。

秦孝公认为，战国以来，秦国内忧外患，各诸侯国瞧不起秦国，这是莫大的耻辱。他说，每当他想到秦献公的遗志还没有实现时，便非常的痛心。为了继承父亲的未竟之业，秦孝公一即位就马上颁布了招贤令，号召群臣宾客献计献策，只要能使秦国富强，便封赏他高官，封给他土地。

招贤令中说：

昔我穆公，自岐、雍之间，修德行武，东平晋乱，以河为界，西霸戎翟，广地千里，天子致伯，诸侯毕贺，为后世开业，甚光美。会往者厉、躁、简公、出子之不宁，国家内忧，未遑外事，三晋攻夺我先君河西地，诸侯卑秦，丑莫大焉。献公继位，镇抚边境，徙治栎阳，且欲东伐，复穆公之故地，修穆公之政令。寡人思念先君之意，常痛于心。宾客群臣有能出奇计强秦者，吾且尊官，与之分土。

从《史记·秦本纪》记载的这个招贤令中，可以看出，秦孝公最为关心的还是王权的重建，"东伐，复穆公之故地"等等。他认为朝纲不振是秦国国势衰退，被各国轻视的主要原因。为此，秦孝公要以秦穆公为榜样，进一步强化王室的权威，变法革新，决心为秦国开创一个新的辉煌时代。

与发布招贤令相前后，秦孝公已经开始了他的实际行动。

首先，秦孝公在国内"布惠，振孤寡，招战士，明功赏"。接着，出兵"东围陕城，西斩戎之王"。

正是在秦孝公这种急于富国强兵政策与行动的感召下，秦孝公三年，公孙鞅来到了秦国。从此，他的命运与秦国复兴的命运高度结合，他的改革揭开了战国时代国家新格局的帷幕。

三

公孙鞅来到秦国都城栎阳时，并没有立刻直接去求见秦孝公，而是投到秦孝公宠臣景监的门下，做了一名食客。

公孙鞅这样做是有道理的：

一是公孙鞅对秦孝公还一点也不了解，凭公孙鞅之聪明才智，他一定不会在一件事毫无把握的时刻，就去贸然做之。他需要先进一步了解他要投奔与依靠的主人的真实心态、性情及其他方方面面的事情。

二是尽管当时秦孝公求贤若渴，但依据当时的实际情况，找一个国君信任的人推荐，或许更合情合理与更加稳妥一些。

三是公孙鞅虽然建功心切，但他在魏国怀才不遇的挫折经历，也不能不在他的心头留有一丝阴影，使他需要把自己即将拿出的方案与计划考虑得更加审慎与合理一点，以求这次努力只能成功，不能失败。

四是景监是个名字叫作景的太监，他性情爽朗而好客，当时正深得秦孝公的极端信任，朝夕伴在孝公的身边。先投在景监的门下，取得景监的信任与赏识，并通过景监全面深入地摸透秦孝公的脾气与心性。待时机成熟后，再由景监安排推荐给秦孝公，这样就会更加稳妥些，成功的概率也会更大一点。

后来的事实表明，公孙鞅的这一思路是正确的。正是在景监不辞怨劳的再三举荐下，秦孝公才耐住性子先后数次召见公孙鞅，从而给公孙鞅向秦孝公彻底表明自己的主张，提供了最为稳健的条件。而这一切效果，在魏国时，公孙鞅就无法通过公叔痤与魏惠王来达到。

公孙鞅是如何取得景监的信任与赏识，从而使景监愿做伯乐，在秦孝公三番五次责骂下仍然对推荐公孙鞅坚定不移呢？目前为止，没有找到更详细的历史记载。但可以肯定，公孙鞅是用他的雄才大略与办事的能力征服了景监，从而使他愿意全心全意、尽心尽力、耐心地向秦孝公反复举荐公孙鞅。由此推理，景监也绝不是一个简单的人物。从他获得一代雄主秦孝公推心置腹的信任、从他对公孙鞅的态度与行为来看，都应该认定他是一位聪明、豁达、善于体贴人意并且胸有大志的人物。否则的话，作为一个衣食无忧、得到君王宠信的太监，根本没有必要招揽笼罗宾客与天下的英雄，也不敢三番五次去顶风推荐公孙鞅。这样看来，在秦国的帝业构建历史上，在公孙鞅变法这一决定秦国、甚而决定与影响了后来华夏历史的重大事件上，景监都不是一个可有可无的人物。是他促成了急欲有所大为的秦孝公与公孙鞅二人的千古遇合，成就了中国战国史上的一次重大的制度创新，也因此奠定了秦国政治的规模与发展的走向，甚至影响了中国后来的历史进程。正是从这个意义上说，景监能被正史列载，千古传颂而不朽。

经过充分的准备与计划，在景监的引荐下，公孙鞅终于见到了秦孝公。

据司马迁在《史记》中记载，公孙鞅与秦孝公的初步磨合，总共经过了四次面试的过程。

第一次，公孙鞅大讲"帝道"，用传说中的三皇五帝的治理之道来游说秦孝公。这是属于道家学派的一种政治学说，公孙鞅讲得津津有味，秦孝公却听得昏昏欲睡，似听非听。伏羲、神农、唐尧虞舜时的理想世道虽好，怎奈都是一些传说与过时的东西。这种方案作为一种美好的理想，去吸引人们的向往未尝不可，但对于眼下秦国积贫积弱、一直遭到魏国侵略的现状相比、与秦孝公的人生目标的距离差得实在太远了。显然，新即位的国君听不进这些空洞的东西。但是，思贤若渴的秦孝公还是耐着性子让公孙鞅讲完了他的帝道高论。事后，秦孝公大怒，责备景监："你介绍的这位客人，狂妄得很，哪能重用呢？"

景监回府后也责备公孙鞅，但公孙鞅似乎成竹在胸，他告诉景监："我这次进说的是帝道方案，国君志向不在这里。您再劳驾给予引见，最后必然能够成功。"好在景监已经认识到了公孙鞅的才能，答应继续为他引荐。

五天后，秦孝公第二次面试公孙鞅。这一次，公孙鞅带去的是"王道"的方案。他希望用大禹、商汤、周文王、周武王夏商周三代的事业去打动秦孝公。公孙鞅谈得比上一次还起劲，但仍然没有合乎秦孝公的意愿。三王事业对秦孝公来说，不过是天边一片绚烂的云霞，虽然美丽但显然只能是画饼充饥。事后，推荐公孙鞅的景监又挨了秦孝公的一通臭骂。景监回府后又去埋怨公孙鞅。公孙鞅不急不慢，等待景监消了气后说道："这一次，我给国君讲了三王的道理，可他还是听不进去，不过，我现在已经知道了国君想要做的事业，还请您设法让他再召见我一次，这次保准不再让您失望。"

这样，又过了五天，在景监的不懈努力下，秦孝公第三次召见了公孙鞅。

这一次，公孙鞅给秦孝公带去的是"霸道"的方案。他认真、详细地为秦孝公说明了这一方案的可行性及可能带来的光明的前景。他用春秋五霸（齐桓公、宋襄公、晋文公、秦穆公、楚庄王）的事业来劝说秦孝公这位年轻的君王，显然起到了效果。秦孝公不但听了进去，而且显示出了很感兴趣的样子，但并没有表示出要采纳的意思。公孙鞅见目的已经达到，便适可而止，及时告辞出来。

公孙鞅走后，秦孝公对景监说："你这位客人不错，应该跟他好好谈谈。"他让景监第二天再把公孙鞅带来。

但是，公孙鞅却坚持五天后再去见秦孝公，这自有他自己的理由：

1. 三次召见与面试，公孙鞅把他已经准备好的三套方案献了出去。虽然秦孝公表现出了对公孙鞅第三套方案的兴趣。但对于公孙鞅来说，尚须花费时间进一步深入、量化、系统与完善第三套方案。

2. 在三次面试过程中，公孙鞅充分展示了他丰富博学的知识，其才能与多种治国方案已经表现给了秦孝公。公孙鞅与秦孝公在三次面谈中已经逐渐找到了双方的契合点，得到重用只不过是个迟早的事情，俗话说，心急吃不了热豆腐，因此，公孙鞅倒显得不那么急切了。

3. 秦孝公虽然表现出了对公孙鞅"霸道"方案的兴趣，但接受与消化显然还需要时间。

4. 能给公孙鞅三次面试的机会，让他充分展现出自己的才能与想法，说明秦孝公是一个求才若渴且极富于耐心的人物。一个刚刚过 20 岁的年轻君主有如此的定力，公孙鞅认为这是千年求不来的珍贵品质。因此，在公孙鞅看来，迟延四天后二人再谈，不会引起秦孝公的愤怒与不满。

5. 也许在公孙鞅看来，既然自己才能已经显露，不急于求见，很可能是一种以退为进的更好的策略与技巧。这样也许能表明自己并不是热衷做官而是想在秦国帮国君做成大事。

对于秦孝公十分了解的景监，经过反复的思考，同意了公孙鞅的意见。

剩下来的五天，秦孝公与公孙鞅恐怕是这个地球上最为忙碌的君臣了。一个心情迫切，在急于等待见面。一个是在三次试探的基础上正在准备更加妥帖的说案。这五天，对于君臣二人来说，一个感到日子过得太慢，一个觉得时间消失得太快。

转眼到了第六日的清晨，秦孝公派人用专车来接公孙鞅。君臣二人见面后，秦孝公赐坐，请教其意甚切。于是，公孙鞅将他充分准备的秦国政治应当更张的事情一件一件讲给秦孝公听。君臣二人彼此问答，相见恨晚。两人越谈越投机，秦孝公甚至忘记了君臣的礼节，不知不觉地凑近了公孙鞅。一连三日三夜，二人都还没有谈够，好像是久别重逢的朋友，总有说不完的话。

后来，景监问公孙鞅："你用什么打动了我的君主？我君主的高兴，那是到了极点。"

公孙鞅回答："我用成就帝王事业的道理劝说他，劝他同夏、商、周三代相比，而他说：'太久远了，我不能等，而且贤明的君主都希望各自在世的时候就扬名天下，哪能郁郁不欢地等待几十年、几百年后才成就帝王之业呢？'所以我用使国家强盛的方法劝说他，他就大大地喜欢了。不过，用这种方案治国，很难达到殷代、周代统一天下那样的大功德了。"

事实证明，秦孝公与公孙鞅二人的君臣遇合注定是一个足以彪炳青史、传之万世的重大事件。秦孝公具有的胸襟阔大、志向高远、极富耐心、勇于做事的领袖素质，使他能够向先祖秦穆公一样，足以做出一件顶天立地的大事来。公孙鞅具有的善于规划、长于管理、意志坚定、手段强硬、决策与执行二者兼备的素质，也足以让他帮助秦孝公去完成复兴秦国的宏大的志愿。

然而，世有伯乐，然后有千里马。千里马常有而伯乐不常有。

秦孝公与公孙鞅二人的遇合事实表明，秦孝公可谓是公孙鞅的慧眼识人才的伯乐，公孙鞅也无愧于秦孝公选中与赏识的一匹真正的千里驹。没有秦孝公的富强愿望与变法决心，就不会有后来载之正册、名传全球的公孙鞅变法。魏国的魏惠王也有称霸的愿望，也在招贤纳士，但由于他的胸襟与眼光的限制，只能接受像公叔痤、庞涓这样的二流人才，真正一流人才如公孙鞅、孙膑等人都先后被他当做草芥，从眼皮底下白白地丢了出去。一句话，没有秦孝公，就不会有公孙鞅的变法与成功，这是一个不可更改的因果关系。今天，我们在追念商鞅这个大政治家的彪炳青史的业绩时，千万不要忘记了发现并给他这个千载难逢的政治大舞台的秦孝公。

四

山雨欲来风满楼。

虽然，公孙鞅揣摩出了秦孝公想要达到的理想层面，秦孝公也知道了公孙鞅在强国之术上所能达到的高度，然而，公孙鞅毕竟是外来的宾客，对秦国而言，他拿出的那一套政改理论和方案毕竟都是陌生的，是否能够真正适合秦国的国情，是否能够真正达到二人希望的富国强兵的效果，秦孝公的心中并没有定数，秦国上下更是心中无数。

实际上，秦孝公产生这个顾虑完全是正常的，放在谁的身上也都会这么去思考问题。

秦国与山东各国的情况几乎完全不同，起家的资本也不一样，人的思维、办事方式和习俗文化均与中原各国有着很大的差异。

公孙鞅的"霸道"方案，对于年轻的秦孝公而言是一个既感到新奇又心中确实没有把握的东西。秦孝公一时下不了决心才符合当时的客观实际情况。

虽然，当时秦国受华夏文化渍染固然不深，保守势力固然不是十分的强大。然而，触及"变易祖宗家法"，要将秦国政治体制来一次伤筋动骨的手术时，必然会触及与伤害到方方面面的利益，反对者必定有之，存心阻扰者更会有之，并且，这股反对力量与势力一定十分强大，千万不可小视，弄不好还会引起政局的大动荡，甚至会影响到王室的安危。

秦孝公既想用公孙鞅变法，又"恐天下议己"，造成对自己统治局面的不利。这种尴尬两难的局面，正是当时秦国实际情况的生动写照。

为了让自己想得更清楚一点、顾虑更加减少一点，也为了让秦国政权上层人物对这次变法有个心理上的准备，从而减少一点反对声音。经过反复思虑，秦孝公安排了一场"御前大辩论"，让赞成与反对的双方各自摆出自己的理由，既达到"互通声气"，也希望能够达到说服对方的目的。

经过摸底测验，秦孝公选中了甘龙、杜挚等人作为反对派的一方来与公孙鞅当堂辩论、商讨是否在秦国实行变法。

《商君书·更法》详细记载了这场大辩论：

秦孝公说："我既然是国君，就应该以国家为重，这是做国君的本分。现在我很想变法图强，改变统治方法，但是又担心天下人议论我，而最终达不到目的。"

针对秦孝公的发问与顾虑，公孙鞅首先发言回答道："行动犹豫不决，就不会有所成就；办事疑神疑鬼，就难以取得成功。您应当下足变法的决心，而不要去顾虑天下人的议论。况且有非凡作为的人，本来就容易受到世俗的非难；有独到见解的人，往往会被人诋毁。俗话说，愚笨的人，对已经做过的事情还不明白为什么那样做；聪明的人，在事前就知道怎样才能把事情办好。在新事业开始时不能同一般人去商讨创新的大事，只能让他们去坐享其成。因此，'论至德者不和于俗，成大功者不谋于众。'只要能使国家富强，就不必沿袭旧制度；只要有利于民，就不必遵守老规矩。"

在这里，公孙鞅批评了秦孝公既想变法图强又举棋不定的矛盾心理。他热情地鼓励秦孝公去当机立断，不要顾虑太多。同时，公孙鞅也提出了一个重要的见解，这就是：治理国家要从实际出发，只要能强国利民，就不必因循守旧。

公孙鞅的观点，得到了秦孝公的积极支持，曰："善。"但是，公孙鞅一系列明确的观点，引起了甘龙、杜挚等秦国守旧势力的强烈不满。

甘龙首先跳出来反对变法。

他否定公孙鞅的变法论点，引经据典地进行辩驳："圣人只能在不改变民众习惯的前提下，去进行统治；智者只能在不变更现有制度的情况下，来治理国家。他们因循百姓的习惯去进行教化，不用费力就可以成功；沿袭旧法度而治理国家的，官吏们熟悉而人民也安心。现在如果变法不按秦国的传统办事，天下人肯定要议论国君，这股力量不能轻视，还是希望国君郑重考虑一下吧！"

对此，公孙鞅针锋相对。

他认为：甘龙之论是"世俗之言"。平常人安于老习惯，学究们迷恋自己听熟的老一套，让这两种人挂个官名、守守旧法度是可以的，但不能同他们讨论打破常规的事情。夏、商、周三代礼制各不一样，却都成就了霸业。智者勇于创立新法，笨家伙只能受到旧法的制约；贤者敢于变更礼制，不肖之徒只好受到旧制的约束。受旧礼约束顽固的人，是不值得同他们商量大事的；受旧法制约的人，是不配同他们讨论变革的。国君您再不要受他们困惑了。

杜挚实在忍受不住了，他站起来大声说道："我听说，没有百倍的好处，不可以变法，没有十倍的功效，不能够改换祖先的器物。我还听说过：遵循古法不会有过错，依照旧礼不会出现偏差。请国君三思。"

公孙鞅立刻反击道："前代的礼教各不相同，你究竟效法哪一个朝代呢？各代帝王的礼制并不一样，你究竟遵循哪一个帝王的旧礼呢？"

公孙鞅认为，历来帝王都是适应各自时代的需要来创立法度、根据实际情况来制定礼教的。"礼"与"法"，总是因时、因地、因环境变化而变化的，时代变化了，社会发展了，"礼"与"法"也必然随着发生变化，从来没有一成不变的东西。

据此，公孙鞅提出了自己变法的理论根据："治世不一道，便国不法古。"意思很明显，治理国家没有一成不变的办法，只要有利于国家，就不应该一味地效法古代。

公孙鞅还认为，商汤、周武王并没有恪守古制，商、周却能兴旺发达，夺得天下。而由他们一手创建的商、周二朝，最后归于灭亡的原因，正是因为不能因时、因地、因环境的变化而进行变革。因此，他请求秦孝公，不要去听信杜挚的迂腐因循之论。

这场大辩论，主要围绕下面几个命题而展开：

第一，先知及后觉之别。公孙鞅提出了"至德者不和于俗，成大功者不谋于众"的著名命题。

第二，革新与循古之别。公孙鞅根据"三代不同礼而王，五霸不同法而霸"的历史事实，得出了"故智者作法，而愚者制焉"的结论。

第三，法、礼变否之别。在辩论的过程中，公孙鞅主张"当时而立法，因事而制礼"，提出了治国之道要从当时的客观实际出发，具体问题具体分析、具体办理的重要命题。

双方针锋相对，争执不休。

最后，由秦孝公拍板结论："我听说，荒僻小巷的人少见多怪；头脑顽固的学究喜欢无谓的争论。愚蠢的人高兴的，正是聪明的人感到可怜的；狂妄的人所快乐的，正是贤能的人感到忧虑的。他们说的都拘泥于社会上那种庸俗的议论，现在我不再犹豫了。"

一场史无前例大变革的国策，就这样决定了下来。

今天看来，举办这场大辩论是十分必要的。大辩论固然费神耗时，但是，却解决了许多关键性的问题。

1. 它给保守势力一个良机，让他们公开表白他们的立场与见解。他们在与公孙鞅的交锋过程中，至少表面上也知道了自己存在的问题，引起他们的反思，从而在一定程度上也可能导致一部分保守力量中的明智者改变自己的立场，至少，不再明目张胆地阻挠变法。

2. 它给公孙鞅一个良机，给了他展示自己雄辩的口才及渊博学识的一个平台，给了他在反对派攻击下进一步完善自己变法理论与实战的机会。在这场以寡敌众的大论战中，公孙鞅以他雄辩的口才、超俗的见解、无畏的勇气，驳得反对派方面理屈辞穷、哑口无言。通过这次大辩论，公孙鞅以崭新的风貌出现在秦国高层政界，让秦国权要对公孙鞅初步有了一个鲜明的认识与了解。对公孙鞅来说，这次亮相的重要性十分清楚。也许，这正是秦孝公在决心任用他变法前在政坛上先透出的一股强风，好使秦国上下有一个心理上的准备与缓冲的余地。

3. 它给秦孝公一个良机，使他了解了朝臣不同的政治主张与能力风貌，并且解除了他在变政上的种种困惑与顾虑，最终使他下定了变法的决心。要知道，秦孝公虽然想通过改革建立霸业，但他本身并无中原文化的素养，对公孙鞅的变法主张也不是一下子就能够做到全盘接受的。

因此，对于任何一方而言，这场大辩论都是成功的。

应当看到，推行任何一场新政，必然会触及方方面面的利益，特别是既得利益集团的利益。改革从某种程度上说实际上就是一场权力资源、物质资源、社会身份与地位等的重新分配，受到守旧势力的反对是必然的事情。因此，秦孝公在发动变法之前，精心设计一场大辩论，向社会各阶层，尤其是保守派人士展开政治宣传，告诉他们国君的想法与举动，使他们从思想上到行动上有一个认识与接受的转变过程，以此来减弱新的变政对秦国政局可能造成的巨大冲击力，这是一个必须做的明智的举动。秦孝公的这一举措，用事实证明了他是一个经验丰富、全局在胸的英明雄主。

通过这场大辩论，秦孝公向社会各阶层发出了一个强烈的信息，告诉他们，一场翻天覆地的改革就要到来，国家领导人将以最坚强的决心及最彻底的措施强力推行。只有认真做好思想准备，认清形势者，才能适应新的环境，否则，政令无情，历史会将其淘汰出局。

不久，秦孝公便任命公孙鞅为左庶长，让他协助自己，主持秦国的变法。谕群臣："今后国政，悉听左庶长施行。有违抗者，与逆旨同！"

这样，战国历史上最为壮观的一场大变革即将揭开帷幕。

五

从公元前 359 年起，公孙鞅终于找到了他的人生位置，开始了他名传千载的变法实践。这个平台，是秦孝公给他的，从公孙鞅角度来看，也是他自己付出努力得来的。

人们常说，幸运女神只垂青那些有准备的人。公孙鞅的事业起步离不开他多年处心积虑的准备与磨炼。

在这个列国争霸的时代，落后就会挨打。谁放慢了发展自己的步伐，谁就会被欺凌甚至被兼并，落得亡国破家的悲惨下场。

国家是这样，个人也是这样。

各国都在争夺人才，有本事的人也都在积极奔走，希望能找到自己可以依托的"良木"，能够找到发挥自己才能的地方，建一番功业，凭本事博得一个"封妻荫子"的美妙结局。

公孙鞅就是这样一个人，在时机来临时，他牢牢地抓住了机遇。在落后的秦国急于要振兴的时机，他把全身本事像赌注一样押在了秦国的富强上面。因为他明白，如果这一次不再努力争取成功，上帝就真的要把他当成弃儿了。

凡是了解公孙鞅性格与处境的人，谁都清楚，故乡卫国太小了，而且四处强邻，朝不保夕，何况，公孙鞅本人在卫国的身份、地位也不高，卫国不可能给他施展才华的平台，他也打心眼儿里不认可这是能够让自己腾飞的地方。于是，这个有野心、有能力、急想出人头地却缺乏辉煌背景的年轻人，一点儿也不留恋地离开了他的故土卫国，来到了当时经过魏文侯变法后强盛一时的魏国。

公孙鞅满心地希望，他能在魏国找到一个可以使自己起飞的平台，从而实现他的伟大的梦想。

但是，魏惠王的刚愎自用，给了公孙鞅兜头一盆冷水，淋得他浑身透湿。

那时的公孙鞅，不禁感到了绝望，感到了世态的炎凉，而且自然地产生了怨恨报复的情绪。好在天无绝人之路，就在公孙鞅无路可走的时候，秦孝公为了获得秦国强大而招致奇才的消息，传进了公孙鞅的耳朵，在对魏国伤心与愤恨之余，他离开了自己已经熟悉的魏都安邑，到一个荒蛮之地去寻求发展。这其中固然有秦孝公物质刺激的因素，但对于公孙鞅来说，何尝不是不得已而为之的一步棋呢？魏惠王要是稍微给他一点发挥才能的空间，让他有个安身立命的地方，我相信，公孙鞅是不会离开他朝思夜想都想让它发达的魏国的，即使是秦国的招贤令价码开得天大。但是，魏惠王看不起他，根本就没有重用他的打算。公孙鞅于是被激怒了，他甚至有点负气，他很可能暗暗地对天发誓：他要凭"自己的实际行动，让秦国迅速发达起来，然后打败甚至灭亡魏国。他要让魏惠王为轻视他而付出代价，悔恨一生"。那一刻，公孙鞅的心中阴冷阴冷。

现在，公孙鞅已经说服了秦孝公，得到了秦孝公的重用。他的理想的翅膀就要张开了，他能不激动、能不全心全力地投入去证明自己的价值，让世人都知道自己到底是一个什么样的不平凡的人吗？

在变法之前，公孙鞅首先做了一件重要的事，这就是重建民众对政府的信任工程。

其实，把这件事视为建立民众对左庶长公孙鞅的信用，完成民众对这个还不知道来自何处的、正在受到国君信任与重用的人物形成言出必行的认识，似乎更加贴切。

这个做法就是，他在国都栎阳的南城门外立起一根高有3丈的木杆，派官吏守着，并贴出告示：

左庶长有令：有谁能将此木由南门扛到北门，立刻赏给十金。

按秦汉的货币单位，一金就是一两黄金。哇，把一根木杆从都城南门扛到都城北门，就能得到十两黄金。人们一时困惑了，搬动一根木杆，对他们来说，这不过是一件提都不用提的简单小事。正因为太容易了，人们反而都不敢相信自己的眼睛，不敢相信自己的耳朵。因为，这也太不合常情、太不合常理了。

民众对一件看似不起眼的事情的第一反应往往就是如此。

但是，南城门口贴的告示上又写得明明白白、清清楚楚。把守木杆的官兵也对前来围观的民众说得清清楚楚、明明白白。

徙木赏金，人们既想赶快搬走木杆得赏金，又怕这是骗局，让别人笑他是幼稚虫、精神病。他们不知道公孙鞅的葫芦里到底卖的是什么药。于是，人愈聚愈多，观者如潮，议论纷纷，疑惧兼有，但就是没有一个人敢去移走这根木杆。

这种状况，正好符合了公孙鞅的本意。公孙鞅的本意就是，要将民众不相信的这件小事做大做闹，造成一个前所未有的轰动效应，就是要让民众揣摸不透他的心事而最终又只能凭其摆布、听其命令。

于是，公孙鞅又让人在原告示旁边贴上了一张新的告示。明确宣布，谁能响应政府号召，将这根木杆搬到北门的，把赏金提升到五十金。

一时，人们更加轰动、更加困惑不解了。

五十两黄金呀！政府该不会是犯病了吧！

各种想法、各种议论，一时间充满栎阳城的大街小巷。

最后，有一个从大老远的乡间来都城赶集的农家汉子，从人群中挤了出来。他对把守木杆的官兵说，"我来扛木头，得不到赏金，总不至于遭到治罪吧"。于是，人群中又轰动起来。人们像欢送一个重要人物一样，看着汉子、跟着汉子，从南门来到了北门。

其实，当时的栎阳虽为秦国都城，但两门之间相距并不甚远。这个汉子将木杆放到指定的地点之后，公孙鞅马上走了出来。他大声地表扬这个汉子道："你是一个好百姓，能够听从我的命令。"同时，他命人拿出五十两黄金，当场送到了这个正在用他的破旧衣衫擦着脸上汗水的穷家汉子手中。

围观的人们傻眼了、后悔了。这个轻松地供一家人生活一辈子都不一定用得尽的重金，就这么被一个穷家汉子拿走了。

有的人叹息，有的人追悔，有的人羡慕。但不管怎样说，人们从此认准了一个死理，左庶长公孙鞅言必行、行必果，说话办事不打折扣。听他的话，没有错，怀疑或违背他的命令，就要倒霉与后悔。

徙木赏金之事像长了翅膀一样很快传遍了整个秦国。其超常的效果，正是公孙鞅想要达到的。他就是要通过一个象征性的动作让人们记住他的铁腕，记住他所掌握的权力。他就是要通过一次震撼民心的举动来达到取信于民的目的。因为，公孙鞅认为，取信于民，是实行变法的基础，决定着变法的顺利与成败。

现在的栎阳城，依然静静地坐落在渭河的北岸，经过岁月的风化，古都的一切早就已经化成了尘埃。站在这里，回想着历史上它曾经有过的辉煌岁月，想象着这里曾经是美女如云、珍宝如山、繁花似锦的地方，不禁令人产生物是人非、恍如隔世的感觉。然而，这里虽然昔日繁华不再，徙木赏金的故事却还在流传。栎阳，因为这个故事，人们永远地记住了它，人们因为公孙鞅的政治智慧将永远地凭吊它。写到这里，我终于透出了一口气，浑身觉得舒服了许多，真想大喊一声：栎阳城，你值了！

在接下来的岁月里，凭借着秦孝公的全力支持，公孙鞅在秦国大地上掀起了一股变革的大旋风。从经济基础到上层建筑、从人的行为规范到人的观念改变，来了一个伤筋动骨的大变动。

关于公孙鞅变法的内容，多年来，各种学术书籍中都有涉及，多如牛毛，人们也皆知其一二，我不想在这里多加置喙。

我只想就几个根本性的问题在这里与读者诸君共同探讨一下，看看是不是这个道理。

（一）奖励耕织、重农抑商

公孙鞅治国思想的核心就是"农战"，其中"农"处在基础的地位。

新法规定，凡粮食和布帛生产得多的人可以免除劳役和赋税。从事商业、手工业和因游手好闲而贫穷的，将其个人，连同妻子、儿女一起没入官府为奴。用司马迁的原话就是"僇力本业，耕织致粟帛多者复其身。事末利及怠而贫者，举以为收孥"。（《史记·商君列传》）国家不许商人买卖粮食、不许开设旅店，通过"贵酒肉之价，重其租，令十倍其朴""重关市之税，则农恶商"（《商君书·垦令》）等措施，加强对工商业者的限制，加重他们的徭役和赋税，促使他们尽可能多地破产，从而扩大农业劳动者的队伍。

由于秦国地广人稀，荒地很多，公孙鞅也把奖励开垦荒地作为发展农业生产的重点。他甚至建议秦孝公，采取奖励措施，从秦国以外的三晋地区招徕移民，给予支持，使其为秦国开垦与农耕出力，以让更多的秦国本土居民腾出手来成为军人，为国家开疆拓土。

公孙鞅的这项改革，奠定了中国几千年传统的重农抑商、重本轻末治国思想的基础。这一思想，被以后历代封建统治者所继承，长期以来，使中国的经济模式成为单纯的农业经济，使中国的社会成为了一个农业社会。这一思想与举措，对于两千年来中国大一统集权制封建国家的发展与稳定，客观地说，还是功不可没的。

（二）奖励军功，按军功授爵

在重视农本、富利国家的情况下，公孙鞅推出了强兵的政策。其目的不外乎是为了实现秦孝公收回河西之地的目标，并进而东进中原，开疆拓土。

与奖励军功联系最密的是爵位制。在公孙鞅变法之前，秦国也有官爵，如上造、大夫、庶长等，但不细密。

功名是一项巨大的荣誉，它的背后存在着巨大的利益，足以吸引人们的眼球、驱动人们的心灵与支配人们的行动。

公孙鞅深谙人们的这种心理，在变法的过程中，对秦的爵制进行了系统的整理，明确规定出了20个等级：1. 公士；2. 上造；3. 簪袅；4. 不更；5. 大夫；6. 官大夫；7. 公大夫；8. 公乘；9. 五大夫；10. 左庶长；11. 右庶长；12. 左更；13. 中更；14. 右更；15. 少上造；16. 大上造；17. 驷车庶长；18. 大庶长；19. 关内侯；20. 彻侯。

与官爵配套的，便是规定相应的特权与待遇：

1. 凡在战争中能杀得敌人甲士一人并取得其首级者，赐爵一级，赐田一顷，宅九亩。

2. 凡在战争中杀得敌人甲首一人，并取得其首级者，可得百石之官。

3. 凡在战争中斩得敌一甲首者，还可役使一人（或一家）为自己的农奴，"除庶子一人"，得五个甲首的即可"隶五家"。

公孙鞅同时规定：无军功者虽是宗室贵族，也不得超越规定的标准多占田宅、臣妾。"宗室非有军功论，不得为属籍。明尊卑爵秩等级，各以差次名田宅，臣妾。衣服以家次。有功者显荣，无功者虽富无所芬华。"（《史记·商君列传》）

公孙鞅还明确规定，严厉禁止私斗，违犯者"各以轻重被刑大小"。

以军功大小为标准来重新确定人们在社会中的政治、经济地位，取消过去以血缘亲疏及世袭制确定功名利益及官爵贵贱的方法，是注定要遭到既得利益者的强烈反对的。

这是因为，既得利益者不是一般的普通百姓，他们或为宗室贵戚，或为达官贵人，他们本身手中就握有一定的权力，拥有很大的社会影响力。推翻旧的游戏规则重新建立一套新的游戏规则，这是秦国政坛上的一次巨大地震。公孙鞅在此时就已经深深地得罪了秦国的权贵。只不过，他们惧怕秦孝公的惩罚，敢怒不敢言，把心中的怨气与报复情绪压在心底罢了。

另一方面，我们也应当看到，废除世袭爵位，改为以军功大小为标准来确定政治上的尊卑、高低等级，确实调动了秦国下层有志气、有本事但苦于无门第、无门路而不能升迁并取得荣华富贵的民众的积极性。

以军功大小授爵，鼓励人们为国家奋勇作战，就是为自己及家庭的美好幸福而战，将国家利益与民众的私人利益有机地高度合二为一，这是公孙鞅运用自己政治智慧的又一项令人赞绝的发明。这一政策，把秦人的尚武精神不但推向了一个极致，而且更重要的是，公孙鞅以此为手段巧妙地将这种精神转化成了为国家拼死效力的物质力量。

（三）实行连坐，轻罪重罚

在公孙鞅的眼中，严刑峻法是保障他实行富国强兵道路上的卫兵。他本人就亲口说过："刑生力，力生强。"这里的"刑"，我们可否应当将其理解为法律政令呢？可以。因为通过刑治确保变法的顺利实施与社会的治安与稳定，是公孙鞅法治思想的一项十分重要的内容。

在变法过程中，公孙鞅把全国居民编入户籍。五家为一伍，二伍为一什，互相监督，一家犯法，其他九家同法治罪，发现有人犯罪要及时报告，"不告奸者腰斩，告奸者与斩敌首同赏，匿奸者与降敌同罚。"（《史记·商君列传》）这种什伍制度，最终成为后代历朝封建国家在乡村实行的保甲制度的滥觞，成为后世封建统治者治理乡村的一个重要的制度来源。

公孙鞅还实行轻罪重罚，主张重其轻者，以刑去刑。"行刑重其轻者。轻者不至，重者不来。是所谓以刑去刑也。"（《韩非子·内储说上》）

在他看来，先人发明断足、黥面、车裂等刑罚，表面上看甚是残暴，但其目的却不是用来伤民，而是为了达到禁奸止过的目的。在重刑面前，老百姓感到恐惧，就不敢轻易地以身试法，做出违法乱纪的事情来了。

在他看来，如果一味地强调量刑公允，以重刑罚重罪，用轻刑罚轻罪，就会让人们去钻法律的空子，容易滋长违法犯罪的心理与行为，不容易达到真正"用刑"的目的。

韩非子说过："公孙鞅之法也重轻罪。重罪者，人之难犯也；而小过者，人之所易去也。使人去其所易，无离其所难，此治之道。夫小过不生，大罪不至。是人无罪而乱不生也。"

为了真正达到以刑去刑的效果，公孙鞅以至于对随便倒垃圾的人也要治以重罪，处以黥刑，对盗窃牛马者更是重判以死刑。

今天看来，公孙鞅确实有其理想家的一面。事实上，任何法令都有它出笼的理由与不足的一面，世界上没有什么事物是能够达到十全十美的标准的。"以刑去刑"可以最大程度地起到其有利于政治与社会生活的积极的一面。但真理往前再走一步，往往就会走向真理的反面，变成谬误，反而达不到目的。"重刑，连其罪，则民不敢试"（《商君书·赏刑》），并不是绝对的真理。"国无刑民"可能只是治理者心中一种永远的理想，在现实生活中，从人类有阶级、国家生活以来，目前还未见到哪个国家或地区真正达到过这种理想的境界。

（四）移风易俗，"令民父子兄弟内室内息者为禁。"（《史记·商君列传》）

这是令公孙鞅十分自豪的一项改革成就。

公孙鞅说过："始秦戎翟之教，父子无别，同室而居。今我更制其教，而为其男女之别。"也就是说，昔日秦国充斥着西戎习俗，父子男女无别，从公孙鞅开始，才下令禁止了父子兄弟姐妹同室而居的陋俗。这条禁令，对于文明程度较高的东方六国或许算不得什么惊天动地的大事情。但是，这件事放在了当时的秦国，却是一件了不起的改革，它促进了人们的人伦规范及观念的变化，有利于小家庭在社会上的普遍确立及伦理文明的进一步发展。

（五）推行郡县制

公孙鞅在秦全国推行郡县制。"集小乡邑聚为县，置令、丞，凡三十一县。"（《史记·商君列传》）

公孙鞅在法令中规定：郡县的长官不能世袭，由国君直接任免。县下设立乡、亭、里等地方机构，直至"什伍"编部的最基层组织。

经过公孙鞅的这一改革，全国的政权、兵权、财权、人事任免权就统统完全集中到了国君的手中，君主集权的政治体制在秦国以法律制度的形式正式确立。秦国正是凭借这种先进的政体，迅速改变了当时所谓的"国防格局"。从一个落后挨打的西方国家一跃而成为了东方各国的克星。这岂不正应了《周易》里所说的"穷则变，变则通，通则久"的道理？就是今天，我们再翻阅审视这段历史，还是止不住地想赞扬这位敢于改革政体的"弄潮"英雄。中央集权、专制政权，是我们近现代以来国人批判抛弃的重点对象，多少人为了战胜它，抛了头颅，洒了热血。专制政体成为了人们口诛笔伐，恨不得打翻在地，再踏几脚的可悲的东西。但谁能想到，在历史上，这一政治体制为我华夏国家实现大一统、保持中华民族的文化与疆域统一方面却曾起过重大作用。

（六）迁都咸阳

公元前 350 年，秦国把首都由栎阳迁到了咸阳。

这一决定，是秦孝公与公孙鞅二人高瞻远瞩、同力合作的结果。

1. 随着变法的推进、秦国国力的增强、对魏作战取得的一系列胜利，魏国已经不能再构成对秦国的威胁，斗争中心需要进一步向东转移，栎阳作为都城显然已经完成了它的政治使命。

2. 咸阳位于关中的中心地带，周围物产丰富，交通便利。它北依高原、南临渭水、东扼函谷要关、西拥雍州重地，雄踞甘陇和巴蜀通往中原的要津，东又有水路直通渭水、黄河，用顾祖禹《读史方舆纪要》一书中的原话形容就是真可谓："据天下之上游，制天下之命者也。"

3. 随着变法的成功与对魏战争的胜利，秦孝公的野心进一步膨胀，已经远不满足于当初刚即位时"招贤令"中所说的"强秦"及"复穆公之故地，修穆公之政令"的愿望，他又在现有基础上，产生了"帝业"的冲动。司马迁说："秦孝公据崤函之固，拥雍州之地，君臣固守而窥周室，有席卷天下、包举宇内、囊括四海之意，并吞八荒之心。"从秦孝公任用公孙鞅在秦国实行伤筋动骨的大变革举动来看，这话的确是一语中的。

公孙鞅在这里大"筑冀阙宫廷"，全力贯彻秦孝公的战略意图，为秦国向东统一天下，在战略上做了进一步准备。

客观地说，迁都咸阳是一件极有远见的事情。从秦国的长远利益上看，这应当是一件值得称道的事情。公孙鞅晚年，贵族赵良曾以大筑宫阙，批评公孙鞅"不以百姓为事"，劳民伤财，看来并非完全尽然。

总之，关于公孙鞅的变法的主要内容，大概也逃不出上述六条，至于细节，本书中不再继续探讨。我只想以此说明，公孙鞅的变法，无论对当时的秦国，还是对以后的中国，并不是一件可有可无的事情。它不但实现了秦孝公的理想，而且为秦王朝统一六国开辟了坚实而广阔的道路。无公孙鞅及其变法，秦恐怕无力得天下，其诸多变法内容对于以后中华两千年之历史，影响之甚之大，已经由后世的历史作了很好的注脚与证明。

六

随着变法的进一步深入、国家综合力量的迅速增强，秦孝公、公孙鞅开始将东进拓疆提上了议事的日程。

在公孙鞅的心中，一直没有忘记魏惠王对他的冷落与忽视。他早就想通过兵戎相见，让魏惠王睁开他那昏睡的眼睛，看一看他昔日瞧不起的小人物到底是一个怎样的能人。他要用实际行动让魏惠王悔肠百结，寸心欲断。

在公孙鞅看来，对一个人实施最大的惩罚，不是砍头与剁身，那是让人一了百了的简单事情。报复人的最高境界，就是要打乱他心中的平衡，打掉他高贵的自信，打造他心中的地狱，让他的灵魂整日生活在追悔莫及的煎熬难受之中，生活在恐惧不安的阴影里面，让他对做过的错事付出千百倍的代价，让他生不如死。

多年的积怨，一旦要求索还，那代价将会是极为可怕的。

现在，公孙鞅有这个条件了，他能不去发泄一下隐藏在心中多年的不快吗？

况且，国君秦孝公时时挂在心中的"且欲东伐，复穆公之故地，修穆公之政令"的心愿也一直还未得到实现。这是取悦国君的最好礼物，聪明能干而富于心机的公孙鞅能不为之付出全身的力气吗？

这是一个公事与私心完美结合的事业，是一项无论于秦孝公还是公孙鞅都愿意积极进取的双赢事业。

不达目的，誓不罢休。

看来，魏惠王真的有麻烦事了。

恰恰这个时候，东方各国战云密布。秦孝公八年（公元前 354 年），一场国际性的大战爆发了。

事情起因于赵国进攻卫国，企图迫使卫国朝赵。

卫国四处强邻，左右不敢得罪，就像一只可怜巴巴的羔羊，不知道哪一天就会被周围的恶狼咬上一口。

卫国原来是入朝于它西部的魏国的，但当北方的强邻赵国向它发起进攻的时候，势单力薄的卫国没奈何只得转而入朝于赵国，赵国此举自然引起了魏国的强烈不满与武力干涉。

于是，魏惠王派兵包围了赵国的都城邯郸。赵国坚持到第二年，不得不派人向齐国和楚国求救。

齐、卫、宋联合发兵攻魏，楚军也去偷袭魏国的南方。

公元前 353 年十月，魏军攻破了赵都邯郸，齐军在桂林大败魏军，楚军则趁机夺取了魏的睢水间的大片土地。转过年，魏又联合韩国的军队在襄阳打败齐、宋、卫联军。

经过这场持续了三年之久的厮杀，东方的几匹野狼都已经喘着粗气，精疲力竭。这种状况，给西方的醒狮秦国提供了东进伐魏、收复失地的机会。

公元前 354 年，趁魏、赵大战邯郸之际，秦军开始东进伐魏，在元里一战，大获全胜，斩魏军将士首级 7000，夺取了魏的少梁，这是秦国自公孙鞅变法以来取得的第一次军事上的重大胜利。

公元前 352 年，公孙鞅调升为大良造，掌握了秦国的军政大权。趁魏与中原各国正在酣战，无暇西顾的形势，公孙鞅率领大军，穿过河西，直奔魏国的旧都安邑，将之夺为秦国之物。直到这个时候，魏惠王才真正领教了公孙鞅的厉害，感到非常的后悔，连声大呼："寡人恨不听公叔痤的话啊。"

可惜，太晚了。

紧接着，公孙鞅又乘魏与齐、赵等国议和之机，率领精兵奔袭正在筑魏长城以防秦的固阳，迫使守军投降。魏国门户开始全面暴露在东进秦军的面前。

但是，上述的三次袭击还只不过是公孙鞅的锋芒小试。

在战略上，秦、魏是不能并立的，不是你死，就是我活。这一点，公孙鞅早已成竹在胸。

公元前342年，面对魏国在马陵被齐国打得落花流水、国运日衰的状况，公孙鞅向秦孝公建议：

> 秦之与魏，譬若人之有腹心疾，非魏并秦，秦即并魏。何者？魏居领阨之西，都安邑。与秦界河而独擅山东之利。利西则侵秦，病则东收地。今以君之贤圣，国赖以盛。而魏往年大破于齐，诸侯叛之，可因此时伐魏。魏不支秦，必东徙。东徙，秦据河山之固，东乡以制诸侯，此帝王之业也。（《史记·商君列传》）

这就是说，在公孙鞅的眼中，魏国与秦国，二者不能并存，必须灭亡一个，不是秦灭魏，就是魏灭秦，这个客观形势是不能改变的。现在，魏国陷于中原战争的泥潭，正是秦国收复河西之地，实现秦孝公"复穆公之失地"的大好机会。机不可失，时不再来。作为一个极端的功利主义者，公孙鞅岂能白白地错过这个机会。

在秦国君臣图魏的同时，魏惠王也正在积极安排着报复秦国。

公元前344年，从魏都大梁传来消息，魏国正在日夜操练军队，并派出使节穿梭往来于宋、卫、邹、鲁、陈、蔡等国家之间，准备以带领十二诸侯朝天子的名义，对秦国举行一次大规模的讨伐。

咸阳震动了。

秦孝公失眠了。

这时的公孙鞅，再一次显露出了他超众的智慧与冷静。

他向秦孝公分析道：

> 看来，单靠秦国一国，纵使全力以赴，万幸而能存国，也定然损失惨重，只能视为下策。若能说动齐、楚来救，是为中策。但齐、楚皆有亡我之心，

即使答应出兵，也必在我损兵折将接近危亡之时。他们出兵的目的无非是为了分赃。臣熟思三日，以为解困的上策是齐、楚等国不由我请而自行怒而奋起反魏。那么秦国边境非但可以不费一兵一卒而固若金汤，而且还可以趁大梁受困难以自保之时，迅速出兵，收复河西之地。

接着，公孙鞅主动请缨去实施他的移花接木的计策。

早年在魏国，公孙鞅就没少对魏惠王进行研究与揣摩。尽管公孙鞅没有能够得到魏惠王的重用，但对魏惠王好大喜功、重虚而不务实的特点还是了然于胸的。魏国在魏文侯、魏武侯时经过李悝、吴起变法好不容易积攒下来的一点资本，经过庸陋浅薄的魏惠王的一顿瞎折腾，已经所剩无几了。

而这，正是公孙鞅心中窃喜的事情。

眼下，秦国危在旦夕，公孙鞅决定去魏亲自游说魏惠王，让他取消纠集列国讨秦的计划，同时，还要唆使魏国进攻楚、齐，使之继续战争，从而让秦国从中渔利。

公孙鞅真的去了魏国，他迎合着魏惠王一心想称帝王的心理，劝他"大王不如先行王服，然后图齐楚"。（《战国策·齐策五》）并作出秦国坚决支持魏王称帝的许诺。早有称帝野心的魏惠王果然上当，列国伐秦计划不但受挫，魏国倒因为得罪了列国而重新陷入四面楚歌的战争泥潭之中。

公孙鞅笑了。

孙武子不是说过，"上兵伐谋，其次伐交，其下攻城，攻城之法，为不得已"之类的话吗？

公孙鞅的削魏计划，正是贯彻了孙子的最高明的计策，即消灭敌国的阴谋与恶怕的计划于无形，其次是破坏敌国的盟交，在外交上，挫败他们的携手合秦的计划。

公孙鞅所以能够取得成功，关建是在于他揣摸透了魏惠王内心深处的想法，正确地预测了当时东方各国之间的互相争夺攻伐的矛盾是不可避免的客观态势。

据《战国策》中的《齐策五》中记载：

> 魏王悦于卫鞅之言也，故身广公宫，制丹衣柱，建九斿，从七星之旗。此天子之位也，而魏王处之。于是齐、楚怒，诸侯奔齐，齐人伐魏，杀其太子，覆其十万之军。魏王大怒，跣行按兵于国，而东次于齐，然后天下乃舍之。当是时，秦王垂拱受西河之外，而不以德魏王。

看看，魏惠王因为虚荣心所驱使，竟然被公孙鞅的一句空话，骗得光着脚东奔西忙，落得个列国叛之、伐之，不仅帝王没有做上，相反，丧师失地。魏国从此转盛为衰，真真是凄凄、惨惨、戚戚的一番景象。

中国历史上像魏惠王这样的大傻瓜，各代不乏其人。三国时袁术就是魏惠王的翻版。他们都是手中拥有了一点点资本，心中欲望就无限地膨胀起来，他们也不看看自己吃几两干饭、不看看天下有没有取得成功的形势，就急急然皇袍加身，闭其门做只有自己承认自己的天子，结果，他们都为天下弃之，众叛亲离，不得善终，为人嗤笑。相反，聪明人也有，如曹操、朱元璋类。他们都深知实力是决定一切的因素这个简单的道理。他们也都是南面称寡，但是，他们不是急于皇袍加身，而是努力打造自己横行天下的实力与能力。机会不成熟，他们绝不会盲目乱干。

曹操戎马一生，挟天子以令诸侯，三分天下有其二，晚年尚能头脑清醒地拒绝孙权上书劝进的建议，认为这是孙权将他放到火炉上烤，是不安好心的馊主意。

朱元璋接受朱升的"高筑墙，广积粮，缓称王"的建议，让做反王的出头橼子先在元军一个个进攻下烂去，待各方精疲力竭的时候，他再渔翁得利，出来轻而易举地取得了天下。

看来，如何才能真正做上天子，这还真是一门学问。魏惠王傻气十足的小丑式的表演，作为反面教材，足以儆诫后人。

接着，秦孝公采纳公孙鞅的建议，立刻任命公孙鞅为大将，率兵收复河西之地。

《史记·商君列传》中这么记载：

> 军既相距，卫鞅将公子卬书曰："吾始与公子欢，今俱为两国将，不忍相攻，可与公子面相见，盟，乐饮而罢兵，以安秦魏。"魏公子卬为然。会盟已，饮，而卫鞅伏甲士而袭虏魏公子卬，因其军，尽破之以归秦。

从司马迁的这段记载中，足见公孙鞅这次战胜魏军使用的是"兵不厌诈"的计策。在军事战争中，这无疑是一个有价值的成功范例。

但是，问题出在，公子卬与公孙鞅虽为两国敌军将帅，但昔日却是志同道合的密友。当初公子卬为了让魏惠王重用公孙鞅，在魏王面前没少下功夫。两人的友情，为当时人所熟知。公孙鞅以朋友的信用作担保，来欺骗公子卬，虽然取得了重大的军事胜利，一时达到了他多年来处心积虑的军事目的。但是，从长远上看，这一做法却未必高明。出卖旧时的朋友以换取功名，这实际上为秦魏两国都不容。从此，他就不仅没有了真正的朋友，而且秦国君臣也不敢在心理上太相信他了。以道德与信用来透支功名，日后证明，公孙鞅付出的代价太大了。

秦国收复了河西之地，就掌握了黄河天堑，东进的门户已被打开，秦孝公在昔日"求贤令"中提出的"强秦""复穆公之故地"的目标已经实现。

凯旋而归的公孙鞅，达到了他一生中事业的顶峰。秦孝公亲至东郊，隆重地迎接他的归来，同时兑现了自己"有能强秦者，吾且尊官，与之分土"的丰厚支票。"卫鞅既破魏还，秦封之於、商十五邑，号为商君。"（《史记·商君列传》）

公孙鞅从青年时就孜孜以求的功名与事业，终于在他的多年不懈努力下变成了现实。

为了这一天，从他至秦之日算起，已经为之奋斗了将近二十年！

七

常言道：日满则坠，月满则亏。

公孙鞅在帮助秦孝公推行变法，实现"强秦"；在通过一系列军事行动，夺回河西之地，达到"消魏"的目的时，他的人生与事业也就达到了巅峰。

巅峰其实是一种危险，没有人能够在巅峰上长久地停留。

果然，不出两年，在公元前238年，全身心支持变法的秦孝公便因劳累过度而英年早逝。

同一年，为秦国富强与自己功名而发奋了二十年的公孙鞅，也便从权力的巅峰上跌落下来，不仅自己，而且连累全家亲人一起跌进了苦难的地狱。

今天看来，理想主义者的结局总是悲惨得使人不忍回首，总是令人止不住地扼腕叹息。从古及今，人们都在为理想所吸引，为理想而奋斗，却很少有人能真正品尝到由理想结出的幸福果实。

从历史上来看，秦孝公与公孙鞅，确实是一对事业上的天生搭档。如果说公孙鞅是秦国变法运动的设计师与执行人的话，那么，秦孝公则的的确确是这次变法运动的监护人与支持者。秦国变法运动能够最终如此顺利地取得成功，没有秦孝公的理解与自始至终的鼎力支持，是很难做到的。

在公孙鞅变法前的不久，吴起在楚国也推行了变法，但因为触动了方方面面的贵族集团的特权和利益，遭到了他们一致坚决的反对。虽然楚悼王信任与支持吴起，怎奈这股守旧势力太大，在做他们的说服工作中，楚悼王最终因劳累很快去世。就在楚悼王尸骨未寒的灵前，楚国贵族联合起来，残忍地杀死了吴起并将他五马分尸。

距离公孙鞅变法1000多年后，中国北宋大地上，也发生过一场王安石变法，与公孙鞅的变法目的颇为接近，旨在富国强兵。但王安石却没有公孙鞅那样的运气，其监护人宋神宗虽然也急于通过变法来挽救统治危机，但是他性格犹豫，在做事方式上不如秦孝公那样圆融与彻底。当然，王安石也不是公孙鞅，没有公孙鞅那种为功名敢于拼出一切的劲头。最终，在宋神宗积劳成疾去世后，保守派掌权，新法尽废。在这一新一旧的混乱中，北宋也被搞得疲倦不堪，终至亡国。

对比来看，如果从实现人的使命与人生价值的角度来观察，我们禁不住地要为公孙鞅能够遇到秦孝公而感到庆幸。

秦孝公贤明、有能力、有志向而且又年轻。能够遇到这样一位胸襟豁达的君主，公孙鞅实在是太幸运了。

天下有本事的人多了去，哪里就缺你一个公孙鞅。"世有伯乐，然后有千里马。千里马常有，而伯乐不常有。"公孙鞅就是有天大的本事，如果遇到的是一个不识相的主人，他这匹千里马还不是得最终老死槽下，一事无成！当初公孙鞅满怀希望地在魏国一待就是四五年，还不是由于魏惠王不赏识而空怀一身本事？

话又说回来，魏惠王与秦孝公毕竟是两个不同层次上的重量级选手。虽然魏惠王也在到处笼络、寻找人才，虽然他也想称王称霸，虽然也能够幸运地接受到先人传下来的一份丰厚的家业，虽然像公孙鞅、孙膑这样的文武全才都曾经投奔到他的帐前，但他的不识人的眼睛、刚愎自用的性格以及好大喜功的作派却把这些优势全都抵销得干干净净。

我经常猜想，如果历史能够倒回来再演一遍，假设魏惠王接受了宰相公叔痤的临终建议，最终留任重用了公孙鞅，那么，后来的中国历史会是一种什么样的结局与变化？会不会是魏国不断强大，直至由它来一统天下？经过反复的推理与思忖，我还是不得不得出这样的结论：魏国不是秦国，它身上背着太多的历史包袱，没有公孙鞅这样个性的人彻底施展才华的空间与土壤，魏惠王也不是秦孝公，他不可能把公孙鞅推到政治舞台上的聚光灯前，让耀眼的光芒，长时间地全部倾洒在公孙鞅的身上。他没有秦孝公要把国家彻底治理好的志气以及信人不疑、用人彻底的胸襟。在这一点上，魏惠王根本无法同秦孝公相提并论。如果公孙鞅留在魏国，他也不可能得到魏惠王的全力支持而真正地推行他的理想。他不可能在魏国做出像在秦国那样名留青史并且深刻地影响到了中国后来历史进程的伟大事业来。

写到这里，我忍不住地想对公孙鞅大声地说一声：你是多么的幸运，你的使命与人生的价值，已经经由秦国的政治舞台发挥得淋漓尽致。虽然你身遭不白之冤，像吴起一样被五马分尸，但作为一个顶天立地的男人，来到这个世上风风火火走上了一遭，值了！九泉之下，你该高兴、庆幸与安息才对。多少能人、英雄千年等一回也等不到的奇遇，能够垂青并成就于你，令人羡慕、妒嫉，多么值得自豪与高兴呵！

作为秦国国君，秦孝公不仅是一个现实主义者，而且更是一个理想主义者。

他在"招贤令"中提出的"强秦"目标，实际上就是一个理想主义的蓝图。因为"强秦"这个目标的可塑性非常大。它可大可小，可远可近，可长可短。在我的理解中，这很可能就是秦孝公给其本人制定的要终身努力的最高目标。至于秦国要在他的领导下强到什么程度，达到什么样的目标，才叫强，秦孝公没有明确的界定。也许，这正是秦孝公高明的地方。

他在"招贤令"中提出的"复穆公之故地，修穆公之政令"基本上可以视作为他要一定实现的目标。或许在秦孝公看来，实现这一目标是现实的，是一定能够在他的任内做到的。但我们如果稍微再深入思考一下，就会发现，即使这一目标，也是一个很大很宏伟的计划。至少，在秦孝公的父亲秦献公的手中，就根本没有能看到有实现这一目标的可能。即使在秦孝公的任内，也是在奋斗了二十余年才最终将这一目标变成了现实。

但是，在我看来，正是因为这种理想主义的气质与个性，秦国才最终在秦孝公的手中，真正由一个西方大国最终走向"世界"，直至统一天下。

试想一下，如果没有理想的驱动，秦孝公何至于在即位的当年就向天下发布了"招贤令"？如果没有理想的驱动，在前两次召见公孙鞅的过程中，面对公孙鞅滔滔不绝的迂阔的所谓三皇五帝神圣事，毫无兴趣的秦孝公，如何能耐心地等待他唠叨完！要知道，秦孝公当年也不过还只是一个才20多岁的热血青年，要是没有一定理想的支配，他是不会如此苦了自己的。紧接着，从孝公第三次、第四次继续召见公孙鞅这位外籍人士，更可以看到秦孝公理想的远大，以及他难得的气度、胸襟与求贤若渴的品质。

听到公孙鞅的富国强兵之策，秦孝公立即大喜过望，"不自知膝之前于席也。语数日不厌。"（《史记·商君列传》）这个生动的历史事实充分展示了这位年轻国君的急想有所作为的一面，这种童稚般的热情与激情，也许正是许多杰出并有所成就的领袖所共有的魅力。

秦孝公在位24年便去世，死时正值45岁的壮年时期，很有可能与他过度操劳国事有关。因为从现有的各种历史资料中，并没有发现这位有为君主有别的有伤身体的嗜好，如纵欲过度、荒嬉过度等。相反，历史材料上所记载的都是他严肃工作，专注于秦国富强大业的事实。我们可以推断，这位有为君王如果不是死于暴病，基本上就可以认为是因改革大业劳累过度、油尽灯枯的结果。

从史料记载来看，公孙鞅是位外籍政客，本身在秦国没有一点人脉基础，他所以能够顺利地推行变法的法令，完全是因为秦孝公的全力支持。因为，真正能够推动变法，迫使全国臣民严格遵从实行的，并不是公孙鞅，而是站在幕后的身为国家最高掌舵人的秦孝公。

公孙鞅变法使秦国从经济基础到上层建筑都进行了全新的大变动，触动了上上下下各方面的、各阶层的利益，反对之人当不在少数；加上公孙鞅的个性，为人"刻薄"、严酷果断、轻罪重罚、不留情面，这就为秦孝公的日常工作无形中增加了许多难度。秦孝公既要耐心说服或强迫本土势力派接受公孙鞅的改革事实，又要承担这场改革运动的风险与失败的责任。这可不是一件容易的事情。它足以使一个人在强大的压力之下损坏健康而最终丧命。秦孝公英年早逝，在很大程度上可以断定是为这次史无前例的大变动耗尽了他的心血，减短了他的寿命。这是翻天覆地的大变革运动必须付出的代价。春秋末年的楚悼王、北宋中期的宋神宗概莫能外。

这是一个宿命，理想主义者的悲剧宿命。

秦孝公刚死，腥风血雨便铺天盖地向公孙鞅直扑过来。

即位的太子驷，刚刚坐上龙椅，周围的旧贵族便纷纷将他包围起来，诬告公孙鞅欲行谋反。

公孙鞅的命运危在旦夕。

也许，自来到秦国，获得孝公信任重用以来，公孙鞅已经忘记了，他本来不过是一名宾客而已，他体内流的是中原卫国的血，和赢秦没有任何关系；他忽略了，信任与支持他变法的，当权派中只有秦孝公一人，而不是那些根深蒂固、人数众多的贵族官僚。也许，在公孙鞅看来，信任他的孝公比他年轻10多岁，只要孝公健在，他就不怕什么风吹草动。但是，智者千虑，必有一失。没想到，他策划并进行的这场改革事业，从决策到执行，要理顺整个过程中复复杂杂的人际关系，巨大的压力，已经把秦孝公彻底累垮了！

就在秦孝公去世前五个月的一天，有一个名叫赵良的秦国人，已经敏锐地观察到了这一点。

俗话说，旁观者清。尽管赵良对公孙鞅的变法也抱着反对的态度，但他敬重公孙鞅拼命实干的精神，他看出公孙鞅处境危险，出于一片真诚，他前去劝说公孙鞅，悬崖勒马，回头是岸；交出权力，交出封地，到秦国偏远地方去做一个富家翁，颐养天年。公孙鞅虽然真诚地接待了赵良，但却否定了他提出的赎救建议。以公孙鞅的个性与处世方式，他是不会走回头路、停下还在疾驰的战马的。何况，他凭半生的心血打拼而来的於、商封地，是他一生功名的广告牌，是他为后代造福的根据地。失去权力，再失去封地，就等于彻底否定了自己前半生的努力与成就，不要说是公孙鞅，就是换上我们碌碌之辈恐怕也一时难以下定决心。但是，不交出权力和封地，就必须交出自己的生命。二者只能选择其一。公孙鞅的悲剧人生就在这稍纵即逝的瞬间注定了。

果然，五个月后，秦孝公因积劳成疾，英年早逝。太子驷继位，便是秦惠文公。

一朝天子一朝臣。

新君不用旧臣，这是一条铁定的政治法则，几千年来，谁也逃脱不了这幕铁网的制约。作为先王重臣，公孙鞅官爵至大良造，已经相当于其他诸侯国国相的职位。国相无权率领军队，而公孙鞅则军政大权于一身，秦孝公对其言听计从，加上於、商之地十五邑，公孙鞅的权势已经达到了无以复加的程度。换上任何一个新上任的君王，都不可能不对之深深加以观注与忌讳。何况，秦惠文公并不是一个庸陋无能的君王，他并不想做一个有名无实的国君。

因此，在第一次朝会中，善于揣摩国君意图的公子虔和公孙贾立刻跳了出来。他们援引"大臣重则国危，左右重则身危"的古训，并进而分析，公孙鞅立法治秦，秦国虽治，但国中老少男女都只说商君之法，而不说秦国之法，如今又加封采邑十五，权位已极，势必谋叛。望君上立刻明断，切莫养虎贻患！

这些话，秦惠文公不仅全部听进了耳朵而且深表其然。

于是，秦惠文公借此下令收缴公孙鞅的相印及兵权，命他立即从咸阳走人，回到封地於、商去。

但是，聪明而精通政治的秦惠文公是不会就这样轻易地放过公孙鞅的。

一则，在早年变法时，公孙鞅对他的定罪及惩罚，他还历历在目，心中之恨未除；

二则，商君相秦十年，宗室贵族怨者很多，民众也苦不堪言、苦不敢言。借公孙鞅的人头安抚人心、收买人望、增强政治凝聚力，又何乐而不为？

三则，公孙鞅之令之人的影响已经深入秦国各个角落，借公孙鞅人头做文章，正可晓喻天下民众，借此迅速建立自己的威信。

四则，"飞鸟尽，良弓藏；狡兔死，走狗烹。"变法已经20余年，公孙鞅的使命已经基本完成，该到了借他的人头为改革中的被伤害者表示慰抚的时候了。

这样，公孙鞅就死定了。

新上任的秦国国君，采取了逼反的高明策略。

对于公孙鞅这样一个深得先君信任、重用，而且为秦国服务了20余年的重臣，要杀他也必须找一个高明的借口，否则，各国会议论，民间会议论，但根据20余年的从政生涯，已经使秦惠文公太了解公孙鞅的个性与为人了。他知道，公孙鞅是不会甘心束手走上绝路的，只要自己再加一把火，公孙鞅就会狗急跳墙，叛逃或谋反的。

就在这最后的危急关头，公孙鞅似乎还没有嗅到即将到来的血腥气味。

也许，在功成名就之后，他的政治敏感性已经大大的退化了。在他辞庙返回封地时，还特意再用了一次犹如国君的威仪。很可能，在公孙鞅看来，这是他最后一次临朝听政、指点江山的机会了，他要给自己的前半生从政生涯画上一个圆满的句号，他也想让咸阳的文武百官知道，他虎去风犹在。

公孙鞅觉得自己需要有这样一个结束，他的政敌也正需要他再显摆这么一次威风。

公子虔、公孙贾立即禀奏："这叛贼已撤去相位，竟然还敢僭拟王者仪制，倘若任其回归商、於，必然后患无穷！"

当年曾在朝堂上与公孙鞅作过激烈争论，受到公孙鞅挫辱的甘龙、杜挚，也急急赶来作了同样的禀奏。

秦惠文公等的就是这样的罪状，他立刻命令公孙贾率领武士3000去追赶公孙鞅，斩首来报。

公孙鞅闻讯，赶忙扮成卒隶带着妻儿老母仓皇出逃。奔至函谷关时，看看天色已晚，便往旅店投宿，但公孙鞅没有公函证明，便被不客气地拒在门外。店主告诉公孙鞅："商君之法，舍人无验者坐之。"面对此情此景，公孙鞅不觉地喟然长叹："嗟乎，为法之敝一至此哉！"（《史记·商君列传》）

这就是"作法自毙"成语的来历。

没办法，趁夜色，公孙鞅等人混出了函谷关，企图奔魏，但因公子卬事件，魏人已对公孙鞅产生极大的不信任，他们以"陷人于危，必同其难"的理由将公孙鞅赶回了秦国。在万般无奈的情况下，公孙鞅只好逃回自己的封地於、商，组织子弟兵，准备做孤注一掷式的抵抗。但惠文公很快派出大军，粉碎了公孙鞅有限的一点军事力量，在郑国黾池这个地方将他抓获，施以六种死刑中最残酷的一种：车裂。

惠文公指着公孙鞅的尸首说："今后有敢造反者，公孙鞅就是他的下场！"

覆巢之下，岂有完卵，公孙鞅一家也全部惨遭杀戮。

一个理想者，就这样为他的理想，将自己及其全家的生命献上了祭坛。

事实上，惠文公处死公孙鞅，并非是要否定公孙鞅的作为，更不意味着要在秦国恢复公孙鞅变法之前的旧制度。公孙鞅的变法在秦国推行了21年，已经深入人心，连妇孺童稚都能言"商君之法"。变法给秦国带来的好处，惠文公心中清清楚楚。对于新法的成果，惠文公不但没有废止，而且全盘继承，甚至还有所发展。这说明，惠文公是一个合格有为的君主。

关于公孙鞅的死因，司马迁在《史记》中曾有这样的分析：

> 商君，其天资刻薄人也。迹其欲干孝公以帝王术，挟持浮说，非其质也。且所因由嬖臣，及得用，刑公子虔，欺魏将卬，不师赵良之言，亦足发明商君之少恩矣。余尝读商君开塞耕战书，与其人行事相类。卒受恶名于秦，有以也夫！

按照司马迁的说法，公孙鞅之死是因为他做人行事"刻薄""少恩"，这是不错的。但是，这绝不是公孙鞅一定要死的根本理由。秦惠文公之所以要除掉公孙鞅，我想，真正的原因只有一个：这就是公孙鞅在秦国权大势重，已经构成了对秦惠文公的潜在威胁。

从更深刻的层面上讲，公孙鞅之死，也不是死在秦惠文公的手中，而是死在中国传统政治的潜规则中。君相之争一直是中国几千年政治权力斗争的一种常见的现象。新即位的君主对于前朝留下的宰相重臣没有几个是加以继续重用的。任何一位新君，只要想建立自己的权力统治，都不能不把一切人们不满意的东西都推给前朝，而把一切好的都记在自己的名下。除非有万不得已的特别情况，先君的光辉形象是绝对不能损坏的。最有效最直接的办法，莫过于推出像公孙鞅这样一个颇有民愤、个人品性又有瑕疵的人出来，使他成为前朝所有过失的箭靶，杀之以安抚民众，又可借以收归权臣的权力，树立自己新的气象。明朝崇祯皇帝诛杀魏忠贤、清朝嘉庆皇帝诛杀和珅，无不是这一法则在历史大河中变相的继续。所以，即使继位的不是惠文公，公孙鞅侥幸不被车裂，也绝不会有太好的下场；所以，即使没有公子虔、公孙贾的狭机报复，秦惠文公迟早也要借个题目做成这篇文章。

后来的历史发展事实是：处死公孙鞅后，秦惠文公也并没有重用公子虔等宗室贵族。在其统治的 27 年间，没有一个无功无能的宗室贵族得到过高官显爵。公孙鞅人虽亡政未息，其变法措施继续在秦国大地上成长壮大，直至成为参天大树，庇荫秦始皇统一六国，兼并天下。这样看来，如果撇开个体生命的得失，放在历史的长河中来评估人生的价值与长生之道，我们还是要为公孙鞅这位理想者感到庆幸，毕竟人生只有百年，不过瞬间即逝，能够用肉体生命来创造精神不朽与永生，这才是真正的不老长生之道。

赵武灵王：一个权力幼稚病患者

赵武灵王就像希腊神话中的无敌大力士海格力斯一样，是一位英雄。他的舞台，不在政治，而在于军事。但是，历史却恰恰让他坐到了赵国王位的宝座上面，让他溺陷于最高权力斗争而无法自拔，这不是他的长项，也因此注定了他晚年的悲剧。

一

在战国年代，兼并战争频繁发生，齐、楚、燕、韩、赵、魏、秦七个国家之间的角逐，其舞台即主要表现在军事与外交的争夺上面。哪一个国家军事国防力量强大，哪一个国家的外交同样也就显得硬气实足，在国与国的外事活动中也就显得坚挺而有力。

在那个由兼并走向统一的大时代，军事力量几乎决定一切。精兵强将为各国所急需，铁血手段为各国所运用。军事强则国强，军事弱则国弱，几乎成为战国时代的各诸侯国命运的铁律。

当时，赵国地处四战之地，北边是燕，东面是胡，西方是林胡、楼烦，与虎狼之国秦国又仅一河相隔，四面环敌。如此的地理环境，如此的邻国，如此的艰难生存的现状，决定了赵国在战国初年的东方六国军事中必须强势的地位。因为，如果不能很快有效提高自己的军事竞争力，赵国不仅几乎无法立足，甚至还会被强敌瓜分，最终国破家亡。

时势造就英雄。

艰难困苦，玉汝于成。

在这样尴尬的状况下，一位大英雄应时而生，他，就是彻底改变了赵国军事力量落后面貌的赵武灵王。

二

根据《东周列国志》中的说法，赵武灵王"身长八尺八寸，龙颜鸟噣，广鬓虬髯，面黑有光，胸开三尺，气雄万夫，志吞四海"。

"身长八尺八寸"指的是身材高大。

"龙颜鸟噣"，说的是他具有龙凤之表。

"胸开三尺，气雄万夫，志吞四海"是说赵武灵王有阔大胸襟与雄心抱负。

对一个成功者而言，仪表丰伟与否倒不重要，在危机面前，面相起不到任何实质性的作用。然而，"气雄万夫，志吞四海"则倒是紧要得很。

可惜的是，赵武灵王只是一个军事家与理想者，他英气勃发，但空有"气雄万夫，志吞四海"之志，却缺乏政治家管理国家政治的起码的常识与能力。在军事改革上，赵武灵王无疑是一个极为成功者。然而在政治上，他却是一个糊涂虫。他不知道珍惜权力，更不会操纵和运用权力，早早让位给幼子以及在处理王权斗争中所犯的幼稚病，充分反映出他的志向与能力之间实际的差距。而所有这些，恰恰是造成赵武灵王命运悲剧的一个十分重要的因素。

三

赵武灵王就像希腊神话中的无敌大力士海格力斯一样，是一位英雄。

他的舞台，不在政治，而在于军事。

但是，历史恰恰却让他坐到了赵国王位的宝座上面，让他溺陷于最高权力斗争而无法自拔。

事实胜于雄辩。

在军事治理方面，赵武灵王是有天赋与魄力的。通过胡服骑射，他能把赵国的军事实力提高到战国初期东方六国居首的水平，就充分证明了这一点。

对于国与国来说，战场的胜负拼的是实力，是战无不胜、攻无不克的军队以及强大的经济后勤保障。没有实力只能被动挨打。如有实力，小则可以欺负别人，大则可以兼并天下。有雄心的赵武灵王想的是"志吞四海"。

赵武灵王有此远大抱负倒也不是空想家的夸夸其谈，他确实也有这个资本。

首先，他是赵国一国之主，有想法推动起来并不困难。

其次，他懂得军事的重要性与强大军事的途径和方法。

他研究了当时的世界形势，明白不进行军事改革赵国无疑就等于死路一条。

他学习了周边国家和地区军事上的优点，决定在赵国搞场彻底的军事改革，实行全民皆兵，改变赵国传统式长袍大褂的服装与靠步兵作战的落后状况，全面推行胡服骑射，建设中原地区最强大的骑兵队伍。

司马迁在《史记·赵世家》中说：赵武灵王"吾欲胡服"的号召，在一开始进行的并不顺利，"群臣皆不欲"。但赵武灵王坚信"世有顺我者，胡服之功未可知也。虽驱世以笑我，胡地中山吾必有之"。在这种信念的坚持下，赵武灵王率先穿上胡服，革带皮靴，窄袖左衽，以便骑射。自己学得差不多了，又下令全国军民一体效仿。

中国古老的传统是：上有所好，下必从焉。既然国主都这样做了，带头在先，做的还有模有样，臣民们还能有什么意见呢？

于是，赵国上下踊跃响应，不亦乐乎。

于是乎：赵国上下，不分贵贱，齐齐脱下长袍大褂，换上了便于战斗的短袖戎装。胡风，胡服，骑马，射箭，练兵场上，杀声震天，雄姿英发。赵国顿时气象万新。

全民皆兵，且都是灵活便于机动作战的骑兵，要速度有速度，要战斗力有战斗力，赵国兵员厚实，军事迅速强大，一下子就将东方各国甩在了后头。赵武灵王指挥着赵国强大起来的军队，开始开边拓土，很快就把赵国的边界向北推移到与燕、代相邻，向西北扩展到云中、九原二郡，取得了新拓几百里国土的好成绩。

关于这段历史，《东周列国志》中曾有这样记载说：

> 武灵王自念赵国北边于燕，东边于胡，西边于林胡楼烦，与赵为邻，而秦止一河之隔，居四战之地，恐日就微弱。乃身自胡服，革带皮靴，使民皆效胡俗，窄袖左衽，以便骑射。国中无贵贱，莫不胡服者。废车乘马，日逐射猎，兵以益强。武灵王亲自帅师略地，至于常山，西极云中，北尽雁门，拓地数百里。

事实证明，赵武灵王在军事上确有天赋，称得上是战国君主中当之无愧的超一流军事家与实干家。

四

在开疆拓地方面，赵武灵王确有雄心壮志。他因为诸将不可专任，为了实现吞秦之志，他竟然年纪轻轻就传位给其少子何，自号曰主父。这为他身后埋下了危机。

《东周列国志》第九十三回中说：

赵武灵王有吞秦之志，欲取路云中，自九原而南，竟袭咸阳。以诸将不可专任，不若使其子治国事，而出其身经略四方。乃使群臣大朝于东宫，传位于太子何，是为惠王。武灵王自号曰主父。——主父者，犹后世称太上皇也。——使肥义为相国，李兑为太傅，公子成为司马。封长子章以安阳之地，号安阳君，使田不礼为之相。——此周赧王十七年事也。主父欲窥秦之山川形势，及观秦王之为人，乃诈称赵国使者赵招，赍国书来告立君于秦国。携工数人，一路图其地形；竟入咸阳，来谒秦王。昭襄王问曰："汝王年齿几何？"对曰："尚壮。"又问曰："既在壮年，何以传位于子？"对曰："寡君以嗣位之人，多不谙事，欲及其身，使娴习之。寡君虽为'主父'，然国事未尝不主裁也。"昭襄王曰："汝国亦畏秦乎？"对曰："寡君不畏秦，不胡服习骑射矣。今驰马控弦之士，十倍昔年，以此待秦，或者可终徼盟好。"昭襄王见其应对凿凿，甚相敬重。使者辞出就馆。昭襄王睡至中夜，忽思赵使者形貌魁梧轩伟，不似人臣之相，事有可疑，展转不寐。天明，传旨宣赵招相见。其从人答曰："使人患病，不能入朝，请缓之。"过三日，使者尚不出。昭襄王怒，遣吏迫之。吏直入舍中，不见使者，止获从人，自称真赵招：乃解到昭襄王面前。王问："汝既是真赵招，使者的系何人？"对曰："实吾王主父也。主父欲睹大王威容，故诈称使者而来，今已出咸阳三日矣。特命臣招待罪于此。"昭襄王大惊，顿足曰：

"主父大欺吾也!"即使泾阳君同白起领精兵三千,星夜追之。至函谷关,守关将士言:"赵国使者,于三日前已出关矣。"泾阳君等回复秦王,秦王心跳不宁者数日,乃以礼遣赵招还国。

髯翁有诗云:

分明猛虎踞咸阳,谁敢潜窥函谷关?
不道龙颜赵主父,竟从堂上认秦王。

秦国是当时天下第一强国,赵武灵王在实施攻秦之役前,想知己知彼,遂以使者名义,亲自进入秦国,一则了解掌握对方的山川形势,二则欲会会对手秦昭王。赵武灵王不失潇洒,他大胆地装扮成使者,来到秦廷,不卑不亢,和秦昭王作了一席长谈。谈后,秦昭王左思不对,右想不对,再要召见赵武灵王时,他已远走高飞。

赵武灵王装扮使者入秦,含有戏弄秦昭王的成分,但更要的是,他"携工数人,一路图其地形",其亡秦之心昭然若揭。

在去秦国前,赵武灵王把王位传给了小儿子何,自称主父,依然大权在手。他这样做,明是让其子早日得到实际的锻炼,实是自己已不满足赵国王位,要把自己升高一级,放到了天子的位置上去。赵武灵王不是想做徒有虚名的天子,他要腾出时间,专门经营军事,先灭秦,然后扫荡诸国,最终一统天下。然而,就在他传位于其子时,他的这个理想实际上已经潜伏了严重的危机,已经没有了实现的可能性。

五

第一,身当壮年的赵武灵王,贸然传位给小儿子,又自称主父,仍旧把握国家权力不放,这实际上是在赵国统治高层树立起了两个权力中心。

权力是一副毒药，能让道德最高尚的人发生变质。

权力是人间最能让人兴奋的春药，人们一旦加以品尝，往往就会难以割舍，沉迷于其中而不可自制，不能自拔。

历史上因为权力交接父子相残者比比皆是，多不胜举。

赵武灵王不明白，最高权力只能独自享有，万万不可分羹于旁人，即使是自己的亲生儿子也不行。须知道，权力面前无父子。非如此，出现争斗是迟早的事情。交出了最高权力，等于就是交出了自己的生命。他以为，自己仍号为主父，掌握着赵国的生杀大权。但两个最高权力中心既然已经形成，血淋淋的非此即彼、你死我活的斗争也就从此开始了。

第二，赵武灵王违反了的嫡长继承制的原则，伏下了其后诸子们围绕王权斗争的隐患。

赵武灵王喜欢小儿子，不是这个儿子有才干，只因他是宠妻吴娃所生。

《东周列国志》中说：

> 赵武灵王即位五年，娶韩女为夫人，生子曰章，立为太子。至十六年，因梦美人鼓琴，心慕其貌，次日，向群臣言之。大夫胡广自言其女孟姚，善于琴。武灵王召见于大陵之台，容貌宛如梦中所见，因使鼓琴，大悦之，纳于宫中，谓之吴娃，生子曰何。及韩后薨，竟立吴娃为后，废太子章，而立何为太子。

吴娃是爱称，名叫胡孟姚，是大夫胡广的女儿，因为长得漂亮，还能弹一手好琴，且颇会讨赵武灵王的欢心。自古英雄爱美人，赵武灵王离不得她，在元配韩王后死后，立她为王后，也是意中之事。但作为一个最高权力者，却无政治智慧，无视政治家十分珍重的嫡长子继承法则，因为爱屋及乌，因为美人枕边的几句软语纠缠，几声撒娇哭声，几滴让人怜爱的泪水，就不顾原则、不顾规矩，废了韩后所生的大儿子太子赵章，改立赵何。这是多么错误的一步棋啊！

要知道，赵国是从晋国三家分裂而来。

当年晋献公因为溺爱骊姬，把最高权力由太子申生手中夺走传给骊姬之子奚齐，从而造成晋国大乱的事实俱在，难道赵武灵王就这么没有一点政治常识与历史知识？

第三，让位已错，让位给小儿子又错。此两步走错后，赵武灵王非但没有醒悟，不去想方设法补救其中的漏洞和隐患，不久又犯了第三个大错。一日朝见，他见尚未成年的小儿子何坐在王位上，高大魁梧的大儿子章反而匍匐称臣，心中是老大不忍，妇人之心顿生，又思谋分赵国之地让大儿子也南面称王。他问了些大臣，为了国家利益，大臣当然不会赞成。事情给吴娃知道了，她哭哭啼啼地闹，闹得赵武灵王最后只好将此事束之高阁。

第四，包庇发动政变的失败者大儿子章，将他彻底推上了与少主决裂的地步。

本来，废太子赵章迫于君臣之义已经注定的事实，已经承认了眼前的现实，即使不满，也只能作罢。但赵武灵王的糊涂的分封主意重新燃起了他内心深处对权力的渴望。他的部属更是火上浇油，怂恿他发动政变，杀死赵惠王。在这种情况下，赵章发动了政变，却没达到目的。失败后他逃进了父亲的宫中以求庇护。此时，赵武灵王本该按照国家大法果断交出叛逆之子，以示他绝无赞成大儿子夺权的意思。但他再次犯下大错，竟然把大儿子藏匿了起来。赵何的人马不依不饶，强行进宫搜出赵章，将章斩首。这样，赵惠王与其父就只能撕破脸皮，你死我活，无其他路径可走了。为防赵武灵王秋后算账，他们把主父一人困在里面。无人、无食，赵武灵王真正成了孤家寡人，饿极了，他爬到树上掏鸟蛋吃。三个月后，宫门开了，他已尸身枯瘪。

关于此事，《东周列国志》中这样记载：

再说赵主父出巡云中，回至邯郸，论功行赏。赐通国百姓酒铺五日。是日，群臣毕集称贺。主父使惠王听朝，自己设便坐于旁，观其行礼。见何年幼，服衮冕南面为王，长子章魁然丈夫，反北面拜舞于下，兄屈于弟，意甚怜之。朝既散，主父见公子胜在侧，私谓曰："汝见安阳君乎？虽随班拜舞，似有不甘之色。吾分赵地为二，使章为代王，与赵相并，汝以为何如？"赵胜对曰："王昔日已误矣！今君臣之分已定，复生事端，恐有争变！"主父曰："事权在我，又何虑哉？"主父回宫，夫人吴娃见其色变，问曰："今日朝中有何事？"主父曰："吾见故太子章，以兄朝弟，于理不顺，欲立为代王，胜又言其不便，吾是以踌躇而未决也。"吴娃曰："昔晋穆侯生二子，长曰仇，弟曰成师，穆侯薨，子仇嗣立，都于翼，封其弟成师于曲沃，其后曲沃益强，遂尽灭仇之子孙，并吞翼国。此主父所知也。成师为弟，尚能戕兄，况以兄而临弟，以长而临少乎？吾母子且为鱼肉矣！"主父惑其言，遂止。有侍人旧曾服事故太子章于东宫者，闻知主父商议之事，乃私告于章。章与田不礼计之。不礼曰："主父分王二子，出自公心，特为妇人所阻耳。王年幼，不谙事，诚乘间以计图之，主父亦无如何也。"章曰："此事惟君留意，富贵共之！"太傅李兑与肥义相善，密告曰："安阳君强壮而骄，其党甚众，且有怨望之心。田不礼刚狠自用，知进而不知退。二人为党，行险侥幸，其事不远。子任重而势尊，祸必先及，何不称病，传政于公子成，可以自免。"肥义曰："主父以王属义，尊为相国，谓义可托安危也。今未见祸形，而先自避，不为苟息所笑乎？"李兑叹曰："子今为忠臣，不得复为智士矣。"因泣下，久之，别去。肥义思李兑之言，夜不能寐，食不下咽，辗转踌躇，未得良策。乃谓近侍高信曰："今后若有召吾王者，必先告我。"高信曰："诺。"

忽一日，主父与王同游于沙邱，安阳君章亦从行。那沙邱有台，乃商纣王所筑。有离宫二所，主父与王各居一宫，相去五六里，安阳君之馆适当其中。田不礼谓安阳君曰："王出游在外，其兵众不甚集。若假以主父之命召王，王必至。吾伏兵于中途，要而杀之，因奉主父以抚其众，谁敢违者？"章曰："此计甚妙！"即遣心腹内侍，伪为主父使者，夜召惠王曰："主父卒然病发，欲见王面，幸速往！"高信即走告相国肥义，义曰："王素无病，事可疑也。"乃入谓王曰："义当以身先之，俟无他故，王乃可行。"又谓高信曰："紧闭宫门，慎勿轻启。"肥义与数骑随使者先行，至中途，伏兵误以为王，群起尽杀之。田不礼举火验视，乃肥义也。田不礼大惊曰：
"事已变矣！及其机未露，宜悉众乘夜袭王，幸或可胜。"于是奉安阳君
以攻王。高信因肥义吩咐，已预做准备。田不礼攻王宫不能入。至天明，
高信使从军乘屋发矢，贼多伤死者。矢尽，乃飞瓦下掷之。田不礼命取巨
石系于木，以撞宫门，哗声如雷。惠王正在危急，只听得宫外喊声大举，
两队军马杀来，贼兵大败，纷纷而散。原来是公子成李兑在国中商议，恐
安阳君乘机为乱，各率一支军前来接应，正遇著贼围王宫，解救了此难。
安阳君兵败，谓田不礼曰："今当如何？"不礼曰："急走主父处涕泣哀求，
主父必然相庇，吾当力拒追兵。"章从其言，乃单骑奔主父宫中，主父果
然开门匿之，殊无难色。田不礼驱残兵再与成兑交战，众寡不敌，不礼被
兑斩之。兑度安阳君无处托身，必然往投主父，乃引兵前围主父之宫。打
开宫门，李兑仗剑当先开路，公子成在后，入见主父，叩头曰："安阳君
反叛，法所不宥，愿主父出之。"主父曰："彼未尝至吾宫中，二卿可他
觅也。"兑成再四告禀，主父并不统口。李兑曰："事已至此，当搜简一
番，即不得贼，谢罪未晚。"公子成曰："君言是也。"乃呼集亲兵数百人，
遍搜宫中，于复壁中得安阳君，牵之以出。李兑遽拔剑击断其头。公子成曰：
"何急也？"兑曰："若遇主父，万一见夺，抗之则非臣礼，从之则为失贼，
不如杀之。"公子成乃服。李兑提安阳君之首，自宫内出，闻主父泣声，
复谓公子成曰："主父开宫纳章，心已怜之矣！吾等以章故，围主父之宫，
搜章而杀之，无乃伤主父之心？事平之后，主父以围宫加罪，吾辈族灭矣！
王年幼不足与计，吾等当自决也。"乃吩咐军士："不许解围。"使入诈
传惠王之令曰："在宫人等，先出者免罪；后出者即系贼党，夷其族！"
从官及内侍等，闻王令，争先出宫，单单剩得主父一人。主父呼人，无一
应者，欲出，则门已下钥矣。一连围了数日，主父在宫中饿甚，无从取食。
庭中树有雀巢，乃探其卵生啖之，月余饿死。

髯仙有诗叹曰：

胡服行边靖虏尘，雄心直欲并西秦。

吴娃一脉能胎祸，梦里琴声解误人。

主父既死，外人未知。李兑等尚不敢入，直待三月有余，方才启钥入视，主父尸身已枯瘪矣。公子成奉惠王往沙邱宫，视殓发丧，葬于代地。今灵邱县，以葬武灵王得名也。

事实说明，赵武灵王称得上一个杰出的军事家，但在治理国家方面，他却几乎是一个权力规则的白痴。

他不明白，如欲一统天下，他只能无限地加强自己手中的王权，而不是对王权放手。

他不明白，权力面前无父子。既然让位，就要让得彻底，否则就会性命不保。

他不明白，政治不能讲亲情，亲情与政治不两立。

他不明白，家事不是国事，二者不可混同。

历史将他推上赵国最高当家人的地位，他却只想做一个军事家，不在政治家的修养上做足功课。他想复兴赵国，然而他在最高权力交接问题上的所作所为，恰恰埋下了导致国家分裂的危险的伏线。他的妇人之仁导致他一而再、再而三地铸下大错，从而注定了他死于非命的悲剧色彩。

由此可见，在权力运用与交接上面，赵武灵王十分幼稚。一步错，步步错，他错得厉害，错得无法收拾，错得没有退路，最终落得个刀枪相见、饿死游宫中的悲惨下场，重蹈了春秋首霸齐桓公的覆辙。

司马迁不无惋惜地说：

是时王少，成、兑专政，畏诛，故围主父。主父初以长子章为太子，后得吴娃，爱之，为不出者数岁，生子何，乃废太子章而何为王。吴娃死，爱驰，怜故太子，欲两王之，犹豫未决，故乱起，以致父子俱死，为天下笑，岂不痛乎！

宋人叶适在总结这段历史时也道出了其中的奥妙：

武灵王胡服经营天下，困于吴娃。

二贤之言得之。

后人当以此为鉴，免得再蹈覆辙。

屈原终投湘水滨

屈原其实不是块从事政治、悠游官场、能够左右逢源的做官材料。他太实在，也太固执。这种人，才华横溢，虽然充满理想，冀图凭自己的才学来辅弼君王治国安邦。但在纵横交错的官场人际关系中，他们往往不懂得长袖善舞，不懂得揣摩领导与讨好领导，不懂得何时该进该退。不客气地讲，屈原在文学上是一个天才，但在政治方面他却是个几乎近似幼稚的痴儿。

———

每当想起屈原，我总是忍不住地将他与我内心深处最崇拜的渔翁形象联系在一起。

在太史公《屈原贾生列传》中，专门用了大段文字来描述渔翁与屈原关于人生的一场深刻而又永久性的对话。

这段话对我触动很大，永久性地镌刻在了我的心田。

司马迁说：

屈原至于江滨，被发行吟泽畔。颜色憔悴，形容枯槁。渔父见而问之曰："子非三闾大夫欤？何故而至此？"屈原曰："举世混浊而我独清，众人皆醉而我独醒，是以见放。"渔父曰："夫圣人者，不凝滞于物而能与世推移。举世混浊，何不随其流而扬其波？众人皆醉，何不餔其糟而啜其醨？何故怀瑾握瑜而自令见放为？"屈原曰："吾闻之，新沐者必弹冠，新浴者必振衣，人又谁能以身之察察，受物之汶汶者乎！宁赴常流而葬乎江鱼腹中耳，又安能以皓皓之白而蒙世俗之温蠖乎！"

上面二人的江滨对话读来颇为令人感慨。

屈原固执地奉行着他的忠君爱国的信条，坚持着他自认为是自己独有的晶莹洁白的品格，不与众人合流。而渔翁显然更是一个早已看透了世事人心，圆融与这个世界的能够随波逐流、心无挂碍、可大可小、随世随意变化的智者。二人对于处世的态度，显然不在一个层面之上，无法达成一致意见。

不过，以我揣度，这个渔翁老者，很可能就是一名早年混迹官场但没有得志的仁者。否则，就凭他洞达世事的精明，完全没有必要多此一举地跑出来专门力劝屈原这位死心眼的老夫子放宽眼界，多看开些，不要让自己进入人生的死胡同。达，则兼济天下。因为各种因素与客观条件，这位老者没有做到。穷，则独善其身。逍遥江湖。他不仅做到了，脱下官服摇身成为渔夫，没有抱怨，没有犹豫，没有因为实现不了自己少年的凌云壮志就像春秋时期的盗跖，北宋末年的王庆、晚清时期的洪秀全等人一样，一气之下走上与体制相悖离的反叛之路，而是完全放下身段，悠悠林下，徜徉山水，用湖光山色、清风明月来涤荡尽自己内心深处的伤痛，在一叶扁舟中一壶浊酒，自食其力。

"千山鸟飞绝，万径人踪灭。孤舟蓑笠翁，独钓寒江雪。"

月冷、潭深、松老、江寒、影远。

"千山鸟飞绝，万径人踪灭"的人生高度，世间无多少人可以企及，这位老者却达到了，已经足慰平生，余生无憾。

"孤舟""蓑笠"，渔翁的形象无限孤寂、傲岸；"独钓寒江"让他的精神世界直接接通了蓬莱三岛的仙山琼阁。

"渔翁夜傍西岩宿，晓汲清湘燃楚竹。烟消日出不见人，欸乃一声山水绿，回看天际下中流，岩上无心云相逐。"

一旦看透人生，心无挂碍，也就天人合一，无是无非，笑看"云相逐"，一壶浊酒，一尾江鱼，尽可欢愉自足了。

世上本就没有是非，没有对错，"假作真时真亦假"，既然当权者不喜欢你，你又何必过于认真呢！香草美人，萝卜白菜，口味各异，何必非要来一场单相思，非此不嫁呢？为不值当的人去寻死觅活呢？

该吃就吃，该睡就睡，该东则东，该西则西，身浸造化，日出而作，日入而息，凿井而饮，耕田而食，帝力于我何有哉？在精神上、肉体上做一个葛天氏之民、无怀氏之民、羲皇上人该多好呀！

何必庸人自扰呢？

二

屈原其实不是块从事政治，悠游官场，能够左右逢源的材料。

他太实在，也太固执。

这种人，往往才华横溢，虽然充满理想，冀图凭自己的才学来治国安邦。但在纵横交错的官场人际关系中，他们往往不懂得长袖善舞，不懂得揣摩领导与讨好领导，不懂得何时该进何时该退。

他们自认为自己才气横溢，但这点优势但在官场高手那里几乎是一钱不值。

政治主要是各种利益集团之间的利益和权力的博弈与妥协，是人际关系最高层次的巧妙利用与人与人之间关系不断的转化和组合，是对世道人心的高度洞察并及时作出正确的判断与行动。不客气地说，屈原在文学上是一个天才，但在搞政治方面，他却几乎近似幼稚儿。

司马迁说：

> 屈原者，名平，楚之同姓也。为楚怀王左徒。博闻强志，明于治乱，娴于辞令。入则与王图议国事，以出号令；出则接遇宾客，应对诸侯。王甚任之。
>
> 上官大夫与之同列，争宠而心害其能。怀王使屈原造为宪令，屈平属草稿未定。上官大夫见而欲夺之，屈平不与，因谗之曰："王使屈平为令，众莫不知，每一令出，平伐其功，以为'非我莫能为'也。"王怒而疏屈平。
>
> 屈平疾王听之不聪也，谗谄之蔽明也，邪曲之害公也，方正之不容也，故忧愁幽思而作《离骚》。离骚者，犹离忧也。

从司马迁的记述来看，屈原是楚怀王的左徒。他的长处在于"博闻强志，明于治乱，娴于辞令"。记忆力强，掌握了治乱的政治学，口才又好，这是屈原的从政资本。也许正是因为拥有这些优点，屈原才会对自己从事的政治充满信心。

但是，明治乱，娴辞令不过只是跻身仕途的必要条件而已。一个人本事再大，理想再高，要想成功混迹官场，娴熟官场学才应该是最基本的条件。可惜的是，屈原不懂这些，也许他根本就不屑于此。这，就铸就了屈原的悲剧。

按照太史公的说法，屈原不得志是因为得罪了身边小人的缘故。上官大夫与屈原的爵位相同，他忌妒屈原的才能，和屈原争宠。有一次，怀王让屈原起草一项法令，屈原已经写出了草稿尚未最后确定。上官大夫这时见到了，想要归己有，屈原不给他。于是上官大夫便在怀王面前中伤屈原说："大王经常叫屈原起草法令，这是大家都知道的，但每一道法令颁布后，屈原总是夸耀自己，说这个法令除了他谁也起草不成。"于是，楚王便生气地疏远了屈原。

常言道：成就一个人难，败坏一个人却很容易。上官大夫与屈原同朝为官，当然对楚怀王与屈原的短长了如指掌。他要想整垮屈原，实际上并不困难。事实也正如此，他只是在楚王面前将事实稍微做了歪曲，楚王便生气地疏远了屈原。可见，在楚王的眼中，屈原并不是他须臾离不开的人物。上官大夫的离间所以如此容易就取得成功，原因还在于楚王对屈原的恃才自傲的缺点是有所了解的。

被小人中伤，被君王疏远，屈原本该认真反思一下其中自己在政治上失意的原因与自身不足的地方。可是，他不会。他只会怨恨楚怀王偏听偏信，不分是非，痛恨那些谗佞小人蒙蔽楚王的视听，痛恨那些奸邪之徒的陷害公正，而端方正直的人不为世所容，甚至他还忧愁苦闷地创作了《离骚》。所谓"离骚"，就是指陷入苦闷、无法排遣之意。这种不知反省，遇到不幸只会抱怨别人，甚至还留下把柄给对手的做法，只能让他与理想越行越远，只能让他在政治上更加的失意。

说白了，屈原只是一个理想者，他不是一个成熟的政客，更不是一个成熟的政治家。

但是，屈原仍然不悟。"路漫漫其修远兮，吾将上下而求索。"屈原不去在纠正自己过失方面"求索"，仍然不改初衷地自说自话。

《东周列国志》中说：

（秦）昭襄王乃遣使遗怀王书……（楚）怀王览书，即召群臣计议曰："寡人欲勿往，恐激秦之怒；欲往，恐被秦之欺。二者孰善？"屈原进曰："秦，虎狼之国也。楚之见欺于秦，非一二次矣，王往必不归。"相国昭雎曰："灵均乃忠言也！王其勿行。速发兵自守，以防秦兵之至。"

屈原爱楚国，他想报效这块生他养他的土地。

屈原忠君，他把楚王视作为国家的象征，以为忠君就是爱国。

他以为自己站在正义的一方，就想说什么就说什么。只要自己说的是真话，对国对君负责，就能有什么就说什么，有什么就敢说什么，没有丝毫顾忌，也不留有余地，管不得君主高兴不高兴，同僚们痛快不痛快。

说到底，屈原是个书生，他不懂政治的复杂，不懂人际关系的复杂性，不会规避陷阱，不知道应该团结一切可以团结的人，他只知道孤军作战，敢讲敢谏，从不迂回。

结果，楚怀王听信张仪之言，贪图秦国土地，与齐国绝交，结果屡屡上当，最后往秦遭到扣留，死在异乡。

屈原至始至终，不停地谏言，他说得血气喷涌，谏得唇焦舌烂，到头来，话不管用，却得罪不少权贵和佞人，然而屈原还是不管不顾，照说不误。

楚顷襄王继位，屈原重新点燃希望，他要新君接受过去的教训，进贤人，远小人，刷新政治，以为故王报仇，可他的反对派势力是在太大，这些人稍微要耍耍反间的伎俩，就又让楚顷襄王对屈原不再信任。楚顷襄王甚至比楚怀王更彻底，他干脆把屈原解了职，一撸到底，将他放归田里，身边耳边落得个清静。

对于此事，《东周列国志》中详细记述道：

楚大夫屈原痛怀王之死，羼子兰靳尚误之，今日二人，仍旧用事，君臣贪于苟安，绝无报秦之志，乃屡屡进谏，劝顷襄王进贤远佞，选将练兵，以图雪怀王之耻。子兰悟其意，使靳尚言于顷襄王曰："原自以同姓不得重用，心怀怨望，且每向人言大王忘秦仇为不孝，子兰等不主张伐秦为不忠。"顷襄王大怒，削屈原之职，放归田里。原有姊名媭，已远嫁，闻原被放，乃归家，访原于夔之故宅。见原被发垢面，形容枯槁，行吟于江畔，乃喻之曰："楚王不听子言，子之心已尽矣！忧思何益？幸有田亩，何不力耕自食，以终余年乎？"原重遵姊意，乃秉耒而耕，里人哀原之忠者，皆为助力。月余，姊去，原叹曰："楚事至此，吾不忍见宗室之亡灭！"

忽一日，晨起，抱石自投汨罗江而死。其日乃五月五日。里人闻原自溺，争棹小舟，出江拯救，已无及矣。乃为角黍投于江中以祭之，系以彩线，恐为蛟龙所攫食也。又龙舟竞渡之戏，亦因拯救屈原而起，至今自楚至吴，相沿成俗。屈原所耕之田，获米如白玉，因号曰"玉米田"。里人私为原立祠，名其乡曰姊归乡。今荆州府有归州，亦因姊归得名也。至宋元丰中，封原为清烈公，兼为其姊立庙，号姊归庙，后复加封原为忠烈王。

髯翁有过《忠烈王庙诗》云：

峨峨庙貌立江傍，香火争趋忠烈王。
佞骨不知何处朽，龙舟岁岁吊沧浪。

就这样，屈原没有做成政治家，也没有能凭自己才学挽救楚国被灭亡的命运。但他的忠君爱国精神，执着精神，为坚持理想而敢于牺牲一切的精神，"出淤泥而不染"的节操等，均体现了中华民族的某种精神和共同意识，因而，屈原才会为当时与后人所铭记。专门纪念屈原的端午节能够成为中国不多的几大传统节日之一，就已经充分说明了这一点。

三

屈原在政治上很是失败，然而，在中国文学史上，他却独领风骚，开了个人立基于古今文坛之先河，成为中国文学史上第一个伟大的爱国诗人，开创了中国早期从集体歌唱到个人独立吟唱创作的新时代，成为了古今文人骚客顶礼膜拜的一方神圣。

与蹩脚的从政能力不同，屈原的诗歌写得漂亮，有文采，有思想，有见地，有创造，纵横古今，包揽天地，有与宇宙交流的气势，有天人合一的气质风格。他开辟了东方式文学发展的新方向，楚辞成为中国文学上的一座绕不过去的丰碑。他的《天问》问得激越深邃，让天地神仙亦不知觉地生畏；《离骚》则道出了千古失意文人的心声。《天问》是对宇宙的拷问与呐喊，《离骚》是对君王人臣不如意处的牢骚发泄。

中国的文学史，离了屈原，就会失去很多的韵味与色彩。

中国的文人，离了屈原，在心灵上就会无处可栖，只能流浪失所。

骚体的创立，是屈原真正的不朽处。

若不是热衷于做官与报国，将兴趣与精力集中于文学事业，也许，屈原对人类、对这个世界的贡献还可能会更大一些。

关于屈原文学的特点，司马迁曾经有所总结。

司马迁说：天是创造人的原始；父母是人出生的根本。人在遇到窘困危急时就会追本溯源，因此当人们劳苦困倦不堪时，就总是喊"天"；在疾病惨痛不能忍受时，就总呼叫"父母"。屈原秉公执正，竭尽自己的忠诚和智慧去侍奉他的国君，结果遭到谗佞小人的离间，这可以说是困苦之极了。守信义的人被猜疑，忠直的人受诽谤，这种状况怎不使人怨愤呢？屈原所以要创作《离骚》，就是为了发泄自己内心的怨愤。《国风》虽写了男女之爱但不淫荡，《小雅》虽有怨愤之情但没有作乱之心，像《离骚》这部作品，可以说是兼有《国风》和《小雅》的特点了。屈原在《离骚》里向上称颂帝喾，向下讲到齐桓公，中间说到了商汤、周武王的许多事情，他是想用来讽刺现实。其中有阐明古代帝王的道德崇高的，也有讲述国家政治兴衰的条理的，一切应有尽有。他的文章简练，含义深远，志趣高洁，行为廉正，文章的辞语虽然简约但其含义极其广大，文章所举的事例虽近在眼前，但它寄托的思想却非常深远。由于屈原的志趣高洁，因此他在文章中就喜欢说鲜花香草；由于他的行为廉正，所以他一直到死也不容许自己离开楚国。身处污泥浊水之中，却能像蝉脱掉外壳一样，超升于尘埃之外，不沾染世俗的污垢，能皎洁地出淤泥而不染。屈原的这种思想气节，要说它能与日月争光那是不过分的。

司马迁接着说：屈原死后，楚国又有宋玉、唐勒、景差等一些人，也都喜欢文辞而以作赋出名。但他们都只是效法屈原的委婉辞令，而不像屈原那样敢于直言进谏。从此以后楚国一天比一天衰弱，几十年后终于被秦国灭掉了。如果从这点来论，屈原的文学成就所以能远远高于同时代的其他人，还在于他饱含一腔爱国忠君的热忱，以及因此而导致的高度。文章再有才气、色彩，但如果没有了高扬中华民族进取精神之灵魂，高度就会大打折扣，文字也会流传不远。屈原的成就，就深刻地证明了这一点。

司马迁还说：当我读《离骚》《天问》《招魂》《哀郢》等赋时，我对屈原的用心感到悲痛。我到过长沙，当我亲自去屈原投江的地方参观时，未尝不掉眼泪，思念屈原的为人。但当我读了贾谊的《吊屈原赋》，又怪屈原，以他那样的才华，如果能改换门庭到其他国家去，哪个国家不能容纳他呢？结果却让自己落了这么个结局！当我又读到了《鹏鸟赋》，读到作品中那种把生与死同等看待，把在朝与下野看得同样淡薄时，我的苦恼就通通消失了。

于此可见，英雄惺惺相惜。屈原对司马迁是产生了很大影响的。司马迁也是真正理解屈原的一代文宗。他不仅在《史记》中为屈原立传，并且以"屈原放逐，乃赋离骚"的精神来鞭策自己，以完成《史记》的写作。由此看来，通过对屈原悲剧人生与文学成就不断地追寻与总结，司马迁的人生也达到了一个新的高度。他所以能作出"千古之绝唱，无韵之离骚"的史学经典——《史记》，很可能就在于他在思想上、文学上、人品上、学术上站在了前人——屈原等优秀人物的肩膀之上，因而才会有如此不朽的高度。

唐人李白一生傲岸，不向权贵折腰，却深深敬佩屈原，他的一句："屈平词赋悬日月，楚王台榭空山丘。"直把屈原的文学成就捧上了天，他肯定了屈原的不朽，鄙视了政客们"空山丘"般地瞎忙碌，这也算是对屈原郁郁不欢的一种安慰与理解吧。

铁嘴巴张仪相秦术

苏秦的"合纵"抗秦，为他老同学张仪的仕途崛起，终于打开了一扇大门。已经离开楚国回到魏国的张仪，在命运女神的驱使下，赶赴秦国，针对六国联合抗秦的形势，说服秦惠文公制定并实施了一条针锋相对的外交政策，这也就是中国历史上有名的"连横"战略。这个战略就是运用计策，拆散六国的联盟，并在竞争中削弱和消灭对方的实力。

一

公元前 337 年，是战国历史上的一个多事之年。

在这一年，公孙鞅在秦国遭到车裂的酷刑；

在这一年，鬼谷子的高徒苏秦游说秦国，碰到了一个硬钉子，心灰意冷之后他又开始游说中原列国，联合制秦。

苏秦发明的合纵战略，给战国时期的七国政治格局，凭空添补上了些许的五颜六色。

在这一年，张仪来到楚国都城郢，寻求机会、谋求发展。在这里，他也遭遇到了苏秦在秦国同样的命运，或许说他与苏秦相比，情况更显得不幸与不公。

这天，楚国令尹举办家宴，当客人酒酣耳热之际，楚相让人拿出楚王赏赐给他的据说是价值连城的"和氏璧"，示众炫耀。宴会将毕，和氏璧却不见了。在百般找、千般寻仍然踪影皆无之后，令尹的门客将怀疑的目光集中到了张仪的身上。一致认为"仪贫，无行，此必盗相君之璧"，共执张仪，鞭笞数百，逼他交出偷去的玉璧。张仪虽贫，亦贪，但真的没有偷窃这块玉璧。虽然被打得遍体鳞伤，仍"不服"，大叫冤屈。这时，天已经快亮了，令尹见状，知道再耗下去也无益，不得已，释放了他。

据太史公在《史记》中记载，这次挫辱并没有打消张仪靠舌头博取功名的念头与打算。当张仪忍着疼痛，艰难地回到他在郢城租赁的陋室时，曾有一段他与其妻的精彩对话，颇能反映出他的这种心态与心理。

"我早就劝过你，不要好高骛远，好好在家务农经商，踏踏实实地过咱们的小日子，你偏不听，如果你不去日夜寒窗苦读，不出去到处游说，怎么能受到今天这么大的屈辱呢？"

妻子既心痛又抱怨。

张仪却不以为然。他忍着痛疼，做出滑稽的模样，大声地问道："我的舌头还在不在？"说着张开了嘴巴。

妻子莫名其妙："在啊……"

张仪笑道："这不就行了吗？只要舌在，功名富贵终究会有，你不必总是这么头发长、见识短，婆婆妈妈的。"

面对着数年来的蹇运与这次飞来的横祸奇辱，年轻的张仪并没有气馁、失望、彷徨，他仍然对自己的才能充满着信心，相信自己终有一天会鱼跃龙门、鸢飞九霄。

这就是青年的张仪，自信、敢闯、敢做，而又少于世故与退缩之象。

二

事实上，张仪的运气与他的同窗好友苏秦的飞黄腾达有着一定的关系。

苏秦是东周人，张仪是魏国人。二人同拜鬼谷先生为师，学成告别鬼谷先生下山，张仪奔向故乡魏国，苏秦则回至老家洛阳。

张仪、苏秦，虽然均得到鬼谷先生的真传，但毕竟只是一些书本知识与理论，要将它们转化成实际能力，并且与当时的社会大势、人心世道结合起来，还需要二人的实际游历、观察、揣摩与总结、升华。

最初数年，苏秦、张仪并非一帆风顺，处处碰壁。好在他们懂得坚持的重要性并不断总结挫折的教训，才逐步奠定了成功的基础。

苏秦先至东周显王那里，说以自强之术。周显王怀疑他的话空疏无用，将他拒之门外。苏秦又劝说家人出资西奔咸阳，求见秦惠文公，但时遇不佳。惠文公刚刚杀掉公孙鞅，心恶游说之士，便对苏秦说："孤闻'毛羽不成，不能高飞'。先生所言，孤有志未逮，更俟数年，兵力稍足，然后议之。"以此为说辞，将苏秦再一次推向无助的边缘。按道理说，秦惠文公不是一个小器的人，无论从他除掉权大势重的公孙鞅，还是从他为秦国发展开辟的功业来看，他都不应当将苏秦赶到敌对的一方，但历史往往就是这样的复杂，秦惠文公却这样做了，苏秦弃秦成为历史上合纵的滥觞。

苏秦狼狈归家，父母辱骂，妻嫂不屑。遭此失败，使他甚以秦国拒纳他为遗恨。于是，他转而头悬梁、锥刺股，决心研究出一套摈秦之策，要使六国同心协力，以孤秦势，报秦惠文公不用之仇。

挫折，让人成熟；失败，是成功之母。屡遭挫败的苏秦在厄运中渐渐成熟了起来。

一年后，他奔赵，又不被重用。

转而投燕，苏秦的联合六国合纵抗秦之策，在燕文公那里首先找到了市场。

机会终于来了。

苏秦以燕使身份，再次到赵国，说服赵肃侯同意"合纵"之计。后来，他又以"合纵长"身份联系其他各国。

韩、魏、楚连年饱受秦国欺辱之苦，正苦无抗秦之计，闻之自然风起响应。

齐国虽然远离秦国，但并不希望日渐强大的秦国成为自己的竞争对手。

中国历史上第一次大规模的"国际"合纵势态，就这样轰轰烈烈地诞生了，并且深刻地影响到了当时的国际政治格局。

六国联合抗秦的战略实施深深地震动了秦国。

本来秦惠文公除掉公孙鞅外籍势力派后，并不想再走前人的路线继续向东扩张，取得"霸业"的虚名，他采取的是关起门来发展自己综合国力的政策。但是，苏秦的"合纵"战略打乱了秦惠文公的计划，促使他不得不一方面加快发展秦国的步伐，另一方面又必须想方设法阻止六国的联合制秦。

形势又发展到了一个新的阶段。

机遇往往垂青那些已有长期准备的人。

苏秦的"合纵"抗秦，为他老同学张仪的仕途崛起，终于打开了一扇大门。

已经离开楚国回到魏国的张仪，在命运女神的驱使下，赶赴秦国，针对六国联合抗秦的形势，说服秦惠文公制定并实施了一条针锋相对的政策，这也就是中国历史上有名的"连横"战略。这个战略就是运用计策，拆散六国的联盟，并在竞争中削弱对方的实力。

三

公元前 333 年，张仪来到咸阳。秦惠文公没有像 5 年前那样没有心绪地赶走苏秦那样也赶走他，而是经过系列面试留下了他，并且拜他为客卿。

当然，秦惠文公仍然不喜欢只凭嘴巴搬弄是非的说客。他能留下并重用张仪，除了他的眼光外，也与苏秦搞得轰轰烈烈的六国联合制秦的行动，有着十分密切的联系。

（一）公元前 338 年，苏秦游说秦国所以遭到失败，主要原因除了当时苏秦还是一位没有名望的说客外，更重要的是秦惠文公刚刚执政，并且刚刚除掉了执政秦国多年的商君集团。一方面他需要稳定国内的政局，建立自己的权威；另一方面也是国内本土利益集团得势，不希望外人再来搅局，苏秦来的不是时候。

（二）经过五年的大力整顿，秦惠文公已经在秦国建立起了绝对的权威。他也是一个希望有所作为的君主，但环顾四周，没有一个人能赶上被他处死的公孙鞅的才干，他很希望能有公孙鞅之能但却比公孙鞅有德这样一个人出来辅助他复兴秦国。

（三）苏秦"合纵"的成功，让秦惠文公感到非常后悔。当时没能留住这样一个能够操纵国际政坛风云的外交人才，也使他对说客的看法稍稍有所改变。

（四）闹得沸沸扬扬的"合纵"风雨，在秦惠文公心头也产生了一种莫名恐惧的症状。此刻，张仪的到来，无疑像一个心理医生，经过谈话与开导，使他缓解了这种让人紧张不安的症状。张仪的"连横"战略很是合秦惠文公的胃口，他需要张仪这样的人才。

张仪的舌头，终于派上了用场。

张仪要通过努力，使自己的这条舌头喷发出更大的能量，给自己的家庭带来荣华富贵。

张仪明白，自己虽然被留用，但其身份仍是一个没有任何实职的客卿，只有战胜周围与自己一样的争宠者，受到秦惠文公的重用，他才能为自己搭建起一个施展才能的事业平台。

庙堂之上，他所面临的对手主要有两位：公孙衍与陈轸。

公孙衍与张仪一样，来自魏国，现已位居大良造；陈轸是夏人，先张仪入秦，已经颇受惠文公重视。公孙衍与陈轸虽然都是外籍人士，但他们都胸中藏有良谋、韬略，而且能言善辩，张仪要战胜他们，确实也不容易。

自从张仪入秦后，城府甚深的秦惠文公也在暗中观察，将三人不停地在心中组合、排位。

张仪率先发起进攻。作为后来者，要跃居上位，他深知必须通过一番斗争与努力才能分出胜负。

张仪告诉秦惠文公，公孙衍原本在魏国做过犀首的大官，魏国一直对他不薄，在秦魏两国相争上，公孙衍不可能不有所顾忌，不可能出全力以攻魏。陈轸以厚币与楚结合，但实际结果却是秦竹篮打水一场空。种种事实表明，陈轸是在用秦国的金钱做自己结交与讨好楚国的打算，很可能他正在盘算着狡兔三窟的妙计。

张仪的这两个杀手锏很快就起了作用。

面对惠文公的盘问与质疑，公孙衍一气之下离开秦国，回到了魏国。他本是魏人，又与魏王相熟知，而且熟悉秦国的情况，回魏国后不愁得不到重用，自己也不必因为与张仪相争而整天提心吊胆，说不成这位无中生有的家伙哪一天会让自己大祸临头呢。

公孙衍的自动出局，使张仪在迈上秦国最高政坛的道路上少了一位强硬的竞争对手。公孙衍这种自动交枪的做法，实际上也承认了他不是张仪的对手。

陈轸则无处可去，他不得不与张仪较量一下。在较量的过程中，他用表示忠心的手法，继续得到秦惠文公优渥的待遇。

第一回合的斗争，张仪只战胜了公孙衍，并没有完全战胜陈轸。任命张仪、陈轸哪一位为相，秦惠文公还难以下定决心。张仪、陈轸二人都不敢松懈，都铆足了劲头，仍在激烈地竞争着。

公元前328年，即秦惠文公十年，张仪乘秦讨魏胜利之机，乘间以外交手腕迫使魏襄王将上郡、少梁等15县献给秦国，至此，全部河西之地重新归入秦国版图。中原诸国为此震惊，秦惠文公为此大喜。

就在这一年，秦惠文公终于做出了选择，任命张仪为秦国国相。

也就在这一年，陈轸完全绝望，弃秦入楚。

青春年少、风华正茂的张仪，像一颗灿烂夺目的名星，令人瞩目地登上了秦国的政治舞台，开始发挥他在国际外交方面的特殊才华。

第一件事，他给楚国令尹写信："令尹大人阁下：不才乃当年奉侍尊者席前一介寒士，不知阁下还曾记得否？昔者我实未曾盗取府上璧玉，却无端受你们的鞭挞之苦。今天我则郑重预告：请阁下好生看守住自己的国家，我张仪将真正要盗取贵国城池啦！"

张仪引而不发，一封信先搅得楚国朝野心绪不宁。

第二件事，张仪相秦第四年，辅助秦惠文公更元改称秦惠文王。秦王称号从此开始。

第三件事，实施"连横"之策。针对山东六国的矛盾冲突，对六国分别采取了吓唬、欺诈、离间、攻伐并用的分化瓦解之计。

第四件事，张仪将目标聚焦在魏国，采取孙子的"上兵伐谋，其次伐交"之计，连吓带哄，迫使魏国推行联合秦、韩而攻击齐、楚的策略。

张仪的目的很明确：拆散魏与其他国家的联盟，先由魏与秦连横。然后再发展到吸收韩和别的更多的国家参加。这是因为，按当时的形势来说，从三家分晋以后，长期以来与秦在战略上能够对峙的国家就只剩下东方的魏、赵、齐与南方的楚国了。而魏国又是秦东进道路上必须除掉的障碍物，挑拨魏与齐、楚的矛盾，使他们不断地发生冲突，就能够最大限度地削弱苏秦的"合纵"给秦国带来的灾害，这是符合秦国长远发展的战略构想。

第五件事，利用楚怀王的愚昧、贪嗔，张仪用他的三寸不烂之舌，先用秦国的商、於六百里地的空头支票，引诱楚国与齐绝交，然后又用自己的生命担保，又从楚国手中攫取到黔中之地，打通了秦与巴蜀之地的联结。与齐国断交以及丧师失地的后果，使楚国国力急剧衰退，从此失去了与秦国角逐的能力。

四

张仪相秦 10 年，他帮助秦惠文王在外交战线上取得了一个又一个的胜利，他也因功劳被秦惠文王封为武信君。

张仪的"连横"策略所以能够取得成功，主要是因为：

1. 张仪巧妙地利用了苏秦"合纵"策略所带来的各国的"恐秦症"。苏秦原想说服秦惠文王，但由于时机不对而没能成功，于是他转而提倡"合纵"，鼓励六国联合抗秦。表面上，他想报复秦惠文公的"有眼不识泰山"之仇，实际上，由于他想促成"合纵"的早日完成，便常常采用"恐怖诉求"来吓唬其他各国诸侯。这无意中也使各国国君高估了秦国的力量，造成了日后决策上常有的"恐秦症"的出现，从而助长了秦国的声势。事实上，秦国的国力并没有苏秦所宣传的那样强大与可怕，但是，这种宣传所造成的直接效果为张仪巧妙地加以利用后，却为他的"连横"计策的运用成功，带来了一系列十分有用的连环效应。

2. 秦国的国力增强及其长期一贯奉行的耕战政策，是张仪的外交策略能够取得成功的强大保证。

秦国自穆公以来，就不断力求强大，谋求在当时国际上的霸主地位。特别是秦孝公任用公孙鞅变法以来，秦国综合国力迅速赶上并超过了当时的其他山东国家。没有这个前提条件，张仪的舌头即使再多几副弹簧，恐怕也起不到多大的实际作用。

另外，秦惠文公即位以来，虽然找碴儿杀了公孙鞅，但并没有停止与改变公孙鞅的既定耕战国策。他一方面继续努力发展农业经济，一方面派兵灭亡巴、蜀之国，从而使秦国拥有了天府之地，后方更加扩大与巩固，尤其是秦从楚国夺得汉中之地，打通了与巴蜀相连接的通道后，秦国的力量更加壮大。

由于以上种种原因，张仪的"连横"外交策略得以与秦国其他一系列比较有效的国策相匹配，因而起到了相得益彰的重要作用。

3. 秦惠文王是张仪实施其外交政策的坚强后盾。

张仪辅助的秦惠文王有眼光、有抱负、有韬略、有胸怀，他在重用张仪后，就一直放心地支持张仪去实现他的"连横"之策。而苏秦的"合纵"鼓吹，虽然取得了暂时的效果，但由于山东各国的国君，不乏如魏惠王、楚怀王、齐王建等辈的昏庸之君，加上各国本来就各自心怀鬼胎，利益出发点不同，其结果就自然可想而知。从这点上看，苏秦远远不如张仪那样幸运。

"连横"的最后成功，"合纵"的最后失败，其直接结果就是秦国更加鄙视六国，六国也从此胆气全无，转而相继采用饮鸩止渴的"事秦谨"的国策，而这，又正是秦国多少年来所期望达到的目的。从此，一对六的平衡局势已经打破，秦国这匹来自西方的狼，要开始一步步吞噬东方六国了。

五

张仪的"连横"虽然利用了当时各方面的有利条件取得了成功，为秦国的统一大厦添砖增瓦，但他本人铁定的命运却未能通过他的努力发生太大的改变。

张仪虽然为秦国的强大，在外交战线上纵横捭阖、呕心沥血了二十余年，但他并未得到秦孝公支持公孙鞅般的待遇。在秦国，张仪不过是一个高级外交官，他从来就没拥有过实际的军政大权。张仪所以会放弃武装军事干预，而冒着生命危险靠舌头奔走于危险丛生的诸侯国间，不断使用阴谋欺诈的手段来实施他的连横谋略，自有他不得已的苦衷。

真实的历史是，不论苏秦抑或张仪，他们都未曾拥有过真正的权势。苏秦虽然贵为六国之相，但却根本指挥不动任何一国的军事力量，他的影响完全建立在各诸侯国君与他的私人关系之上，其影响力也仅仅限于外交事务而已。为了维持住这个看似来之不易的场面，苏秦几乎是整日地东奔西走，大声呼吁，疲于挖东墙补西墙，终归是机关算尽太聪明，反误了卿卿性命，最后在齐国遭利益之敌暗杀，到头来是竹篮打水一场空。张仪更是无奈地冒着生命的危险，奔走穿插在敌国的刀山火海之间，从事着间谍般的危险工作。他们的一生其实是相当辛劳而痛苦的。

危险与吃苦，也许对于张仪来说还不是最可怕的事情。一个为了功名和事业而甘愿付出心血与汗水的人，为了达到目的，危险与吃苦又算得了什么？无论苏秦还是张仪，对于他们来说，最可怕的事情是没有君王识货，给他们一个施展才能的舞台与机会。他们东奔西走，为得不到这种机会而苦恼。得到这种机会与待遇后，他们更怕失去这种机会与待遇。

公元前311年的秋天。对于张仪来说，是一个痛苦得简直要命的日子。

就在张仪刚出使韩国回来，秦惠文王溘然离世！

寒冷的秋风中，张仪感觉一下子掉进了无穷黑暗的深渊。

秦惠文王在世时，虽然没有给张仪军政大权，但毕竟让他的舌头拥有了用武的地方。但是，就是这样的伯乐也走了。俗话说得好，一朝天子一朝臣。太子荡本来就看不惯自己，群臣中妒忌的又大有人在。想到这里，张仪感觉到，一个公孙鞅式结局的暗影正向他的头顶罩来。

太子荡继位，就是秦国历史上第一个明言问鼎的秦武王。这是一位只相信用军事力量征服一切的君王，上台之后就把靠舌头搬弄是非的张仪"打入了冷宫"。

这个时候的张仪，真正感到了脊背上的阵阵冷风。

是啊！舌头、嘴巴虽然比不上真正的实力，但它们毕竟给秦国十多年的强大增添了辉煌呀！没有我张仪如簧之舌的搬弄是非，秦国在各国的心目中，能有今天这样不可一世的地位吗？这样想着，张仪心头一时间涌上了无限的委屈。

这个时候的张仪，颓然地想到，自己用舌头卖命地奋斗，纵然为自己赢得过人间的荣华富贵，但现在回头一看，自己却是遍地敌人，他们正在用愤怒的眼睛注视着自己，梦醒时分，自己原来正躺卧在一个深不可测的万丈悬崖的边缘上。

张仪害怕了。

这个时候，他想起了公孙鞅。公孙鞅与他一样，也是在魏国不得志才来到秦国，将一生热血与智慧奉献给了这片广袤的土地与野蛮的人们。可是，结局呢！却被追杀、车裂、夷灭三族。

这个时候，他想起了他的对手加同窗苏秦，想起了苏秦的自信、智慧与辩才，想起了苏秦的轰轰烈烈与惨遭刺杀，一切恩恩怨怨已经烟消云散，留下的只有命运与共的哀怜。

这个时候，他才想起了他本是魏国人。虽然他已经为秦国这个国土奉献出了他的青春、智慧与汗水，但秦人还是将他当成了外人。

只有在这个时候，张仪才终于觉悟。什么荣华富贵、什么功名利禄、什么事业争斗逞强，原来都不过是过眼云烟，原来都不过是那么微不足道；人活着，就是幸福，平凡而自由地活着，就是更加幸福。

这真是，"人羡麒麟画，知他谁是谁！想这虚名声，到底原无益。用了无穷的气力，使了无穷的见识，费了无限的心机，几个得全身！都不如醉了重还醉"。

终于，觉悟了的张仪，要最后一次去使用自己的智慧，不是为了野心与功名，而是为了退路与苟活，他要叶落归根，回到他多年对不起的祖国——魏国，颐养残年。这是他铁定的命运与结局。

于是，他去告诉秦武王，让秦武王允许他回归魏国。因为齐国正恨张仪，张仪归魏，齐国必然会兴兵伐魏。当齐、魏打得不可开交之时，秦可乘间攻韩东进，以成帝王大业。

秦武王本来还没想出如何处置张仪之策，听了这个建议，倒也有甩掉包袱之感，于是顺水推舟，允许张仪投魏。

果然不出所料，张仪归魏后，齐闵王发兵攻魏，要求交出张仪。张仪则不慌不忙，告诉魏王不必惊慌。他派舍人到楚国，请楚国将自己与秦武王设计好的计划，转告齐闵王，于是齐国退兵，魏国解危。秦王也没有得着什么便宜。

张仪回魏一年，便在悒郁中离开了人世。他本是个视功名比生命还重要的人。如今，没有了事业，他便没有了灵魂与努力方向。与其痛苦地苟活在人间，还不如痛痛快快地去上天堂。死去，也许对他来说，是一个最痛快的选择。张仪本是魏人，能够老年回归故土，老死家乡的功名之士能有几人？追求功名利禄，热心愎能逞强，红尘中的名士，多半晚年首领不保，吴起、公孙鞅、孙膑、庞涓、苏秦等一度声名赫扬的外籍客卿，还不大多是活时遭罪、死时凄惨？张仪能有这个善终的结局，已经超出了他的意料之外了。他还冀求什么呢？他认了。

六

马非百在《秦集史》中说：

景春曰：公孙衍、张仪，岂不诚大丈夫哉！一怒而诸侯俱，安居而天下息。公孙衍且勿论，若张仪在惠王一代，对于秦国统一运动，所贡献者实不止一端。吾观张仪初为秦相魏，破坏魏、齐同盟，使魏去齐而暱秦。后又相楚，破坏楚、齐同盟，使楚去齐而暱秦。虽以屈原、惠施群起反对，而张仪终能运用其灵活性之外交手腕以战胜之。李斯所谓散六国之从，使之西面而事秦者，此二事殆其最彰明较著者矣。抑尝论之，张仪外交政策之主要核心，厥为弱楚。而弱楚之谋之得以成功，又由于巴、蜀、汉中之兼并。故其说魏王曰：秦之所欲弱者莫如楚。又说韩王曰：秦之所以，莫如弱楚。而司马错则云：得蜀则得楚，楚并而天下可图矣。此其目标，实甚显明。然亦适有机幸存焉。彼苏秦之约六国也，曰：使天下之将士会于洹水之上，通质刳白马而盟。要约曰：秦攻楚，齐、魏各出锐师以佐之。韩绝其粮道，赵涉河、彰，燕守常山之北。秦攻韩、魏，则楚绝其后，齐出锐师而佐之，赵涉河、漳，燕守云中。秦攻齐，则楚绝其后，韩守成皋，魏塞午道。赵涉河、博关，燕出锐师以佐之。秦攻燕，则赵守常山，楚军武关，齐涉渤海，韩、魏皆出锐师以佐之。秦攻赵，则韩军宜阳，楚军武关，魏军河外，齐涉清河，燕出锐师以佐之。诸侯有不如约者，以五国之兵共伐之。此计划虽未实现，而其主要方针，只在守而不在攻。故约言中，但言秦如进攻，则六国如何防守。而不言秦即不进攻六国，六国亦宜进攻秦国。以此之故，秦遂得以乘其余暇，从容乎巴、蜀、汉中之力征经营，而无东顾之忧……盖此南进政策之得以顺利进行，实苏秦之合纵运动有意无意中助成之也。而张仪之善于利用时势，亦诚不可及哉！

总结马非百上述这段文字，我们可以得出这样几点看法：

1. 张仪"连横"的业绩主要表现在破坏魏、齐联盟，破坏楚、齐联盟，其直接目标是"削楚弱齐"，其长远目标聚焦在"散六国之纵，使之西面而事秦"上面。

2. 苏秦的"合纵"政策只守不攻，给了秦国南顾之机。

3. 张仪巧妙、智慧地利用了这种形势，从而取得了成功。

这种观点从大面上看是正确的。张仪"连横"的主要成绩也就是弱齐、弱楚，并且其成功的基础，也是建立在苏秦倡导的六国联合制秦策略上，失去了一方，另一方也就没有了存在的理由。不过，从当时六国"合纵"

运动的事实来看，六国联合并非只守不攻。公元前 318 年，魏、赵、韩、燕、楚五国联合伐秦，推楚怀王为纵约长，就是六国联合进攻秦国的一个例子。

至于景春所说的"公孙衍，张仪难道不是真正的大丈夫？他们一怒，各国诸侯就会畏惧，他们安居，天下的事端就会平息"这句话，实际上也只是看到张仪成功、得意的一面，至于张仪失败、失意的一面，则被景春隐去了。是不经意这样做呢？还是有意隐去张仪"走麦城"的一面呢？现无事实可考，这里姑且认为，在景春的眼中，张仪是天下不可缺少的英雄吧。

实际上，苏秦、张仪都是时代的产物。他们各凭本事，一个创造出合众弱以敌一强的"合纵"谋略；一个针锋相对，及时应对出以一强以制众弱的"连横"谋略，他们顺应时势，翻动政局，大肆炒作他们自以为是的上佳作品，几乎所有的诸侯国君都被他们强大的宣传与攻心术，搅得心神不宁，似信非信，七上八下。这不是有意的夸大，实际上是当时历史的真实。不过，最值得我们关心的是，为什么这两人会有这么大的影响力？

春秋战国以来，周天子统治地位实际上已经名存实亡。各诸侯国都开始由尊王争霸进入到进取的兼并战争的时期。如何能够保存、发展、壮大自己，消灭、削弱或者抑制敌对的国家，就成为当时各国的政治领军人物必须解决的课题。局势的动乱、竞争的激烈，结局的惨苦，都不容忽视地把功利主义提上了当时活动的日程。谁能想出好办法，让国家走出战争失败的阴影，成为各国的霸主，谁就有权力发言并迅速取得荣华富贵。齐桓公时期的管仲变法、魏文侯时期的李悝变法、秦孝公时期的公孙鞅变法，都是一些下层急欲求得功名的士人，迎合当时国君要求并通过努力迅速取得成功的有力证明。在此情况下，战国中后期鬼谷子主张实用、应时的军事、谋略的一套，也就大大派上了用场。这是一个不需要讲究道德、不需要讲究人性修炼的年代，这是一个可以令下层民众中精英分子，在火与剑的血风腥雨中能够脱颖而出的年代。张仪、苏秦在他们讲究实用主义的老师鬼谷子的训导下，看清了时代脉搏跳动的方位，他们凭借努力与信心，凭借深入探究当时社会格局而得到了适合时局的、在某一方面具有创造性的策略，这是他们得以成功成名的本钱。

但是，我们也应当看到，无论是苏秦还是张仪，无论是孙膑还是庞涓，他们成功的背后实际同时潜伏着巨大的引发失败的危险因素。他们或是以军事为专业，在当时的兼并战争中，成为某国或者某一时的风云人物；他们或是以说辞、以谋略作为在当时国际舞台上操纵时局的重要本钱。但是，他们过分地看重了军事或外交韬略，认为这是能够解决当时问题的关键。这正是他们共有的毛病，说明他们还不是成熟的政治家。真正的政治家必然考虑到国家的统一、社会经济的发展及其他方面的和谐以及民心的向背等问题。从某种程度上说，管仲、公孙鞅还都可以认为是成熟了的大政治家，而孙膑、庞涓、苏秦、张仪，只能看做是半吊子的政治家。

单说苏秦、张仪，因为出身低下，生活无着落，希望功名富贵，无可厚非。但是，他们从政的出发点不是通过发展经济，富国强兵，而是人为地炒作或夸大时局的弊端，从中炒作翻腾，通过嘴皮子加阴谋欺骗来达到他们的目的。他们虽然取得了暂时的成功，但他们心中都很清楚，这种虚有成果不能长久。后来历史的发展也说明了"合纵"及"连横"的成果，随着他们两人的先后去世而顿然冰消瓦解。

历史告诉我们，苏秦、张仪可以称得上是出色的外交家与演说家，但绝不是出色的政治家，顶多也就够得上是个比较合格的政客而已。他们的表现说明：舌头不能代表实力，没有实力作后盾的说辞是无用的，但舌头在某种情况下可以夸大或者贬低实力，从而通过人们心理的起伏来达到他们所求的目的。

当然，历史不能虚无。张仪、苏秦毕竟通过他们的作用，在历史上留下了名声。由于二人的搅局，的确也使当时的国际政治发生了巨大的变化。通过"合纵"与"连横"的先后登台上演，秦国的身价已如今日股票飙升一般，无形中虚涨了好几倍，几乎形成了"一边倒"的架势。这个结果大大超出秦国君臣的想象，在统一的道路上为秦国添加了大大的筹码。秦国能够成为最后的大赢家，苏秦、张仪在国际宣传上所建立的功劳，实在不可低估。

"利天下为之"的墨翟

《淮南子·要略》说："墨子学儒者之业，受孔子之术，以为其礼烦扰而不说，厚葬靡财而贫民，久服伤生而害事，故背周道而用夏政。"《东周列国志》中说："墨翟不蓄妻子，发愿云游天下，专一济人利物，拔其苦厄，救其危难。"墨翟可以说是古代中国一位最能以宗教家的精神而力行救世的行动型的政治活动家。从某种程度上而言，我宁肯将他视为中国民众心目中的耶稣。

一

记得童年时代，家中因父亲工作关系，藏有很多红宝书。父亲专门让人做了一个木箱，将各种语录本及伟人选集的四卷本放置其中。

在这些红宝书中，除了《毛泽东诗词》必读外，父亲还常要我读老三篇：《为人民服务》《纪念白求恩》《愚公移山》。

当时，虽然不明白父亲要我读书的深意，但惧于父亲的严厉，还是对伟人的这三篇文章熟读涵咏。读时并不觉得这有多么重要。不想，随着我的慢慢成长，年齿愈长，老三篇中的一些东西却如影随形般不自觉浸入到了我的灵魂深处，深深地影响到我现在对人生的理解、提升与把握。虽不能至，然心向往之。

在《为人民服务》一文中，伟人开宗明义地写道：

人总是要死的，但死的意义有不同。中国古时候有个文学家叫做司马迁的说过："人固有一死，或重于泰山，或轻于鸿毛。"为人民利益而死，就比泰山还重；替法西斯卖力，替剥削人民和压迫人民的人去死，就比鸿毛还轻。张思德同志是为人民利益而死的，他的死是比泰山还要重的。

在这里，伟人提出了人生的价值与意义。

在《纪念白求恩》一文中，伟人又明确提出了应该做一个什么样的人的问题。

他说道："我们大家要学习他毫无自私自利之心的精神。从这点出发，就可以变为大有利于人民的人。一个人能力有大小，但只要有这点精神，就是一个高尚的人，一个纯粹的人，一个有道德的人，一个脱离了低级趣味的人，一个有益于人民的人。"

在《愚公移山》一文中，伟人提出要像愚公移山那样坚持完成革命事业：

"下定决心，不怕牺牲，排除万难，去争取胜利。"要人们拿出愚公移山的精神，懂得坚持的重要性。

如今，重温老三篇，总让人不由自主地想起了中国早期的一个历史人物——墨翟。

墨翟用其有限的一生，在战乱动荡的战国年代，实现了他"摩顶放踵，利天下为之"的人生目标，成为中国人"全心全意为人民服务"的鼻祖。他虽为古人，但他的事迹和行为仍是今天我们中国人做人值得学习和效法的标准，仍是我们做"一个高尚的人，一个纯粹的人，一个有道德的人，一个脱离了低级趣味的人，一个有益于人民的人"的光辉榜样。

今日，我才突然明白：像墨翟那样，在有限的人生时空中，放下自私自利的狭隘，做一个有益于周围的人，从中获得快乐，这才是父亲对我的人生期许。

二

墨翟是墨家学派的创始人与主要代表人物。

他的生卒年月不详。大约生于公元前479年，卒于公元前381年左右。至于他的籍贯，后人说法不一。《史记·孟子荀卿列传》说他是宋国的大夫。《吕氏春秋·当染》中则认为他是鲁国人。不管怎样说，墨子是战国初期一位伟大的践行者——为救天下苦难民众而到处奔走的践行者，这一点，则当毫无疑问。

《淮南子·要略》说："墨子学儒者之业，受孔子之术，以为其礼烦扰而不说，厚葬靡财而贫民，久服伤生而害事，故背周道而用夏政。"可见，墨子初学儒术，因不满儒术而转而学习大禹刻苦简朴的精神，最终别开天地，自立新说，创建了墨家学派。墨子的学说在战国的思想界影响很大，与儒学并称"显学"。墨家学派是儒家学派的主要反对者。

墨翟可以说是一位最能以宗教家的精神而力行救世的行动型的政治活动家。《东周列国志》中说："墨翟不蓄妻子，发愿云游天下，专一济人利物，拔其苦厄，救其危难。"从某种程度上而言，我宁肯将他视为中国民众心目中的耶稣。

据历史记载，墨翟很有政治雄心，组织能力极强，门徒众多。这些门徒大多来自社会下层，他们结成了一个组织严密的政治性团体，其首领称为"钜子"。墨翟就是墨家的第一代"钜子"。他们有严格的纪律，称为墨者之法，其中规定："杀人者死，伤人及盗抵罪。"他们吃苦耐劳，勤于实践，作战勇敢，平时从事生产劳动。墨子及其门人行侠仗义，专做济人利世之事，即使是牺牲个人性命也在所不惜。《淮南子》中说："墨子服役者百八十人，皆可使赴火蹈刃，死不还踵。"不仅如此，更要命的是，他们不为功名利禄所驱使，功成不受赏，施恩不图报，过着极其简朴与艰苦的生活。想想看，这是一个多么富有生命力和战斗力的团体啊！

墨子本人一生都在为扶危济困的正义事业奔忙。

班固是继司马迁之后东汉时期又一个伟大的历史学家。他对墨翟的评价语是："孔席不暖，墨突不黔。"也就是说，墨子像孔子一样为天下事而终日奔劳，连将席子坐暖和将炉灶的烟囱染黑的时间都没有。他"日夜不休，以自苦为极"，长期奔走于各诸侯国之间，宣传他的政治主张。墨翟颇有"摩顶放踵，利天下为之"的殉道者般的自我牺牲精神。后世侠客多奉他为祖师爷，看来还确实有其几分道理。

相传，墨翟曾阻止强大的楚国进攻弱小的宋国，实施"兼爱、非攻"的主张。后来鲁阳文君要攻打郑国，墨翟知道后又前去晓之以理，说服鲁阳文君停止伐郑之举。他"南游使卫"，宣讲非战主张，"蓄士"以备守御。又多次访问楚国，献书楚惠王。不过，墨翟其意不在功名利禄，他拒绝了楚王赐给他的封地与官爵，离开了楚国。

相传，墨翟喜交当世才德智兼备的实干型人物。他深服孙膑学问，曾将他推荐给魏惠王。孙膑在魏被庞涓所欺，墨翟知道后，派其弟子禽滑又将孙膑救至齐国，将他推荐给齐国的王廷。墨翟及其弟子因为爱惜人才，毫无私利地帮助孙膑，成为一段历史佳话。

墨翟晚年来到齐国，企图劝阻项子牛讨伐鲁国，但没有成功。越王邀请墨翟到越国做官，并许给他以五百里的封地。墨子以"听吾言，用我道"作为前往条件，而不计较封地与爵禄，目的还是为了实现自己的政治抱负和思想主张。

墨学在战国、秦汉显赫一时。到了西汉中期，因为汉武帝的"罢黜百家，独尊儒术"的国策而从此衰落不显。但是，墨家精神并未失传。汉代以后的侠士，是墨家"兼爱"灵魂的继承者。中国的民间社党"四海之内皆兄弟"的平等互助的侠义精神，在很大程度上仍是墨家精神的真传。中国歌颂侠义精神的诗歌和侠士小说，其精神源头莫不与墨家思想有着密切的联系。墨家思想在中国民间的社会底层一直流传着，对中国文化的影响之大，实际上并不亚于儒学和道学。

墨家学派的代表著作是《墨子》。《墨子》是墨翟的弟子们根据墨子言论记录而成的，现存五十三篇。据考证，除《亲士》《修身》《所染》等系后人伪托，《经》《经说》《大取》《小取》等为后期墨家的作品外，其他二十四篇直接记载了墨翟的言论，是研究墨子其人及其思想的可靠资料，值得有心者放置案头，经常翻阅学习。

三

墨翟认为，天是有意志的最高主宰，即所谓的"天志"。

"天志"，是最高政治秩序的主宰者。正所谓"头顶三尺有神灵"。天意不可违。

墨翟认为，天下人常常"知小不知大"，只知道在家不要得罪家长、在社会不要得罪国君，却不知道不能得罪于天。因为得罪家长、国君尚可以避至邻家和邻国，而得罪于天则无处可以逃避。

"天志"是墨翟衡量人的言论行为的"规矩"，是从上到下都必须遵循的统一社会秩序的准则。《墨子·天志下》中说："故墨子置立天志以为仪法，若轮人之有规，匠人之有矩也。今轮人以规，匠人以矩，以此知方圆之别矣。"在墨翟看来，天下的王公大人、卿大夫、士的言行善与不善，都必须以"天志"为最高标准。天志是任何人都不得例外的最高裁判者。天是主宰人间赏罚的最高权威，具有赏善罚恶的功能。《墨子·天志上》

中说："昔三代圣王禹、汤、文、武，此顺天意而得赏者也；昔三代暴王桀、纣、幽、厉，此反天意而得罚者也。"《墨子·天志下》中说："天子有善，天能赏之；天子有过，天能罚之。"由此可见，"天志"实际上是墨翟按照其社会理想设计出来的一种最高的主宰力量。墨翟企图借助于它去匡正天下，使人人有所畏惧，从而升华灵魂，努力做到兼爱，消除战乱，实现"非攻"，以达到"尚同"的政治目的。

除了肯定"天志"外，墨子还主张"明鬼"。所谓"明鬼"，就是辨明鬼神的存在。墨翟认为，上有天志，下有鬼神，无时不刻在严密监视着世人的一举一动。鬼神不但存在，而且还能扬善惩恶，"赏贤罚暴"。《墨子·明鬼下》中说："幽涧广泽，山林深谷，鬼神之明必知之"；"勇力强武，坚甲利兵，鬼神之罚必胜之"，"鬼神之所赏，无小必赏之；鬼神之所罚，无大必罚之"。

"天志"和"明鬼"是墨子所代表的中下阶层民众的政治哲学。是基层民众寻求至高无上绝对权威，从而幻化出来替他们主持正义的一种理想的反映。这既表现出墨翟对现实社会的不满，同时也说明了他想改善现实社会不平等秩序的途径和方法。

四

墨翟是一个泛爱主义者。他主张：兼相爱，交相利。

墨翟在《墨子·天志上》中说："顺天意者，兼相爱，交相利，必得赏。反天意者，别相恶，交相贼，必得罚。"

在墨翟的眼中，人不分高低贵贱，都是"天之民"；国无分大小强弱，都是"天之邑"。因此，天下万国的人们都应当"以天为法"，即以"兼相爱、交相利"为法。

在墨子看来，社会动乱的根本原因就在于人与人之间为了角逐利益而互不相爱。残酷的社会现实是：人们由于其自私自利的天性，人与人相处之道在于亏人而自利；国与国相处之道在于攻他国而利其国。

《墨子·兼爱上》中说："圣人以治天下为事者也，不可不察乱之所自起。当察乱何自起？起自不相爱。臣子之不孝君父，所谓乱也。子自爱，不爱父，故亏父而自利。弟自爱，不爱兄，故亏兄而自利。臣自爱，不爱君，故亏君而自利。此所谓乱也。虽父之不慈子，兄之不慈弟，君之不慈臣，此亦天下之所谓乱也。父自爱也，不爱子，故亏子而自利。兄自爱也，不爱弟，故亏弟而自利。君自爱也，不爱臣，故亏臣而自利。是何也？皆起不相爱。虽至天下之为盗贼者亦然：盗爱其室，不爱异室，故窃异室以利其室。贼爱其身，不爱人，故贼人以利其身。此何也？皆起不相爱。虽至大夫之相乱家，诸侯之相攻国者亦然：大夫各爱其家，不爱异家，故乱异家以利其家。诸侯各爱其国，不爱异国，故攻异国以利其国。天下之乱物，具此而已矣！察此何自起？皆起不相爱。"

既然不相爱是起乱之根源，墨子对症下药的治世良方便就是"兼相爱"。墨翟要求人与人之间实行普遍的、无差别的互相友爱。他在《墨子·兼爱中》说：所谓"兼相爱"，就是"视人之国，若视其国。视人之家，若视其家。视人之身，若视其身。是故诸侯相爱，则不野战。家主相爱，则不相篡。人与人相爱，则不相贼。君臣相爱，则惠忠。父子相爱，则慈孝。兄弟相爱，则和调。天下之人皆相爱，强不执弱，众不劫寡，富不侮贫，贵不傲贱，诈不欺愚。凡天下祸篡怨恨，可使毋起者，以相爱生也。"基于这样的看法，墨翟反对儒家作为一种维护宗法等级制度的道德原则，即儒家的"亲亲""尊尊"的仁爱原则。它认为，儒家的道德原则不利于墨家"天下之利"目标的实现。因为在所谓的仁爱之中，统治者或居于上层等级者的利益已经得到了优先考虑和保障。统治者要维护自己既得的利益就必须从维持礼制的稳固角度着手。所以，儒家并非不言利，而是更关注既得利益的实现手段与方式问题。而这些，是与墨翟的视人若己，"爱无差等"的政治思想是相对立的。由此可见，墨翟用"兼相爱"来代替儒家的等差之爱，是对传统宗法等级制的一种否定。他的思想在当时有一定的现实针对性，其实质是为了调和个人利益与他人利益之间的矛盾与冲突。

五

墨子主张尚贤、尚同、节俭、非攻。

墨家认为，古代圣王非常尊重有德、才、智的人，用种种办法来鼓励、提拔他们，叫"尚贤"，然后根据其能力加以提拔重用，就叫"使能"。

《墨子·尚贤上》中说："尚贤者，政之本。"

墨翟还认为，要想治理好一个国家，首先是国君要做到尊重人才、聚集人才、重用人才。尚贤是为政之本，是治国之要。贤良之士是"国家之珍，社稷之佐"（《墨子·尚同上》），因而只有选用贤良之士，才能治理好国家。墨子强调统治者要实行开明政治，就必须任人唯贤，不能任人唯亲。将人才问题与国家的治乱、社会的发展紧密联系起来，这不能不说是墨翟治国之道中的一种政治智慧。墨翟主张打破社会地位的局限，将"有能"定为用人的标准。墨翟在《墨子·尚贤上》中说："故古者圣王之为政，列德而尚贤，虽在农与工肆之人，有能则举之，高予之爵，重予之禄，任之以事，断予之令。""官无常贵，而民无终贱。有能则举之，无能则下之。"他在《墨子·尚贤中》提出了尚贤使能的三个基本原则："故古者圣王甚尊尚贤而任使能，不党父兄，不偏贵富，不嬖颜色。贤者，举而上之，富而贵之，以为官长。不肖者，抑而废之，贫而贱之，以为徒役。""不党父兄，不偏贵富，不嬖颜色"这三个基本原则反映了墨翟所代表的"士"阶层要求改革西周以来的世袭贵族等级制度，想参与政治的强烈愿望。

在墨翟看来，"尚贤"并不是他的最终目的。"尚贤"是为了达到"尚同"。"尚"与"上"相通，所谓"尚同"，就是政令、思想、言语、行动等要与圣王的意志相统一。他要求下级绝对服从上级。他主张选出"仁人""贤者""立为里长、乡长、国君、天子""选天下之贤可者，立为天子"，人民尚同于天子，而天子则尚同于天，这样，整个社会就达成一个统一的标准。墨翟具体设计了"尚同"的方法，这就是"尚同而不下比"。即只听从上面的意见，而不附和下面的意见。墨翟认为，如此就可以形成一种有序的社会政治局面：里长尚同于乡长，乡长尚同于国君，国君尚同于天子。即里长听乡长的，乡长听国君的，国君听天子的，天子又总天下之义，以尚同于天。

在国家治理方面，墨翟还提出了尚俭抑奢的政治主张。

墨子从"人民之大利"的立场，提出了节用的原则。他提出的非乐、非命和节葬的主张，实质上即是"节用"原则在实际生活中的具体应用，是防止贵族浪费的具体措施。针对战国时期统治阶级奢靡的生活作风和不爱惜民力、财力的堪忧现状，墨家阐述了节俭与治国之间的道理，提出"强本节用"的主张。节用，就是反对奢侈浪费，主张勤俭节约。他认为，对于君主来说，圣人施政一国，一国可得到加倍的利润。扩大为施政天下，天下可得到加倍的利润。其利益的加倍，不是来自对外扩张土地，而在于省去"无用之费"。墨翟深明"为政清廉，国泰民安；为政污贪，不战自亡"的道理，故而，他在《墨子·辞过》中提出了"俭节则昌，淫佚则亡"的至理名言。

墨翟从"兼爱"的思想出发，亦主张"非攻"，即反对侵略性的非正义战争。

战国时期，战事频繁，尤其是小国如卫、鲁、宋、郑等国不断受到大国、强国的攻掠蚕食。战争问题不仅是当时儒、法、道等诸子百家关注的现实问题，也是君、臣、士、将、卒、百姓都非常关注的现实问题。墨子生活的鲁国是一个小国、弱国，处于楚晋争霸的必经之地，这使墨子对战争带来的苦难体会尤深，也使他对"大攻小，强执弱"的社会现实非常不满。墨翟及其弟子为制止战争南下北上，奔走于各诸侯国之间，用实际行动反对非正义的战争。墨翟的"非攻"思想是以维护民众的根本利益为出发点。

他的"非攻"在制止战争、减轻人民痛苦等方面发挥了一定的作用，开了后世中国人和平主义、人道主义的先河，给后人以深刻的启迪。

总的来说，战国时期，儒、墨同为"显学"，皆"言盈天下"。其救世济民、治国安邦的良策，被各诸侯国所知悉。汉以后，儒学得到了统治阶级独尊的地位，而墨家学说及其治国理论则被冷落。然而，历史是公正的，墨翟以他利天下的实践力量为后人所铭记，墨家思想仍如日月经天、江河行地，在代代流传。纵观历史，每朝每代在治国安邦方面的措施，无一不带有墨家学说的痕迹。荀况曾说过："若墨术诚行，则天下尚俭。"现代一位伟人好像也说过："贪污和浪费是极大的犯罪。"秦末刘邦进军咸阳，也曾用墨家纪律搬来作为约法三章来取悦于当地父老民众。可见，墨子对中国后世影响的至深至远。

无敌将白起之死

　　白起"为人小头而锐面，瞳子白黑分明，而视瞻不转"。与白起同时代的赵国平原君赵胜，对他的长相与性格有如下评价："小头面锐者，敢决也。瞳子分明者，见事明也。视瞻不转者，执政强也。"用我们今天的话来说，就是白起有三大特点：1. 敢于决断，拍板；2. 看问题、分析问题明朗、正确、清楚；3. 性恪倔犟，想好的事情别人轻易不能够改变。这种性格，正反两方面的效应都很彰显。一方面，在做事情，尤其是军事行动方面，是成事的品质；另一方面，在处理政务或与人相处方面则有其不圆通、不灵活的缺点。性格即是命运。白起一生在疆场上的轰轰烈烈与晚年首领不保的悲惨结局，或许与他的这种性格多少有着一定的关系。

一

说起秦国的统一大业，有两个人常常为世人所忽略。这两个人一位就是秦昭襄王的国舅——穰侯魏冉，另一位就是无敌将——白起。这两个人，因为不是秦始皇时代的人物，人们一般谈及秦国统一运动时，往往不会谈到他们。其实，正是这二人的努力，才真正奠定了秦国统一运动的重要基础。

关于穰侯，他为秦国的统一事业，做下了两件大事：

1. "东益地，弱诸侯。"

司马迁说："穰侯，昭王亲舅也。而秦所以东益地，弱诸侯，尝称帝于天下，天下皆西向稽首者，穰侯之功也。"

2. 他发现并起用了秦国历史上最出色的军事天才——日后被封为武安君的白起。

这里不说穰侯，单说白起。

白起为岐州郿县人，其家世原属秦部族的一个小头领。公孙鞅变法后，白起一族被并入秦国武装部队系统。据《唐书》中记载，白起是秦穆公时的猛将白乙丙的后人。穰侯当政秦国宰相后，继续注重秦武王时期通过实力东进扩张的政策，为了重振秦国军队的威名，他非常重视实战将领的培养，在他初任秦相的那一年，即公元前295年，便发现并起用了在秦国统一行动中发挥过重大作用的军事人才——白起。

二

白起"为人小头而锐面，瞳子白黑分明，而视瞻不转"。

据说，与白起同时代的赵国平原君赵胜，曾见过白起并对他的长相与性格有如下评价："小头面锐者，敢决也。瞳子分明者，见事明也。视瞻不转者，执政强也。"用我们今天的话来说，就是白起有三大特点：1. 敢于决断，拍板；2. 看问题、分析问题明朗、正确、清楚；3. 性恪倔犟，想好的事情别人轻易不能够改变。

这种性格，今天看来，正反两方面的效应都很彰显。

一方面，在做事情，尤其是军事行动方面，是成事的品质；另一方面，在处理政务方面或与人相处方面则有其不圆通、不灵活的缺点。

性格即是命运。白起一生的轰轰烈烈与晚年首领不保的悲惨结局，或许与他的这些性格多少有着一定的关系。

秦昭襄王十三年，白起在穰侯举荐下被秦昭襄王封为左庶长，一开始就当上了类似公孙鞅初到秦国时的官职，自然好不得意。他受秦昭襄王的命令，率领着自己的军队，一举拿下韩国的新城，初建军威，这时候的他，不过才是一个25岁的正处在朝气勃发时期的青年将领。

白起外表斯文，秦昭襄王起初召见他时，几乎不敢相信他是位智勇双全的勇猛悍将。

白起擅长于冲锋陷阵的突击战术。他在军伍中时常研究琢磨，认为传统的马车方阵及重步兵为主的作战方式已经不能再适应秦国军团的大规模的战争需要。他主张用铁甲骑兵队为先锋及中军，以迅雷不及掩耳的速度冲击，在第一次进攻时就给敌人以致命性的打击。他认为，对付缺乏马匹的且长于步战、车战的东方诸侯，这种战术最容易奏效。他遵循孙武子的"疾如风"的兵法准则，设计发明出他的轻骑兵闪电攻击战术，并从西胡及北狄境内购买大量的优质军马，配合马上的准确的快速箭术训练，终于组成了在秦国统一大业中发挥了重要作用的快速攻击兵团，从而使秦国军团再一次成为战必胜、攻必克，能够以少胜多、完成大规模战役的无敌军团。

凭着冷酷、果断、干练、锋锐的个性；凭着他的快速进攻的闪电战术；凭着穰侯对他的信赖；凭着秦昭襄王对他的无以复加的宠爱，青年的白起把他的智慧和热血与秦国一系列大规模的开疆拓土的战争完美而又高度地结合了起来，终于找到了他的生命中永久性闪光点，从而为秦国的统一大业快速奠定了坚实的军事上的基础，也为他自己留下了当之无愧的战神的称誉。

请看白起在下列诸多战役中的杰出表现：

公元前 294 年，白起率领秦国军团进攻韩国，拔下新城，初露锋芒。

公元前 293 年，白起率领秦国军团在伊阙（今河南洛阳龙门），大败韩、魏联军，杀犀武，拔五城，斩敌首 24 万，并俘获了魏国将军公孙喜。

公元前 292 年，白起攻魏，旋又攻韩。

公元前 291 年，白起攻韩取宛。

公元前 290 年，白起攻占韩国垣城。

公元前 289 年，白起先后攻取魏国 61 城。魏国被迫向秦国割献河东之地 400 里；韩国向秦国献武遂地 200 里。

公元前 284 年，白起率军伐赵，攻下光狼城。

公元前 280 年，白起率军攻伐楚国，占领黔中，楚国被迫献汉北及其上庸地方，与秦求和。

公元前 279 年，白起率兵伐楚，攻取鄢、郢、邓、西陵等五城。

公元前 278 年，白起继续进攻楚国，攻取楚地安陆、楚国首都郢城。烧夷陵，取竟陵，一直打到洞庭湖边，楚王逃亡到陈，郢成为秦国的南郡。楚国从此元气大伤，变得一蹶不振。

公元前 277 年，白起又攻取楚国的黔中、巫郡。

公元前 273 年，白起又率领秦国军团伐魏，大败韩、赵、魏三国联军，夺取华阳，魏国被迫献出南阳。这一役，秦军斩敌首 13 万。与赵将贾偃战，又沉赵兵 2 万人于河中。

公元前 264 年，白起率秦军攻取韩国的陉城，拔五城，斩首韩军 5 万。

公元前 263 年，白起率领秦军攻占南阳太行道，切断韩国本土与上党的联系通路。

公元前 262 年至公元前 260 年，白起率领秦国军团在长平与赵军展开决战，杀死以"纸上谈兵"而闻名后世的赵军统帅赵括，活埋赵军降卒40余万。在三晋中至赵武灵王以来唯一能与秦国相抗衡的赵国军事力量几乎全部被消灭。

据历史记载，战国后期，能与秦相抗衡的只剩下了东方的齐、赵两国与南方的楚国。

经过公元前314年齐宣王几乎灭燕，到公元前284年燕与韩、赵、魏、秦五国联军共同伐齐，不仅燕国从此无力顾秦，东方的齐国也国力大损，从此衰落下去，再也不能与秦国争雄了。战国后期，经过赵武灵王的胡服骑射，赵国一跃成为三晋中唯一能与秦国叫板的国家。但是，经过白起横空出世，率领秦国无敌军团先后对楚、赵两国横扫千军如卷席后，楚、赵两国有生的军事力量几乎被消灭殆尽，两国的国力也迅速衰弱下去。

据史料统计，战国时期，七国人口大致在2000万，以男子1000万左右计。成年能够征战的男子也就在500万左右。除了农业生产必需的劳动力及老弱病残外，能够参加战争的成年男子估计还应当大大小于这个数目。经过白起连续数年的进攻与杀戮，单有明确记载的诸侯国军队被杀的就在百万以上，这种恐怖的战争屠杀行动，不仅使东方六国的军事力量从此衰落下去，无法再与秦国的虎狼军团进行抗衡，而且从心理上也使各诸侯国为之心惊胆战，从此彻底绝望起来，几乎只剩下苟延残喘的分儿了。秦国灭亡六国的条件，在白起率领无敌军团的不断造势中，已经成熟了。

白起的成功，就是秦国军团的成功，是秦国国力对外辐射的试验。在一系列使人眼花缭乱的、成功的军事战役中，白起以"集中优势兵力，各个歼灭敌人"；"以消灭敌人的有生力量为主要目标"；"在运动战中创造时机歼灭敌人"为战术目标，为秦国基本扫除了统一道路上的拦路虎，他也不仅因此闻名于诸侯，而且其官爵一路飙升，从左庶长不断升迁至左更、大良造，并在攻下楚国首都郢后，被加封为武安君。事业与声名一时如日中天。

三

物盛则衰，是天地的常数。

就在白起的军事指挥艺术发挥到极致、功高震主之时，秦国的庙堂之上出现了一个可怕的政敌，那就是已经深受秦昭襄王宠幸的外籍政客应侯范雎。

范雎，魏国人，饱读书册，辩才极佳。他本打算游说魏昭王取得官职，无奈出身贫寒，不能如愿。就先投在魏国中大夫须贾的门下。

一天，他随须贾出使齐国。齐襄王很是欣赏他的才干，就赏赐给他10斤黄金以及牛、酒等物。范雎知道自己主人须贾有心胸狭窄、嫉贤妒能的毛病。因此，他辞谢没有接受。即便如此，须贾还是大怒，回魏后就向魏相魏齐打小报告，认为范雎将魏国的机密泄露给了齐王，所以齐王才奖赏了他。魏齐当时正权势炙热，十分痛恨吃里扒外的小人，闻报后大怒，不问青红皂白，就令手下用竹笞狠打范雎。打断了他的肋骨，打落了他的牙齿。范雎一看情况不妙，干脆躺在地上装起死来。

魏齐所以对范雎下了死手，一则是因为他相信了须贾的假话；二则是他也想借此立威，给他身边服务的宾客与侍从一个永远记住的教训。这样，他才在听了须贾的报告后，召来众人，在宴会上打算杖毙范雎。

装死的范雎，被人用席卷起扔进了茅厕。须贾解手时，还向范雎的身上撒过尿。

直到深夜，范雎向看守他的人求情，并答应给他以重谢，看守谎称范雎已死，在征得魏齐同意后，将他拉到郊外放掉。在朋友郑安平的帮助下，范雎改名张禄，成功地躲藏起来。

不久，秦昭襄王派王稽出使魏国。范雎在郑安平的帮助下夜见王稽。王稽看到范雎确实与众不同，遂在处理好公事后悄悄带他回到秦国。

据司马迁记载，当车驾行驶到秦国边境湖关（今河南灵宝西），恰遇穰侯东巡。好在范雎早就听说穰侯"专秦权，恶内诸侯客"，因而有所防备，才最终平安到达秦都咸阳。但穰侯对王稽说的"谒君得无与诸侯客子俱来乎？无益，徒乱人国耳"的声音却一直响在了范雎的耳边。这个被司马迁评作是"一饭之德必偿，睚眦之怨必报"的范雎，原来本不是一个大度能容之辈，而是一个心胸狭窄又过分看重个人恩怨之人，穰侯的话大大刺伤了他的自尊心。

穰侯开始倒霉了。

这一年是秦昭襄王三十九年，即公元前 268 年。

这个时候，秦国的军政大权正处在穰侯魏冉为首的本土外戚集团的控制之下。

事情还得从头说起，秦武王死后，秦国很快出现了内乱，事情的根源还是因为武王无子，诸兄弟皆争君位。武王的亲生母亲惠文后早死，庶母芈八子生三子：则（后为昭襄王）、显（后为高陵君）、悝（后为泾阳君）。芈八子有两个弟弟：其同母异父弟名叫魏冉，同父弟叫芈戎。在武王诸弟争位的过程中，魏冉凭权谋将姐姐所生的则推上王位，这就是秦昭襄王，而其姐后来则成为秦国历史上有名的宣太后。

不久，秦公子壮及诸公子联合武王后发动叛乱，旨在推翻昭襄王的统治，又是魏冉再次发兵平叛，诛杀"昭王诸弟不善者"，并把武王后逐出秦国。

从此，秦国的军政大权实际上落在了魏冉的手中，他也因此被封为穰侯，五次为相，在位时间共达 25 年之久，时间之长，创秦国历史上任相之纪录。

实际上，魏冉是一个没有野心的人。他除了喜欢聚敛财富、大搞裙带关系外，还是一个称职的宰相与务实的政治家。在他当政期间，任命白起为秦国武装部队大将军，东征南讨，为秦国翦灭劲敌、统一天下奠定了军事上的基础。

但是，毕竟他秉政秦国相位 25 年，与他姐姐宣太后一起，喜欢揽权任事，这一外戚集团随着在朝廷上的权势越来越大，就逐渐变得骄奢淫逸、飞扬跋扈起来。

穰侯与他的弟弟华阳君以及昭襄王同母的弟弟高陵君显、泾阳君悝相互勾结，各人都拥有一大片封地，成为全国最有势力的权贵，被当时秦国视为"四贵"。他们一改秦国历来吸收外来人才的做法，拒斥外来的政客、游士，堵塞贤路，欺下蔽上，损国肥私，逐渐让昭襄王不满起来。这就为范雎为首的外籍力量在秦国的重新崛起提供了机会，引出了范雎"秦王之国危于累卵"的议论。

就在秦昭襄王对穰侯的举措日益不满、担心王权旁落之时，意外地看到了范雎的上书。奏折中说，他自有一套解决秦国现状的办法，并且保证，如果"一语无效，请伏斧质"。

于是，秦昭襄王接见范雎，范雎向秦昭襄王献上了他的安秦之计：

1. 指出穰侯多次发兵越韩超魏，远道伐齐，是一大失策。范雎说："夫穰侯越韩、魏而攻齐纲、寿，非计也。少出师则不足以伤齐，多出师则害于秦。"（《史记·范雎蔡泽列传》）范雎用齐湣王伐楚的例子劝说秦王。他认为，当年齐湣王远道攻楚，虽然破军杀将，辟地千里，但是因为远隔韩、魏两国，最终结果是不仅对土地没有得着，相反，诸侯趁齐疲弊、君臣不和之机，兴兵伐齐。齐湣王最后还落得个身死、国差一点亡的结局。齐国伐楚，是削弱了自己，而肥了韩、魏两国啊。最后，范雎向秦昭襄王献上了著名的远交近攻之策："远交，以离东方之合纵；近攻，以广秦国之土地。以目前而论，就是远交齐、楚，近攻韩、赵、魏。三晋之地既得，齐、楚也就难以存在下去了。"

2. 驱逐四贵，集权王室。范雎说："臣前居山东时，听到这样一种说法：在齐国，人们只知道有孟尝君，不知道有齐王；在秦国人们只知道有太后、穰侯、华阳、高陵、泾阳，不知道有秦王。照理说，控制国政的应当是王，他掌握着生杀予夺的权力，他人岂可专擅！但如今，太后能够擅行国政，穰侯可以出使不报，华阳、泾阳、高陵三人可以自行击断无讳、进退不请。四贵备而国不危者，未之有也。大王其实只是享有空名，四贵不去，大王的权力就可能颠覆，号令也不能从您而出。从前，崔杼专擅齐国之政，后来杀了齐庄公；李兑专擅赵国之政，最后困死了赵武灵王。如今，穰侯内仗太后之势，外窃大王之威，出兵则诸侯震惧，班师则列国感恩。且穰侯多年广置经营，宫中外庭，大王左右，还有谁不是穰侯的亲信呢？国家没有动乱暂时或可苟安，倘一旦有乱。臣私下里实在担心，只恐大王也难逃崔杼、李兑之祸！大王千秋万岁后，秦国也不再为大王子孙所拥有！

范雎用历史上的教训与眼前的事实，劝说秦昭襄王改变穰侯的国策，除掉专权的穰侯外戚集团，正好说在了秦昭襄王的心坎上。20多年来，秦昭襄王无一日无忧、无一日不惧，今经范雎明白地说出了自己的心中事，一时十分爽然。

于是，秦昭襄王决心重用范雎，铲除祸害。

经过严密的布置，秦昭襄王收缴了魏冉的相印，命他回到自己的封地。接着，又驱逐华阳、泾阳、高陵三君到关外。在秦国执掌军政大权20多年的穰侯集团就这么一下子冰消瓦解。

紧接着，秦昭襄王拜范雎为相，并封以应地，号称应侯。对内让他彻底清除穰侯的残余力量，废止贵族擅政，加强中央集权；对外，开始采用范雎远交近攻的策略，迅速派出使节与齐、楚通好，同时向韩、赵发起进攻。

从此，秦国的内政和军事大权转到范雎的手中。

几年后，便发生了一次震撼华夏大地的大战役——几乎歼灭赵国有生军事力量的长平之战。

以长平之战为开端，白起、范雎将相矛盾开始激化起来。

四

前面说过，白起是穰侯魏冉一手提拔起来的人物。范雎利用秦昭襄王之手一举剪除了魏冉集团，成为秦昭襄王心中的第一大红人，但他并没有在这个回合的斗争中去触及白起。毕竟，范雎还算是一个心中有城府的政治家。他深知，白起虽然是政敌穰侯魏冉的旧人，但数十年中却一直统帅着秦国的无敌军团，并且在无数次重大战役中为秦国斩将拔城，开疆拓土，不仅是秦国的大功臣，而且也同样是秦昭襄王眼中的大红人。擒贼先擒王这个简单的道理，应侯范雎是了然于胸的。因此。他不动声色，撇开白起，先从"四贵"身上开刀，果然起到了理想的效果。范雎一定以为，最棘手的穰侯集团都能除掉，白起不过是一个头脑简单、性格倔犟的军人，说不定还可利用一下他的本领，到不听话时再除掉也不晚。

范雎精心打着算盘。

在这个必须与穰侯明确划清界限的时刻，白起也有自己的考虑。穰侯晚年的一系列政治军事错误，白起不可能看不明白。王权与相权冲突的后果，白起也不可能不知道其中的后果。自己虽受穰侯提携才有今日之功之爵，但在秦昭襄王与恩人穰侯之间斗争日益明朗化时，自己还是要代表军队向秦昭襄王表示忠诚的。没有办法，心中虽有恩人，怎奈尊王是自己的本分。政治斗争太过无情，远远站在一边，静观其变，也许才是白起当时应当采取的明智的举措。

确实，白起也真的这样做了。

1. 他以此向秦昭襄王表示：国家君主，在他的心目中是第一位的，一定忠诚效死力；

2. 他以此向新相范雎表示：自己虽属穰侯旧人，但不过是一个只问军事、不关心政治的军人，自己没有必要与他为敌。

白起与军队在穰侯与范雎的这场朝廷斗争中，最终站在了王室的一边。穰侯的失败，固然与他没有野心并且已经年老志退有很大的关系，但与没有以白起为首的军人在后面如往日一样的支持，何尝没有重大的关系？

魏冉家族在秦国的专政结束后，开始了范雎的相秦时代。

由于受到昭襄王的信任，应侯范雎的权力在"强公室，杜私门"的过程中大大增加。范雎博学才敏，舌辩能力尤强，对当时秦国的一些政治问题看得比较透彻，提出的一些措施也较得当。但他太看重个人的恩怨，把国家的重要职位拿来给他的朋友与恩人作为报答，公私不分，任用非人，这是构成他人生悲剧的重要因素。他曾自豪地说过："五帝三代之事，百家之说，吾既知之，众口之辩，吾皆摧之，是恶能困我而夺我位乎？"（《史记·范雎蔡泽列传》）

秦昭襄王曾经对赵国平原君亲口说过："昔周文王得吕尚以为太公，齐桓公得管夷吾，以为仲父，今范君，亦寡人之叔父。"（《史记·范雎蔡泽列传》）由此可见范雎当时在秦国受任之专、权力之大。但事实上，范雎不是姜太公，更配不上做管夷吾。他虽然帮助秦昭襄王除掉了魏冉为首的外戚集团，在一定程度上重新加强了秦王室的中央集权，重新使秦国实施远交近攻的战略政策，并且在治理巴、蜀问题上有一些建树，但他个人心胸狭窄、目光短浅，为秦国努力的目的，无非是为个人的荣华富贵。他即便为秦国的统一运动做出了一点成绩，但并不能说明他是一个有远见的政治家。这一点，在他拥有权力后，便开始报复仇人须贾、魏齐等人，在长平之战后，不趁机灭亡赵国等问题上，彻底地显露出来。

他当任秦国宰相后，第一件事就是要求魏国交出仇人魏齐，并发出恫吓："不然者，我且屠大梁。"

仅仅为了报私人之仇就要出兵屠杀尽魏国都城的居民。我们还真的不能高估了这个读了几本书就自以为天下无敌手的狂生。

对于魏国派来的使者须贾，范雎趁势百般侮辱，当着各诸侯国外交使者之面，把须贾当做牲口对待，让两个黥徒夹着喂其马食。魏齐逃到赵国，范雎又为这件私事动用秦昭襄王亲自出马，威逼赵国交出魏齐。直到魏齐被逼无路自杀才最终了事。

对于名将白起，他一方面嫉妒其军功名爵，一方面又想方设法企图用自己的私党郑安平来代替白起。

长平一战，白起指挥秦军，一举歼灭了赵国几乎所有的军事力量，秦国声威大震，如果此时乘胜进军，灭亡赵国估计不是太大的问题。这本是关系到秦国发展的关键时期的关键问题，范雎却害怕白起功高，使自己不能专权，因而以"百姓困于远输，国内空虚。臣恐楚、魏乘虚攻秦"为由，劝说秦昭襄王命令白起班师回秦，将这个能提前吹响灭亡六国胜利号角的珍贵机会，白白错过了。

至此，白起彻底瞧不起这个以私害公之人。

从此，白起与范雎将相矛盾终于彻底爆发出来。

自后，范雎利用白起不会通融与低头的性格缺点，多次在秦昭襄王面前诋毁白起。在范雎的阴谋下，白起不但被秦昭襄王削去武安君的爵位，而且最后被迫饮剑含恨自杀。

一代名将没能战死疆场，马革裹尸，却倒在了朝中政客用舌头铸成的锋刀利剑之下。有人说，自古武将斗不过文臣，笔杆子锋砺过千刀万剑，看来确是有其一定的道理。

范雎虽然聪明，但是，他亦没能悟透物极必反的道理。"机关算尽太聪明，反误了卿卿性命。"他不知道，没有了白起在前方冲锋陷阵，自己这个靠嘴皮子逞能的相国也就没有了生存的市场。他还在美滋滋地谋划着，白起一死，秦国军权尽归己手。他既可以用它来报答朋友郑安平昔日的救命之恩，又可以让郑安平替自己去建立像白起那样的盖世奇功。

范雎不明白，战神只能有一个。

也许在他的内心深处，还会不自觉地大叫，"白起可以纵横天下，郑安平为什么就不能斩将拓土？依靠郑安平与王稽，凭着我范雎的博学与才华，征服东方六国、统一天下的不世奇勋为什么就不能轻松地到来？"

范雎不明白，郑安平不是白起。他对朋友也许可以讲尽义气，但论指挥千军万马、冲锋陷阵，却是给白起系鞋带的资格也不配！

白起一死，范雎马上就去见秦昭襄王。诉说王稽之忠，大谈郑安平之能，软硬兼施，终于让昭襄王任命郑安平为将军、王稽为河东太守。

此时的范雎，飘飘欲仙，心中做着应侯黄金时代就要到来的美梦。他没有意识到，自已的死期也已经来到。

按秦律，"任人而所任不善者，各以其罪罪之"。也就是说推荐人因被推荐人出事的，其罪与被推荐人等同。

战争年代，刀光剑影，全凭实际本事吃饭。没有金刚钻，就别去揽那瓷器活。范雎既然推荐两匹驽马草包上台表演，砸票倒霉，就是早晚的事情。

很快，郑安平就在邯郸之役中被赵、魏、楚三国联军打得大败，秦军的无敌兵团遭遇到了前所未有的挫折。郑安平突围不成，干脆率领二万秦军投降赵国，西桃东收，倒也得到了个荣华富贵的结局。

此刻的郑安平，已经不能像起初那样顾及朋友的安危了。

很快，王稽虽为河东太守，却暗中与诸侯联通，出卖秦国的利益。

由于郑安平导致的秦军惨败与王稽的河东出卖，邯郸之役不久，河东和太原郡也相继失守。

到此时，秦昭襄王才如梦方醒，慨叹"夫物不素具，不可以应卒，今武安君既死，而郑安平等叛，内无良将而外多敌国，吾是以忧"。（《史记·范雎蔡泽列传》）

于是乎，在公元前255年，范雎与王稽，一起被处以死刑，而且，夷其三族。范雎嫉贤妒能，任用私党，最后落得个身败名裂的下场。

不顾条件、不讲环境地大讲特行"一饭之德必偿，睚眦之怨必报"，这是范雎悲剧的根源。

范雎被杀说明，他还终究没能脱离书生心胸狭隘的巢穴，没能脱离死用书本的本质。

范雎之死，是死于他的自身缺点，死于他的狭窄心胸，死于他的私心，死于他的妒贤嫉能，死于他的所用非人。

如果范雎不去用阴谋手段加害白起，如果范雎与白起能像同时代的廉颇、蔺相如那样，舍私为公，一致对敌，那么，等待他们的，也许就会是另一种命运。

可惜的是，他们都自视甚高，互不忍让。

终于，命运的女神向他们开起了玩笑。

人啊人，争名夺利、荣辱沉浮、恩恩怨怨，到头来，谁能真正识得透个中的真正奥秘！

欤！

五

客观地说，在秦国几百年的创业史上，秦昭襄王应当算得上 39 位君王中的一位不可多得的佼佼者。回首秦国创业历史，对秦国影响较大、有所作为的君主，屈指算来不过襄公、穆公、孝公、惠文王、昭襄王、秦始皇数人而已。

仔细总结起来，秦昭襄王本人，有以下几个主要特点：

1．他是秦国历史上在位时间最长的一位国君。从 19 岁登基起，在位56 年，称得上是秦国国君中的寿星之首。

2．他在位期间，与母亲宣太后一起，彻底解决了西方犬戎长期的骚扰问题，彻底消灭了桀骜不驯的义渠戎。在那里设置陇西、北地和上郡三郡，将之从此归入秦国的版图。

3．他在位期间，重用名将白起，几乎灭楚亡赵，东征南讨，基本上奠定了秦国统一天下的格局与走势。

4．他在位期间，灭亡小西周，将九鼎载归咸阳，实现了他的兄长秦武王问鼎中原的理想与愿望。

5．他在位期间，采纳与实施了范雎远交近攻的正确战略决策，大大加快了秦国统一的步伐。

6．他在位期间，加大建设巴、蜀的力度，修建栈道，为最后灭亡南方的楚国做了充分准备。

7．他在位期间，重用范雎，驱逐"四贵"，有效地加强了秦王室的集权。

应当说，秦昭襄王是一位有眼光、有韬略、知人善任、积极进取的有为君王。

但是，在杀害白起的问题上，他却犯了一个致命的错误，并且也为之付出了一定的代价。

实际上，秦昭襄王是很重视白起的。岂止重视，简直可以说是喜欢这个表面上文弱白净，骨子里却果决、坚毅的小伙子。因而，才会有白起一路春风，从左庶长乘坐火箭一直升至大良造的奇缘。

但是，白起是穰侯圈子里的人，而且在秦国武装部队中拥有着崇高的威望，位高权重，逐渐就让秦昭襄王变得猜疑和不放心起来。

毕竟，君王眼中所看到的全是利害，心中最害怕的，就是权柄下移或者权臣尾大不掉，最终枝强干弱，受其所害。

对于秦昭襄王来说，形成这种心理是有一定原因的。早年他作为人质被送到天寒地冻的燕国，受尽了不被人关心与遭白眼的待遇。虽然武王死后，他赖魏冉之力，平定内乱，被从燕国接回来，坐上了国君之位，但从此他也被魏冉集团所包围。上有太后训政，外有"四贵"弄权，朝廷内外，皆遍布魏冉的亲信与爪牙，虽然贵为君王，不仅号令不从己出，相反，一举一动，皆不得自由。在这种情况下，秦昭襄王能够应付下来，而且一忍就是40年，想来也是多么不容易做到的一件事情。

在这种情况下，秦昭襄王暗地里下令自己的心腹王稽借出访之便，访贤载归就是一件自然而然的事情了。否则，以王稽一个小小"谒者"之地位，是绝不敢做出诈欺魏冉、举荐范雎这件事情的。

马非百在《秦集史》中分析说，秦昭襄王对于穰侯虽然"外虽信之甚笃，而内心未始不极忌之，而欲收回政权，自亲万机"。秦昭襄王不仅与权臣穰侯暗中开始较量，且戏也演得十分精彩。"范雎至，秦昭王佯为弗信，使舍食草具。待命岁余，然后得见。及拜为客卿，仍先令参谋兵事，不预内政达数年之久。交既益亲，权亦益重。穰侯之猜忌亦益疏。乃始由外及内，夺太后之权，削四贵之势。举数十年根深蒂固之恶势力，一扫而清之。"

没有很深的心机与权谋之人是难以做到这一点的。

应当说，宣太后与穰侯干政这件事对秦昭襄王的影响是巨大的。一个人19岁时，正是青春勃发，充满理想与敢想敢干之机，却不能有所作为，其心中的痛苦是可想而知的。很可能，秦昭襄王不仅对穰侯不满，甚而起了怨恨之心、恶毒之情。不过，从他后来对穰侯的处理来说，还是很宽容、很大度的，称得上一个有胸怀的政治家。他非但没有杀掉穰侯魏冉，而且允许魏冉带上其倾尽一生搜刮而来的巨财回到封地，尽情享受余生，只是在穰侯死后才果断收回其封地。毕竟，穰侯是他的舅舅与恩人，没有穰侯也就没有他这个秦昭襄王。

白起位高权重，功高震主，秦昭襄王对他的猜忌，从政治平衡角度来说也不是没有一定的道理的。

但这时的白起，却是怎样一个情况呢？

长平大战后，对于秦昭襄王没能支持他立刻灭亡赵国这件事，白起是生了真气，真的动了肝火。

秦昭襄王对范雎的一系列偏爱举动，更令白起生气与激动。

他一定认为，长平之战后，秦昭襄王所以不让他乘胜灭掉赵国，是因为国君听信了范雎的搬弄是非。他就不想想，为了支持这场大战，秦昭襄王亲自来到前线，用加官许爵的办法征召秦国的所有15岁以上的男子，组成军队，帮助白起切断了赵国的援兵与粮道，这究竟是为了什么？他就不想想，作为一个对国家全局担负责任的国君，不能单纯去迎合军事上的考虑，还要解决因这场大战带来的国虚民饥的现实问题。是啊，应侯范雎说了白起的坏话不假，但作为一个统治秦国达近半个世纪的、富有经验的国君，就会这么轻易地失去自己的判断吗？从这一点上看，说明白起虽然是一个军事天才，但并不善于去从政治角度考虑问题。他就不站在秦昭襄王的角度上去想一想，国君的决定或许不是一个错误，或许说不尽是一个错误，而是有其一定合理的因素。

这就不是一个会稍微变通一点的白起。

这就是一个固执己见、解不开心中疙瘩的白起。

固执己见，只会扩大他与君王之间的矛盾，只会给政敌范雎提供更多的说他坏话的机会。

白起呀！白起，在关键的时刻，你为什么就这么糊涂？

这说明，白起的性格与头脑中也有他的缺陷。正是这个"阿喀琉斯的脚踵"，最终让他成为了一个悲剧性的人物。毕竟，他不是一个政治家。

从某种程度上说，白起也是一个冷酷的杀敌机器。在他担任将军的第二年，他便在伊阙战役后进行了中国历史上很可能是第一次恐怖的大屠杀行动。他为了树立自己的军威，下令将24万敌军俘虏全数处死。据说，当时的战场，一片血红。白起的这种残忍举动，让所有诸侯国为之胆战心惊，也让秦昭襄王在兴高采烈的同时，心中暗暗涌上一种无可名状的滋味。

如果说，白起处死敌卒还有一定道理的话，那么他在攻打楚国鄢城时，用雍西长谷的水灌城，就是一次滥杀无辜了。据《水经注》中载录的材料说："水溃城东北角，百姓随水流。死于城东北者数十万，城东皆臭。"

有了上述两次大的屠杀行动，公元前260年左右长平大战结束后，白起坑杀赵国降卒40多万人，就不是太让人难以理解的事情了。

白起残酷屠戮与乱杀举动，其实是一柄双刃剑。一方面，彻底消灭敌国的有生力量，有利于秦国灭亡六国的行动，另一方面，也使秦昭襄王感到恐惧而不得不随时对白起有所提防。长平大战后，秦昭襄王命令秦军班师，除了三四年的空前战争使国家经济与人力资源已经到了极限外，难道说就没有秦昭襄王心中的担忧吗？将全国军队交给这个为了胜利可以不择一切手段的人，万一白起起而叛逆，杀个回马枪，秦昭襄王自己岂不玩儿完？范雎退兵建议所以能顺利地为秦昭襄王所采纳，其中就深含着一个君王忌防权臣反叛的心理。

事情发展到这一地步，秦昭襄王与白起二人的关系，已经不再是往日鱼水之欢般融洽的君臣关系。按道理，白起应当警觉与设法改善这种局面，但是，长平大战后，被范雎气昏了头的白起，已经不能去主动调适这种不正常的君臣关系了。

本来，秦国约定退兵的条件是："割韩垣雍，赵六城。"（《史记·白起王翦列传》）但是，秦国退兵以后，赵国则翻脸拒绝割城，并且积极联齐抗秦。

秦昭襄王生气了。同年九月，他就派白起率兵伐赵，但是，这个一国之君却遭到了白起的坚决抗命。

白起所以反对出兵伐赵，一方面固然是在发泄对范雎与秦王的不满，另一方面则是根据他对长平之战后形势变化的理性判断。

白起认为，自从秦国失掉灭赵的机会后，形势已经发生了明显的变化。

长平之事，秦军大克，赵军大破，秦人欢喜，赵人畏惧。秦民之死者厚葬，伤者厚养，劳者相飨，饮食餔馈，以靡其财；赵人之死者不得收，伤者不得疗，涕泣相哀，戮力同忧，耕田疾作，以生其财。今王发军虽倍其前，臣料赵国守备，亦以十倍矣。赵自长平以来，君臣忧惧，早朝晏退，卑辞重币，四面出嫁，结亲燕、魏，连好齐、楚，积虑并心，备秦为务。其国内实，其外交成，当今之时，赵未可伐也。（《战国策·中山策》）

白起不失为一个有远见的军事家，这种分析，确实有其一定的道理。无奈，秦昭襄王主意已定，根本听不进他的道理，改派王陵伐赵，在进攻邯郸时果然严重受挫。

于是，秦昭襄王再次欲让白起出马。一则由于负气，二则看到取胜无望，白起再次拒绝了秦昭襄王的恳切请求。

白起认为："邯郸实未易攻也。且诸侯救日至，彼诸侯怨秦之日久矣。今秦虽破长平军，而秦卒死者过半，国内空。远绝河山而争人国都，赵应其内，诸侯攻其外，破秦军必矣。不可。"（《史记·白起王翦列传》）

于是，秦昭襄王改而让应侯范雎出面，劝说白起担起伐赵重任，当然同样遭到拒绝。

于是，秦昭襄王让王龁代替王陵，并增加军队围攻邯郸，但战局并未有一点好转。

于是，秦昭襄王不得不再次求助于白起。

这次，秦昭襄王本人亲抵白起的府邸，劝令白起带兵伐赵，但白起还是以生病为由予以拒绝。秦昭襄王实在忍不住了，"你虽有病，但还是要为寡人出征。哪怕你是躺在床上指挥。"话说到这个地步，但凡头脑能够稍微灵活一点的话，千败万败，也应当答应下来。但生性孤傲的白起，仍然心里有气，仍然拒不从命。

至此，君臣二人关系彻底崩裂。秦昭襄王当即削去封给白起的武安君爵位，并将他逐出咸阳，迁往阴密。

三个月后，秦军前线仍旧是败报频传。秦昭襄王迁怒白起，令他不得滞留咸阳，马上起程。但在范雎的鼓动下，秦昭襄王脑子一热，降旨赐剑令白起自尽。这个令东方六国心惊胆颤的无敌将军，在咸阳以西 10 公里，一个叫杜邮的地方，最终落得个饮剑自杀的悲惨下场。

一千年后，一个名叫胡曾的诗人，在杜邮的地方，临风凭吊这位屈死的无敌将军，面对物是人非，不禁含泪吟诗：

自古功成祸亦侵，
武安冤向杜邮深。
五湖烟月无穷水，
何事迁延到陆沉。

白起之死，没有必死之因，却也有必死之由。在传统的中国，溥天之下，莫非王土，率土之滨，莫非王臣。君叫臣死，臣不死不忠。秦昭襄王对待白起，确实也做到了一忍再忍的地步。自古言：君命大如天，君命不可违。君王四次劝驾都不给赏脸，古今中外，恐怕只有白起有这个胆量。胆量归胆量，脑袋一掉，一切全无，要这个傻大胆又有什么用？

也许，作为一个军人，白起对形势的分析与对战事的把握料事如神。但是，对于君王的命令敢于再三抗命，却不是一个军人应该做的事情。

也许，在生命与荣誉的选择上，白起更看重的是荣誉。他要守住战神这个称号，他要守住天下无敌将这个名分，可是，生命都没有了，还有什么天下无敌将？

自古，攻高震主，功大不赏。岂止不赏，伴随着的或许就是灭顶之灾。白起呀，白起，你已经因为功高引起了君王的恐惧，引起了当朝权臣的妒嫉，你为什么就不能收敛一下自己的本性，低一下高傲的头。即使这样做了，你又失掉了什么？说白了，什么也没有失去。失去的，不过是无谓的自尊与要不得的虚荣心。

吴人钟离牧在《三国志·吴志》中说：

武安君谓秦王曰：非成业难，得贤难。非得贤难，用之难。非用之难，任之难。武安君欲为秦王并兼六国，恐受事而不见任，故先陈此言。秦王既许而不能，卒陨将成之业，赐剑杜邮。观其宁伏剑而死，不忍为辱军之将，其执志之强，信非虚言。

我们不知道这个史料的真实来由，如果确有其事的话，就说明秦昭襄王与白起，在统一天下的问题上曾经有过约定。

这则史料告诉了我们如下信息：

1. 兼并六国，统一天下的目标，在秦武王、秦昭襄王时代已经制定并且开始了实施。

2. 秦昭襄王与白起都有一统天下的目标与信心。

3. 对秦昭襄王放手让自己去做军事前驱的事情，白起并不放心，因而才有了君臣这个约定的出现。

4. 白起后来拒不出山带兵，让气愤的秦昭襄王破坏了他们之间的约定。

5. 白起将战神的荣誉看得高过一切，宁肯冒着杀头的危险也不愿意做自己没有把握的事情。

但不管怎样说，秦昭襄王与白起，确实可以称得上我国早期历史上一对少有的遇合君臣。后来二人由遇合发展到冲突，除了范雎在其间所起的挑拨离间的消极作用外，秦昭襄王的猜忌之心与白起的跋扈之实，也都扮演了很重要的消极角色。

杀害白起，秦昭襄王很快就产生了悔意。白起的固执与不听命令，又实在让这个很重视他的主人无法下台。君臣冲突的结果，让二人都没有成为胜者的一方。秦国统一天下的速度也因为君臣二人的冲突大大缓慢了下来。这个结果，让数年后登上秦国政治舞台的秦王嬴政看得清清楚楚。他追念白起之功，看重白起之才，爱屋及乌地封白起之子为官，恰到好处地解决了前朝遗留下来的这段公案。

经过白起带领秦国军团的东进狂扫，历史已经前进到了这样的地步，兼并六国、一统天下，已经不再是遥不可及的梦想。秦王嬴政在先人的基础上，终于要把统一天下的理想变成现实。

荆轲：千古一刺客

荆轲本来对刺秦的使命充满着信心，认为"往而不返者，竖子也！"但是，燕太子丹接二连三的催促让荆轲变得不耐烦起来，为了自尊，他决定不再等待好友的到来，生气地对太子丹喝斥道："用得着您这么催我吗？如果一去回不来，那就是个窝囊废。再说就拿着这么一把匕首去那个变化莫测的秦国行刺，不妥善准备怎么能行呢？我所以还不走，是在等我的一个朋友一块儿去。您现在嫌我行动太慢，那我就马上告辞！"于是决定立刻动身出发。此时此刻，荆轲对燕太子丹满是失望，对老英雄田光满是可惜；对自己的允诺有点自嘲。他彻底放下了。此行刺秦成功与否对他已经不再显得那么重要。他只是去赶一场他的人生约会而已。

如论起春秋战国时期最有名的刺客，恐怕还要说是非荆轲莫属。

一曲"风萧萧兮易水寒，壮士一去兮不复还"慷慨激昂之曲，直把荆轲形象升为春秋战国第一剑客之行列。

但要说春秋战国时期最厉害的刺客，荆轲则并不居首位，他的气力、剑术、应变智慧等也并非高于同时代的其他刺客。

在他之前的鲁庄公时代，有鲁人曹沫"执匕首劫齐桓公，桓公左右莫敢动，而问曰：'子将何欲？'曹沫曰：'齐强鲁弱，而大国侵鲁亦甚矣。今鲁城坏即压齐境，君其图之。'桓公乃许尽归鲁之侵地。既已言，曹沫投其匕首，下坛，北面就群臣之位，颜色不变，辞令如故。桓公怒，欲倍其约。管仲曰：'不可。夫贪小利以自快，弃信于诸侯，失天下之援，不如与之。'于是桓公乃遂割鲁侵地，曹沫三战所亡地尽复予鲁。"

作为一名将军，曹沫与齐作战三战三败；但作为一名刺客，曹沫却抓住了在齐桓公身边的时机不战而屈人之兵，成功地用匕首迫使齐桓公退还了侵占鲁国的全部土地。

曹沫以后的一百六十七年，吴国又出了一个专诸。他因感伍子胥与公子光的知遇之恩，成功地刺杀了吴王僚，帮助公子光登上了吴国的王位。就因为公子光的"光之身，子之身也"的一句感动人的话，专诸就为他献出了自己宝贵的生命。

当然，有成功者也就有失败者。

历史刚要步入战国时，豫让就成为荆轲刺秦的另一类的榜样。

司马迁说：

豫让者，晋人也，故尝事范氏及中行氏，而无所知名。去而事智伯，智伯甚尊宠之。及智伯伐赵襄子，赵襄子与韩、魏合谋灭智伯，灭智伯之后而三分其地。赵襄子最怨智伯，漆其头以为饮器。豫让遁逃山中，曰："嗟乎！士为知己者死，女为说己者容。今智伯知我，我必为报仇而死，以报智伯，则吾魂魄不愧矣。"乃变名姓为刑人，入宫涂厕，中挟匕首，欲以刺襄子。襄子如厕，心动，执问涂厕之刑人，则豫让，内持刀兵，曰："欲为智伯报仇！"左右欲诛之。襄子曰："彼义人也，吾谨避之耳。且智伯亡无后，而其臣欲为报仇，此天下之贤人也。"卒释去之。居顷之，豫让又漆身为厉，吞炭为哑，使形状不可知，行乞于市。其妻不识也。行见其友，其友识之，曰："汝非豫让邪？"曰："我是也。"其友为泣曰："以子之才，委质而臣事襄子，襄子必近幸子。近幸子，乃为所欲，顾不易邪？何乃残身苦形，欲以求报襄子，不亦难乎！"豫让曰："既已委质臣事人，而求杀之，是怀二心以事其君也。且吾所为者极难耳！然所以为此者，将以愧天下后世之为人臣怀二心以事其君者也。"顷之，襄子当出，豫让伏于所当过之桥下。襄子至桥，马惊，襄子曰："此必是豫让也。"使人间之，果豫让也。于是襄子乃数豫让曰："子不尝事范、中行氏乎？智伯尽灭之，而子不为报仇，而反委质臣于智伯。智伯亦已死矣，而子独何以为之报仇之深也？"豫让曰："臣事范、中行氏，范、中行氏皆众人遇我，我故众人报之。至于智伯，国士遇我，我故国士报之。"襄子喟然叹息而泣曰："嗟乎豫子！子之为智伯，名既成矣，而寡人赦子，亦已足矣。子其自为计，寡人不复释子！"使兵围之。豫让曰："臣闻明主不掩人之美，而忠臣有死名之义，前君已宽赦臣，天下莫不称君之贤。今日之事，臣固伏诛，然愿请君之衣而击之焉，以致报仇之意，则虽死不恨。非所敢望也，敢布腹心！"于是襄子大义之，乃使使持衣与豫让。豫让拔剑三跃而击之，曰："吾可以下报智伯矣！"遂伏剑自杀。死之日，赵国志士闻之，皆为涕泣。

豫让虽然出师未捷身先死，没有达到为故主智伯报仇雪恨的目的，但他在精神上却实际上已经达到一个很高的高度：

第一，他做到了为报故主智伯的知遇之恩，不怕为此献出自己的生命；

第二，他不搞阴谋，没有单单为了刺杀赵襄子而先投靠赵襄子以寻找下手的合适机会。他之所以要这样做，是要给天下人树立一杆标尺：绝不"怀二心以事其君"。将刺杀赵襄子放在明处。仇就是仇，恩就是恩，泾渭分明。

这需要一种何等的勇气啊！

豫让其后四十余年，又有聂政刺韩相之事。

据《史记》中记载，聂政是魏国轵县深井里人，因为杀人后躲避仇家，和他的母亲、姐姐一起避难到了齐国，以卖肉为业。濮阳的严仲子在韩哀侯驾前做事，因为与丞相侠累有矛盾，怕被他所杀，于是就逃走四处寻找一个可以替他向侠累报仇的人。严仲子到齐国发现聂政是个勇士，就赠他黄金百镒。母亲死后，聂政为报严仲子的知遇之恩，就到了韩国的首都刺杀了韩相侠累。后人为纪念此事，专门作有《聂政刺韩王曲》。但这其实是一个与原来事实有出入的历史失误。实际上，聂政所刺的对象不是韩王，而是韩相侠累。

从曹沫、专诸到豫让、聂政，这些刺客不管是成功，或是失败，但都一种不畏艰险，不怕困难、知恩必报的精神，这是中华民族"得人点水恩，必用涌泉报"的感恩及牺牲精神不期遇和，正因为这种与天地并存的精神熠熠生辉，才会有荆轲等后人义无反顾的前仆后继。

二

荆轲是有特性的。

按照史书的记载，荆轲是卫国人。他的先辈本是齐国人，后来，荆轲搬到了卫国，卫国人叫他"庆卿"；荆轲到了燕国，燕国人又叫他"荆卿"。无论来到何处，都能得到"卿"的这份荣誉，这份称呼，说明荆轲肯定不是一个普通的人。

荆轲是一个具有爱国意识与治国抱负的人，最后沦为刺客，对于他来说，也是没有办法的事。由于他出身低下，加上十分贫寒，在那个十分讲求等级的东方社会，要想跻身高层，得到治国安邦的机会，确实极不容易。

从青少年时代开始，荆轲就喜欢读书和击剑。

读书，可以开阔人的眼界，增加人的智慧，提升人的理论，丰富人的才识。

击剑，等于培养今日的军事本领。在中国传统社会，尤其是在乱世，要想成就大事，没有剑术，几乎是寸步难行。

通过读书，荆轲成为了饱读之士；通过练剑，荆轲成为了名闻遐迩的一代剑客。

荆轲曾以治国之术劝说过卫元君，卫元君没有采用。后来秦国东攻魏国，在新占领的地区设立了东郡，接着又占领了朝歌，把魏国的附庸君主卫元君和他的支属迁到了野王。

这样，故国沦陷，荆轲成为一个严格意义上的流浪者。

离乡飘流的荆轲先是来到赵国的榆次。在榆次，他和剑客盖聂切磋过剑术。因为荆轲的剑术存在毛病，被盖聂瞪了一眼，荆轲没说话就出门走了。有人问盖聂是不是去把荆轲再找回来。盖聂说："刚才我和他比试剑术，有些地方他做得不对，我瞪了他一眼。你去看看吧，我估计他可能离开榆次了，他不会留在这里。"结果派人去到荆轲居住的房东那里一问，荆轲果然已经赶着车子离开了榆次。派去的人回来向盖聂一说，盖聂说："本来我就估计他已经走了，因为我刚才瞪了他一眼。"

因为被人瞪了一眼，就拂袖而去，这似乎不是荆轲的档次。但认真想来，这恰恰又正是荆轲才会做出的异于常人的举动。他以剑会友，找到当世高手盖聂，这说明荆轲是有眼光、有上进的要求。剑术不如人，荆轲甘心服输，果断离开榆次，一是给自己留下脸面，为改正错误争取时间，更重要的是他不想得罪盖聂这个朋友。因为，荆轲也是一个有血气的人，如果一时冲动，因为言语不和或者其他误会，二人发生争执，岂不显得荆轲的小气？

离开榆次后，荆轲又游历到了邯郸。

在邯郸，荆轲遇到了鲁勾践。

鲁勾践是个善于下棋的人，他和荆轲下棋赌博，因为荆轲抢先，鲁勾践异常恼怒，大声呵斥。荆轲没有反驳，站起身默默地离开了邯郸，以后二人亦再也没有能见上一面。

鲁勾践虽为赌徒，但也不失为一方豪杰。荆轲并不想因为自己占了上风，因对方不满就发生冲突。荆轲的再次离开，更说明他是一个拥有耐心，负有大志，不甘在小事上浪费时间与精力的理智的男儿。

不屑于在小事上斤斤计较，恰恰就是成功者的一项重要优秀品质。

离开邯郸，荆轲来到燕国。这是他流浪的最后一程。历史注定他要和燕国发生关系，注定他会在这里获得他人生的最高神圣使命。

到燕国后，荆轲和燕国一个杀狗的屠户及一位擅长击筑的高渐离感情甚好。

荆轲喜欢饮酒，天天和屠户与高渐离在燕国的市场上痛饮。等到喝得兴头上来，高渐离就击筑为声，荆轲则和着筑声引吭高歌，两人以此为乐，旁若无人。

荆轲虽然是跟一帮酒徒厮混在一起，但他的为人却深沉稳重，而且喜欢读书，他不论到了哪个国家，总是跟那些有威望有才干的人物能交上朋友。凭着他的才学和见识，到了燕国不久，就得到以智勇深沉闻名的隐士田光先生的赏识。田光知道荆轲不是平庸之辈，之所以他现在落魄，只是因为他的时机不到。后来，田光果然把荆轲推荐给了燕国太子丹。

历史只给荆轲提供了这一个舞台，作为一个刺客的命运，他就这样地被无情注定了下来。本身是一个一流的剑客，结果成了一个二流甚至更蹩脚的刺客，人生说来就是这么滑稽与无奈。造物主不给你更大的机会，你能有什么办法？

三

司马迁说：

燕太子丹者，故尝质于赵，而秦王政生于赵，其少时与丹欢。及政立为秦王，而丹质于秦。秦王之遇燕太子丹不善，故丹怨而亡归。归而求为报秦王者，国小，力不能。其后秦日出兵山东以伐齐、楚、三晋，稍蚕食诸侯，且至于燕，燕君臣皆恐祸之至。太子丹患之，问其傅鞠武。武对曰："秦地遍天下，威胁韩、魏、赵氏，北有甘泉、谷口之固，南有泾、渭之沃，擅巴、汉之饶，右陇、蜀之山，左关、殽之险，民众而士厉，兵革有馀。意有所出，则长城之南，易水以北，未有所定也。奈何以见陵之怨，欲批其逆鳞哉！"丹曰："然则何由？"对曰："请入图之。"

居有间，秦将樊於期得罪于秦王，亡之燕，太子受而舍之。鞠武谏曰："不可。夫以秦王之暴而积怒于燕，足为寒心，又况闻樊将军之所在乎？是谓'委肉当饿虎之蹊'，也，祸必不振矣！虽有管、晏，不能为之谋也。愿太子疾遣樊将军入匈奴以灭口。请西约三晋，南连齐、楚，北购于单于，其后乃可图也。"太子曰："太傅之计，旷日弥久，心昏然，恐不能须臾。且非独于此也，夫樊将军穷困于天下，归身于丹，丹终不以迫于强秦而弃所哀怜之交，置之匈奴，是固丹命卒之时也。愿太傅更虑之。"鞠武曰："夫行危欲求安，造祸而求福，计浅而怨深，连结一人之后交，不顾国家之大害，此所谓资怨而助祸矣。夫以鸿毛燎于炉炭之上，必无事矣。且以雕鸷之秦，行怨暴之怒，岂足道哉！燕有田光先生，其为人智深而勇沉，可与谋。"太子曰："愿因太傅而得交于田先生，可乎？"鞠武曰："敬诺。"出见田先生，道："太子愿图国事于先生也"。田光曰："敬奉教。"乃造焉。

太子逢迎，却行为导，跪而蔽席。田光坐定，左右无人，太子避席而请曰：“燕秦不两立，愿先生留意也。”田光曰：“臣闻骐骥盛壮之时，一日而驰千里；至其衰老，驽马先之。今太子闻光盛壮之时，不知臣精已消亡矣。虽然，光不敢以图国事，所善荆卿可使也。”太子曰：“愿因先生得结交于荆卿，可乎？”田光曰：“敬诺。”即起，趋出。太子送至门，戒曰：“丹所报，先生所言者，国之大事也，愿先生勿泄也！”田光俯而笑曰：“诺。”偻行见荆卿，曰：“光与子相善，燕国莫不知。今太子闻光壮盛之时，不知吾形已不逮也，幸而教之曰‘燕秦不两立，愿先生留意也’。光窃不自外，言足下于太子也，愿足下过太子于宫。”荆轲曰：“谨奉教。”田光曰：“吾闻之，长者为行，不使人疑之。今太子告光曰：‘所言者，国之大事也，愿先生勿泄’，是太子疑光也。夫为行而使人疑之，非节侠也。”欲自杀以激荆卿，曰：“愿足下急过太子，言光已死，明不言也。”

因遂自刭而死。

荆轲遂见太子，言田光已死，致光之言。太子再拜而跪，膝行流涕，有顷而后言曰：“丹所以诚田先生毋言者，欲以成大事之谋也。今田先生以死明不言，岂丹之心哉！”荆轲坐定，太子避席顿首曰：“田先生不知丹之不肖，使得至前，敢有所道，此天之所以哀燕而不弃其孤也。今秦有贪利之心，而欲不可足也。非尽天下之地，臣海内之王者，其意不厌。今秦已虏韩王，尽纳其地。又举兵南伐楚，北临赵；王翦将数十万之众距漳、邺，而李信出太原、云中。赵不能支秦，必入臣，入臣则祸至燕。燕小弱，数困于兵，今计举国不足以当秦。诸侯服秦，莫敢合从。丹之私计，愚以为诚得天下之勇士使于秦，窥以重利；秦王贪，其势必得所愿矣。诚得劫秦王，使悉反诸侯侵地，若曹沫之与齐桓公，则大善矣；则不可，因而刺杀之。彼秦大将擅兵于外而内有乱，则君臣相疑，以其间诸侯得合从，其破秦必矣。此丹之上愿，而不知所委命，唯荆卿留意焉。”久之，荆轲曰：“此国之大事也，臣驽下，恐不足任使。”太子前顿首，固请毋让，然后许诺。于是尊荆卿为上卿，舍上舍。太子日造门下，供太牢具，异物间进，车骑美女恣荆轲所欲，以顺适其意。

按照司马迁的意思，燕秦不两立。秦国亡韩灭赵，燕国成为秦吞并天下的下一个目标。燕太子丹不甘心就这样束手就缚。为此，他频频向他的老师鞠武讨教救亡之法。

但是，如要打，依燕、秦两国的实力对比，显然是以卵击石；不打，又别无良策。师徒两人再三思维，认为要想解决燃眉之急，就只剩下了最传统的一项办法：暗杀。为此，燕太子丹殚精竭虑，不计身价，寻找杀手，可是，找来找去，来到他身边的都是些好强逞能的货色，上不了大世面的台盘。最后，还是在师傅鞠武的举荐下，太子丹认识了隐居燕都的田光。田光虽然智勇兼备，但毕竟年龄不饶人，人老筋衰，不能复出亲自为燕太子释难。田光感燕太子丹知遇之恩，转荐出了剑客荆轲。在请出荆轲托付大事后，他"自杀以激荆卿"。田光之死给荆轲以很大的刺激。为了对得起刚刚死去的恩人，在这样的情况下，除了答应燕太子外，荆轲还能做什么呢？已经无路可退，只能明知不可而为之。

没有希望，又不能不为。于是，荆轲成为了一个无法脱身、又只能被动前行的英雄。

四

燕王姬喜二十七年（前228年），秦国先后灭亡韩国和赵国，秦军很快就兵临燕国城下。燕太子丹十分忧惧，恳求荆轲前往刺杀秦王嬴政以改变目前被动的局面，因为田光的嘱托，荆轲只能答应下来。于是，太子丹"尊荆卿为上卿，舍上舍。太子日造门下，供太牢具，异物间进，车骑美女恣荆轲所欲，以顺适其意"。厚待荆轲，尽其所有，礼遇有加。

太子丹的构想是：在当前形势下，即使动员起整个国家的力量也抵挡不了秦国的进攻。现在各国都惧怕秦国，谁也不敢再和燕国联合起来一致抗秦。如果能找到一位勇士，派他到秦国去，燕国可以拿重利去引诱秦王；

秦王贪心大，必然能让刺客找到接近他的机会。这样一旦劫持了秦王，逼他交还侵占诸侯们的土地，就像当年曹沫劫持齐桓公那样，这是最好的结果；假如劫持不成，那就乘机把秦王杀掉。秦国的大将都领兵在外，国内一旦出现动乱，他们的君臣间必然会出现猜疑，乘秦国上下猜忌疑乱的机会，东方各国就可以联合起来打败秦国。

太子丹将这种设想及其实施方案全盘托付给了荆轲。他真诚地说："此丹之上愿，而不知所委命，唯荆卿留意焉。"

请注意太史公在记载这段历史时的细节：

"久之。"

就是说，过了很长时间，荆轲都没有应允。他说："此国之大事也，臣驽下，恐不足任使。""太子前顿首，固请毋让，然后许诺。"这个许诺有点勉强。许诺的郑重。七尺男儿，吐个唾沫是个钉。一旦应允别人的嘱托，千难万险也要排除，刀山火海也要敢闯。除了凭着自己的血气来剑，用生命来报田光、燕太子丹的知遇之恩，荆轲还能怎么样呢？

其实，在答应了燕太子丹的刺秦请求后，表面上，荆轲整天沉溺于欢歌美酒、醉迷于美女娇娃的红绡帐中，暗地里，他则不声不响地在为前往秦国做着充分的准备。

首先，他劝秦王嬴政重金悬赏的樊於期自杀，借其首作为接近秦王的见面礼。

其次，他要燕太子丹给他打造了一柄锋利无比的匕首。

再次，他借着这段短暂且平静的日子认真回顾一下自己过往的一生中的种种失误和不足的地方，力争集中全力，不容许这次使秦再出现任何偏差。

最后，更重要的是，他自己观察了燕太子身边所有的武士，认为这些酒囊饭袋不配帮助他成就大事。他在等待一位好友，就是前面提到的剑术高超的盖聂。他虽然与盖聂相交不多，单凭英雄相惜的第六感，认定这位好友如果与他一道使秦，就一定能够完成刺秦的使命。

然而，急躁的燕太子却不给荆轲从容安排刺秦的时间。

司马迁说：

久之，荆轲未有行意。秦将王翦破赵，虏赵王，尽收入其地，进兵北略地至燕南界，太子丹恐惧，乃请荆轲曰："秦兵旦暮渡易水，则虽欲长侍足下，岂可得哉！"荆轲曰："微太子言，臣愿谒之。今行而毋信，则秦未可亲也。夫樊将军，秦王购之金千斤，邑万家。诚得樊将军首与燕督亢之地图，奉献秦王，秦王必说见臣，臣乃得有以报。"太子曰："樊将军穷困来归丹，丹不忍以己之私而伤长者之意，愿足下更虑之！"

荆轲知太子不忍，乃遂私见樊於期曰："秦之遇将军可谓深矣，父母宗族皆为戮没。今闻购将军首金千斤，邑万家，将奈何？"於期仰天太息流涕曰："於期每念之，常痛于骨髓，顾计不知所出耳！"荆轲曰："今有一言可以解燕国之患，报将军之仇者，何如？"於期乃前曰："为之奈何？"荆轲曰："愿得将军之首以献秦王，秦王必喜而见臣，臣左手把其袖，右手揕其胸，然则将军之仇报而燕见陵之愧除矣。将军岂有意乎？"樊於期偏袒搤腕而进曰："此臣之日夜切齿腐心也，乃今得闻教！"遂自刭。太子闻之，驰往，伏尸而哭，极哀。既已不可奈何，乃遂盛樊於期首函封之。

于是太子豫求天下之利匕首，得赵人徐夫人匕首，取之百金，使工以药粹之，以试人，血濡缕，人无不立死者。乃装为遣荆卿。燕国有勇士秦舞阳，年十三，杀人，人不敢忤视。乃令秦舞阳为副。荆轲有所待，欲与俱；其人居远未来，而为治行。顷之，未发，太子迟之，疑其改悔，乃复请曰："日已尽矣，荆轲岂有意哉？丹请得先遣秦舞阳。"荆轲怒，叱太子曰："何太子之遣？往而不返者，竖子也！且提一匕首入不测之强秦，仆所以留者，待吾客与俱。今太子迟之，请辞决矣！"遂发。

荆轲本来对这次出使秦国的使命还充满着信心，认为"往而不返者，竖子也！"认定一去不返，那才是个窝囊废。但是，燕太子丹接二连三的催促让荆轲变得不耐烦起来，为了自尊，他决定不再等待好友的到来，生气地对太子丹喝斥道："用得着您这么催我吗？如果一去回不来，那就是个窝囊废。再说就拿着这么一把匕首去那个变化莫测的秦国行刺，不妥善准备怎么能行呢？我所以还不走，是在等我的一个朋友一块去。您现在嫌我行动太慢，那我就马上告辞！"于是决定立刻动身出发。

太子及宾客知其事者，皆白衣冠以送之。至易水之上，既祖，取道，高渐离击筑，荆轲和而歌，为变徵之声，士皆垂泪涕泣。又前而为歌曰："风萧萧兮易水寒，壮士一去兮不复还！"复为羽声慷慨，士皆瞋目，发尽上指冠。于是荆轲就车而去，终已不顾。

荆轲这一去，去的仓促，去的决绝，唱完"壮士一去兮不复还"的宿命之歌，他就毫不犹豫，头也不回地扬鞭驱车西驰而去。因为，荆轲知道，孤单寂寞的自己，就要踏上那自认为可耻的一去不返的老路。但是，他并不犹豫，并不害怕。毕竟，在尊严与生命之间，剑客必须选择保持尊严。

此时此刻，荆轲内心对燕太子丹充满了失望，对老英雄田光充满了可惜；对自己的许诺有点自嘲。

他彻底放下了。

此行成功与否对他已经不再显得那么重要。

他只是去赶一场他的人生约会而已。

五

带着从容的心情，荆轲闲悠悠地来到了秦国。

来到秦国后，荆轲先用价值千金的礼物买通了秦王的宠臣中庶子蒙嘉。

常言道：官不打送礼者。

蒙嘉受礼后就把他们介绍给了秦王嬴政。

蒙嘉代荆轲向秦王转达了燕国君王的意思："燕王出于惧怕大王的雄

威，已经不敢再兴兵抵抗秦国的军队，他们愿意带着整个国家投降秦国，给秦国做臣仆，等同于我们秦国治下的其他附庸小国，和我们国内的郡县一样给中央进贡，只求让他们保存着他们先王的宗庙不致被毁。由于燕王害怕大王，不敢自己来说，所以先派人带着樊於期的人头和燕国督亢地区的地图来见您。当他们把人头、地图装进匣子，使臣动身来秦的时候，燕王拜送于庭，使使以闻大王，唯大王命之。"

秦王嬴政闻听，十分得意，并未多想，于是换上礼服立即升殿，殿前排列着九个傧相依次传呼，用了极其森严隆重的礼节在咸阳宫接见燕国前来纳降的使者。

荆轲捧着樊於期的人头盒子走在前面，秦舞阳捧着地图匣子紧紧地跟在后面，两人依次进了宫门。刚走到台阶下，秦舞阳就已经吓得面无人色。荆轲则面不改色，回过头来笑看着秦舞阳，替他向秦王打圆场说："生活在北部蛮夷的小人，从来没有见过天子的威仪，所以一见就害怕了。希望大王能宽恕他，让他能够完成这次出使的任务。"这个答案让秦王感到满意。秦王对荆轲说："把他手里的地图拿过来吧。"于是，荆轲就从秦舞阳手里拿过地图送到秦王的面前。秦王接过地图，慢慢地把图卷展开，图穷匕首现。荆轲立刻过去左手一把抓住了秦王的袖子，右手抄起匕首向着秦王刺去，但匕首并没有刺到秦王身上。秦王吓得站起来往后一扯，袖子被挣断了。接着秦王伸手拔剑，但是佩剑太长，仓促间拔不出来。秦王无法，只好围着柱子乱转，荆轲就跟在后面急急追赶。

关于这一细节，司马迁在《史记》中描写得十分生动活泼。太史公说：

> 秦王惊，自引而起，袖绝。拔剑，剑长，操其室。时惶急，剑坚，故不可立拔。荆轲逐秦王，秦王环柱而走。群臣皆愕，卒起不意，尽失其度，而秦法，群臣侍殿上者不得持尺寸之兵；诸郎中执兵皆陈殿下，非有诏召不得上。方急时，不及召下兵，以故荆轲乃逐秦王。而卒惶急，无以击轲，而以手共搏之。是时侍医夏无且以其所奉药囊提荆轲也。秦王方环柱走，

卒惶急，不知所为，左右乃曰："王负剑！"负剑，遂拔以击荆轲，断其左股。荆轲废，乃引其匕首以擿秦王，不中，中桐柱。秦王复击轲，轲被八创。轲自知事不就，倚柱而笑，箕踞以骂曰："事所以不成者，以欲生劫之，必得约契以报太子也。"于是左右既前杀轲。

荆轲死前，知道事情已经不能成功，于是他靠着柱子放声大笑，高傲地望着秦王骂道："今天的事情所以没有成功，是因为开始时我并不想杀你，只想逼着你和我们签订和约，以此来回报燕太子丹的知遇之恩。"

人之将死其言也善。荆轲之言乃肺腑之言也，乃大英雄惋惜自己不痛下杀手直留后患之言也。

冯梦龙在《东周列国志》中评述荆轲刺秦失败时说：

可惜荆轲受了燕太子丹多时供养，特地入秦，一事无成，不惟自害其身，又枉害了田光、樊於期、秦舞阳三人性命，断送燕丹父子，岂非剑术之不精乎？

髯翁有诗云：

独提匕首入秦都，神勇其如剑术疏！
壮士不还谋不就，樊君应与觅头颅。

对于刺秦失败，冯梦龙认为是荆轲剑术不精所造成。其实，这个说法是值得商榷的。

荆轲刺秦失败，不是因为荆轲剑术不精，而是由于一系列因素综合而成。试想一下，如果燕太子丹有足够耐心，等荆轲好友盖聂来燕都后与荆轲一起出使秦国，那么在秦廷上配合荆轲的就可能是一位绝世高手，而不是被吓得手足无措、面色苍白的秦舞阳，二人合力，其利断金，果如此，秦王还有脱身机会吗？退一步而言，荆轲并不是一个刺客，他是一个充满正义感、充满恻隐心的大剑客，他开始并不想置秦王于死地，只想逼他就范，如曹沫逼齐桓公退出齐国侵占的鲁国土地一样，让秦王留下退还侵犯的东方各国土地而已。正因为如此，一上来荆轲才并未毒下死手，从而给秦王有了脱身与转危为安的机会。

从根本战略上看，燕太子丹用荆轲刺秦本身就是一步臭招。即是刺秦成功，也挽救不了燕国被灭亡的结果，阻挡不了当时秦国统一天下的脚步。

司马迁说：

荆轲刺秦后，秦王大怒，益发兵以伐燕。十月而拔蓟城。燕王喜、太子丹等尽率其精兵东保于辽东。秦将李信追击燕王急，代王嘉乃遗燕王喜书曰："秦所以尤追燕急者，以太子丹故也。今王诚杀丹献之秦王，秦王必解，而社稷幸得血食。"其后李信追丹，丹匿衍水中，燕王乃使使斩太子丹，欲献之秦。秦复进兵攻之。后五年，秦卒灭燕，虏燕王喜。

荆轲虽死，其刚烈精神则不朽，东晋大诗人陶渊明专门写《咏荆轲》诗，歌颂了荆轲"士为知己者死"的勇猛。

燕丹善养士，志在报强嬴。招集百夫良，岁暮得荆卿。君子死知己，提剑出燕京。素骥鸣广陌，慷慨送我行。雄发指危冠，猛气充长缨。饮饯易水上，四座列群英。渐离击悲筑，宋意唱高声。萧萧哀风逝，淡淡寒波生。商音更流涕，羽奏壮士惊。心知去不归，且有后世名。登车何时顾，飞盖入秦庭。凌厉越万里，逶迤过千城。图穷事自至，豪主正怔营。惜哉剑术疏，奇功遂不成。其人虽已没，千载有余情！

太史公说：

世言荆轲，其称太子丹之命，"天雨粟，马生角"也，太过。又言荆轲伤秦王，皆非也。始公孙季功、董生与夏无且游，具知其事，为余道之如是。自曹沫至荆轲五人，此其义或成或不成，然其立意较然，不欺其志，名垂后世，岂妄也哉！

在司马迁看来，从曹沫到荆轲一共五个人，他们办的事情有的成功了，有的没有成功，但他们的出发点都很明确，这就是——他们绝不违背自己的良心。

如荆轲地下有知，闻知上面二贤对他的评说，当会含笑九泉吧。

荆轲死后，他的好友高渐离继续为荆轲报仇。

高渐离利用秦王很喜欢他击筑的本领，暗中在筑里灌满了铅，在后来接近秦王的时候，他突然举筑向秦王砸去，虽然没有成功，但这只能说明：在这个世上，有强暴就有反强暴者。

荆轲精神不灭！

韩非的帝王学

　　韩非对于帝王学的研究独具心得。他主张兼用商君之法，申不害之术。同时他又采用慎到的势治学说，重视权势的重要性。韩非强调说："抱法处势则治，背法去势则乱。" 法是官府公布的成文法，是编著在图籍上的法规；术是君主暗藏在心中的权术，是驾驭臣民的手段；势是君主掌握在手中的权势，是控制臣下的凭借力量。韩非把这三种学说综合起来，形成法家完整的政治学说。

一

　　人类历史上绝无仅有，一位有雄才大略的国王，为了得到异国的一位人才，会不计人力、物力，不惜一切去发动一场国与国的战争。这位战争的发动者便是秦王嬴政。而值得他发动战争、梦寐以求想得到的人才便是

《韩非子》一书的作者——当时身在韩国的韩非。

韩非是韩国的一位贵族公子，其生卒年月已不能详考，大约生于公元前280年，死于公元前233年。韩非出生在韩国的一个贵族世家，政治起点很高。也许是因为家族多从事政治的缘故，他青少年时喜欢研究刑名法术之学，也曾钻研过黄老南面之术。

韩非曾有幸拜当时著名的儒家大师荀况为师，与后来做了秦帝国丞相的李斯有同门之谊，曾经一道学习儒学，相互切磋济世之能。

或者由于和韩王有宗室的关系，或者由于在韩国王宫担任了一定职位，韩非对于韩国的前途非常忧虑。他见韩国日渐削弱，数次书谏韩王，但韩王不能采纳他的建议，韩非于是退而发愤著书。

在韩非看来，韩王不能以法治国，不能以权势驾驭群臣，不能以富国强兵为目的去求人任贤，反而重用那些徒有虚名的人祸害国家，这是韩国不能振兴的症结所在。

韩非认为，儒士以文乱法，侠者以武犯禁，只会巧言善辩、对国家有害的人反而博得了好的名声，在战场上靠热血拼死拼活的将士却没有得到应得的爵禄。所养非所用，所用非所养，是韩国积贫积弱的主要原因。

韩非对政治有着异于常人的敏感和高度。郁闷至极，他写了《孤愤》《五蠹》《说难》《主道》《二柄》《八奸》《十过》《有度》等有声有色的一系列文章。

韩非的著作传到了秦国，秦王嬴政阅读之后大为赞赏，感叹说："嗟乎，寡人得见此人与之游，死不恨矣！"正好李斯在他身边，立即回答说："此韩非之所著书也。" 于是，秦王嬴政立即派兵攻打韩国，战争的唯一要求就是要得到韩非这个人。

二

对于韩王来说，韩非是无足轻重的，甚至有点讨厌，在大兵压境之下，韩王便拱手把韩非送给了秦王。

秦王嬴政得到了韩非，非常高兴。

然而渴求得到的东西，一旦真正到了手，就不觉得那么珍贵了，这是人之通病。伟大如秦王嬴政者亦不能免俗。

韩非来到秦国后，并没有立即得到重用。

李斯与韩非是同学，自认为才能不及韩非，担心自己在秦国的地位受到威胁。姚贾是秦王的宠臣，对于韩非也十分不满。因为韩非曾在秦王面前直言不讳地批评他不该贿赂燕、赵、吴、楚，浪费国家的财物，并嘲笑他出身卑贱。

于是，李斯、姚贾联合起来，在秦王面前诋毁说："韩非，韩之诸公子也。今王欲并诸侯，非终为韩不为秦，此人之情也。今王不用，久留而归之，此自遗患也，不如以过法诛之。"

嬴政一听，觉得也有道理，就派人把韩非关进了监狱。李斯借此机会，派人给韩非送去了毒药，逼迫其自杀。韩非想见到秦王，当面提出申诉，但由于李斯、姚贾从中作梗，无法实现。等到秦王嬴政悔悟不该如此处置韩非时，韩非已经死去多日了。

韩非的命运，和公孙鞅、吴起两个法家先驱人物一样是个悲剧，他们的法术被采用，然而自身却遭惨死。

不过，古人认为，人的不朽表现在生前能够立德、立功、立言三个方面。韩非以立言而不朽。忌妒他的人，可以谋害他的性命，但无法消灭他的言论和著作。

韩非的著作在古代被称为《韩子》，是由后人辑录而成的。司马迁说韩非的著作有十余万言，《汉书·艺文志》说《韩子》有55篇，现有的《韩非子》这部书，篇数刚好是55篇，与汉初班固所见的篇数相同，但其中有些是其他人的著作。

三

韩非是中国古代法术势思想的集大成者。

人们公认，他吸收了公孙鞅的"法"，申不害的"术"，慎到的"势"，经过个人熔铸，使法、术、势三者有机地融合为一体，从而构成了中国法家完整的政治理论思想体系。

韩非曾批评申不害"徒术而无法"，指出，申不害辅佐韩昭侯，虽用术于上，法不勤饰于官，所以韩国不能称霸。他又批评公孙鞅"徒法而无术"，认为公孙鞅辅佐秦孝公，推行法治，虽然达到了富国强兵的目的，但因为不善于权术，人君得不到利益，大权旁落，未能达到帝王之治。

韩非对于帝王学的研究独具心得。他主张兼用法、术。同时他又采用慎到的势治学说，重视权势的重要性。韩非强调说："抱法处势则治，背法去势则乱。" 法是官府公布的成文法，是编著在图籍上的法规；术是君主暗藏在心中的权术，是驾驭臣民的手段；势是君主掌握在手中的权势，是控制臣下的凭借力量。韩非把这三种学说综合起来，形成法家完整的政治学说。

这样，韩非的政治学说就集中国前期法家代表人物之大成，达到了一个甚至后人都无法企及的高度。

在韩非的政治思想体系中，法治、术治、势治各有侧重，互为作用，互为依托。概括起来说，就是君主需要凭借地位和权势运用术数来驾驭群臣，并通过群臣的辅助，使民众严格遵守已经公布的成文法规，从而达到天下大治的目的，这是一种地地道道的帝王统治术。这也正是韩非集法家思想精华大成之所在。

四

作为韩国贵族，又曾与李斯一起跟随注重现实问题的著名学者荀况求学，种种阅历，使得韩非对于战国末期的政治局势及对时局问题的症结洞若观火。

李斯长于游说，被秦国重用；韩非因为口吃，不善言谈，就把主要精力放在著书立说上。

韩非的重要贡献，在于为他为即将出世的大秦帝国在政治理论上充分做好了准备。李斯则辅佐秦始皇从实践上为这个帝国创建了一套新的能够具体操作的政治运行模式。

韩非看到韩国在战国时期日益走向衰亡，这个关注国家命运的人焦虑不安，便急切地探索救弱致强之路。

经过对历史和时代的研究，韩非认为，只有法家路线能够改变韩国的命运。

在这样的认识驱动下，韩非从时代的要求出发，研究法家的治国理论。他吸收了公孙鞅的"法"、申不害的"术"、慎到的"势"，集三派之长，同时又吸取了老子、荀子思想中的积极成分加以发挥，终于形成了独具特色的思想体系。

韩非的政治理论虽然没有达到挽救韩国命运的目的，但它适应了建立统一的君主集权国家的时代需要，成为秦帝国建立自己政治统治的指路明灯。

韩非继承了以前法家的历史进化理论，把人类的历史从远古到战国分作四个时期，即"上古""中古""近世"和"当今"四世。在韩非看来，社会是发展变化的，历史在发展，时代在变化，治国的办法也必须要作相应的改变。圣人不盲目学习照搬古代的一套，不墨守成规，而是考察研究当今社会的实际情况，具体问题具体分析，从而对症下药，为它制定出相应的正确措施来。

为了给法家路线提供伦理学方面的根据，韩非改造了他的老师荀况的性恶论，提出了人性好利论。

在韩非看来，人的本性是自私自利的，这种本性是从事一切事业的推动力。针对这种情况，君主的任务不是改变人的本性，而是要利用刑赏法治等手段，适应臣民趋利避害的要求，用刑德二柄建立自己的王霸之业。

在以前法家君主中心论的基础上，韩非也吸收了老子有关"道"的思想，进一步提出了君道同体论的主张。

在韩非看来，君主不仅应该掌握国家的最高权力，而且还要"体道"。因为，"道"是万物的本源，是事物运行的规律。君主本身就是"道"的体现，这也是君主高于臣民的原因所在。"道者，万物之始，是非之纪也。是以明君守始以知万物之源，治纪以知善败之端。""道"是绝对的，唯一的，君主的地位也应该是绝对的，唯一的。

实力原则是韩非理论的重要基础。

韩非认为，"力"是君主得以控制臣民，国家得以保全以至称霸的利器。

在《韩非子》中，我们可以看到有很多对于"力"的颂扬。如，"上古竞于道德，中世逐于智谋，当今争于气力。""是故力多，则人朝；力寡，则朝于人；故明君务力。"

应该说，历史进化思想、人性好利论、君道一体论和功利主义与实力原则，构成了韩非法家体系理论的基础。

在韩非看来，"好利"是一切人的本性。

他说："好利恶害，夫人之所有也。"

只要是人，就都有趋利避害的本能。

太史公说：天下熙熙，皆为利来；天下攘攘，皆为利往。

安全有利时人们就会靠近与趋附；危险有害时人们就会唯恐避之不及。

在韩非的眼中，由于人性"好利"，"自为"，人与人之间的关系纯粹是一种利害关系。有利则合，无利则散，是一种人与人之间日常关系的常态。

在韩非的眼中，各种利益关系中，君主的利益应该是最高的，甚至高于国家利益。"故国者，君之车也；势者，君之马也。"国家是君主的运行工具，是君主的私物。君主应该顺应民众"好利"的本性，用"利"来调动臣民。君与臣的关系就是一种买卖关系，主卖官爵，臣卖智力。君主只有通过利益才能求得大臣的忠贞报效。君臣之间，并不是父子那样的骨肉之亲，而是以互相计算利害得失为出发点的。为了实现君主的利益，应该用"利"来动员民众的力量，"利之所在民归之，名之所彰士死之"。"赏之誉之不劝，罚之毁之不畏，四者加焉不变，则除之。"对于那些不为利禄诱惑，不为君主卖命的有自己独立思想的大臣，韩非主张应当加以严厉的打击和制裁，对于这样的人，韩非主张只能杀掉。

五

韩非主张取长补短，把"法""术""势"三者结合起来灵活使用。

在韩非看来，国家如同君主的车，"势"好比拖车的马，"术"就如同驾驶的手段。

韩非所说的"法"，应是指君主赏罚臣民的标准，"术"则是国君根据"法"控制群臣的手段。"法"是公开的，而"术"是隐蔽的，是藏在君主心里用来对照验证各方面的事情从而暗地里用它来驾驭群臣的不能示人的法宝。

"故法莫如显，而术不欲见。"

国君有了"术"，就可以独揽政权。

"势"就是权势，是君主利益的保证。

韩非子说：威严和权势，二者缺一不可，君主应该牢牢地掌握在自己的手中。君主如果不掌握术治，就会遭受臣工蒙蔽；臣工如果不遵守法制，就会在下面闹出乱子；所以这两样东西是不可或缺的，都是成就帝王大业、做好治乱的工具。

韩非把国家视为君主的私物，从而把君主独裁推向了新的高峰。

韩非描述的君主专制的格局是：

"事在四方，要在中央。圣人执要，四方来效。"

这就是说，具体的事务分配给各地官员，主要的大权集中在中央政府。圣明的君主掌握了关键的大权，四面八方的臣民就会来奉献与效劳了。

韩非指出，君主平时不仅要独揽大权，还需要获得群臣的协助，给予臣工一定的事权。君主可以听取臣工们不同的意见，但决事必须乾纲独断，决断之前还要做到深藏不露，不可让臣下揣摩到自己的意向，从而被臣下所利用。

为了防止走漏风声，韩非特别写了《备内》篇，警告君主，切莫让后妃、太子、左右之人得到消息。为防止说梦话泄露机密，韩非甚至还劝君主要"独寝"。凡此种种都是为了确保独断。

韩非认为："人主者，以刑德制臣者也。"

赏罚是君主控制臣民的两把利器，是英明的君主用来控制臣下的手段。

刑和德是统治者必须娴熟运用的两种权柄罢。

何为刑德？杀戮的权力为刑，奖赏的权力为德。

韩非特别指出：赏罚的目的除了控制大臣外，更是为了让民众专心于农战，从而保证富国强兵。

今天看来，企图以法律条文、严密制度代替人们的伦理道德与精神生活，直至取消人们的伦理道德与精神生活，是韩非的政治理论的一大发明。韩非在强调法的权威性时，主张实行文化专制主义，禁绝一切非法制的文化传统。为了遵守法令，将听从君主长官指挥和学习结合为一体。

韩非提出：

"故明主之国无书简之文，以法为教；无先王之语，以吏为师。"

韩非思想对秦帝国政治统治的影响是全方位的。秦始皇读到他的书，竟然崇拜得五体投地。韩非的思想也就因此成为了秦帝国政治建设的基本理论纲领。

六

概括起来，韩非思想对秦帝国政治的影响，核心集中在以下两个方面：

1. 中央集权的政治体制

韩非"事在四方，要在中央。圣人执要，四方来效"的中央集权体制的思想，完全为秦始皇所采纳。秦灭六国后，用郡县制代替了分封制，建立了从中央到地方的一整套官僚政权机构。在中央实行三公九卿制。在地方，先后在全国设置四十余郡，彻底废除了周代过去的那种封国建藩制度。郡设郡守、郡尉、郡监，分别掌管一郡的行政、军事、监察。郡下设县，县下有乡、里、亭等基层政权组织，从中央到地方，形成了从上到下严密的行政控制体系。

按照秦帝国制度，中央和地方所有重要官吏都要由皇帝任免调动，从而铲除了地方割据的可能性。为了防止官吏违法弄权，秦帝国制定了一套比较完善的官吏选拔和考核制度。规定官吏必须经过中央政府正式委任才能任职，官吏要经常调动轮换，官员调动时不准带随员，这就使得官吏难以形成私人势力。官吏一经任命，就要服从调遣，否则就会受到惩处。对官吏随时进行考核，根据考核结果分别给予处罚或奖赏。官吏任职期间享受国家俸禄，如被免职则俸禄取消。通过这样一套制度，官吏变成了君主豢养的鹰犬和奴才，国家权力牢牢地被皇帝所控制。

为了保障帝国政令的畅通，防止因受六国固有传统影响，出现地方各自为政的局面，秦始皇还废除了六国原有的法令，颁布实行统一的国家法令。同时，统一文字、货币、车轨、度量衡，修建沟通全国的交通网络，拆除内地的长城、关隘、堡垒、堤坝等。通过这样一系列措施，既加强了中央对地方的控制，也加强了各地的经济和文化之间的联系。秦始皇建立的这一套中央集权、君主专制的国家政治体制，在当时是有效的、先进的，被后来历代统治者所继承，对中国历史的进程产生了深远的影响。

2. 帝王独尊、独裁的国家治理模式

在秦始皇的思想观念和政治实践中，把韩非帝王独尊、独裁的理论奉为至典，极力宣扬并付诸实施。秦代通过建立一整套完善的君尊臣卑的政治制度，建立起了皇帝个人的绝对权威。

秦帝国的政治制度具有如下三个特征：

（1）国家最高权力的不可分割性，权力集中在皇帝一人手中。

（2）皇权的不可转移性，皇位只能在皇帝本家族内世袭。

（3）钳制民意，轻视地方，以严刑酷法与暴力统治来维持统一秩序。

这三个特征，是专制主义政治制度的根本条件。自秦帝国建立伊始，伴随着统一的国家的诞生，专制主义就成为中国政治生活的一种常态。秦帝国时期确立的帝王独尊文化与帝王独裁的国家治理模式，在两千年的中国传统社会里不断被发扬光大，对中国政治与历史的发展产生了巨大的影响。

但是，世上无绝对好坏之分。好即是坏；坏即是好。

从另一方面来看，由于韩非极端夸大帝王独裁与帝王驭臣术在国家政治生活中的作用，其政治理论在巩固帝国政治的同时，也埋下了秦帝国灭亡的祸根。

在国家治理方式上，韩非主张君主掌握对大臣的绝对生杀予夺之权，以术驭臣，自操权柄；对民众则采用严刑峻法，严加控制。这些思想在秦始皇的政治统治中完全被付诸实践。

秦始皇父子对大臣抱防范之心，自匿行踪，与群臣隔绝，导致欺谩取容之态大盛，歌功颂德之声四起，犯颜直谏之风尽消。由于君主高高在上，听不到真话，了解不到实情，政令一旦偏颇就很难得到修正的机制和机会。

法家政治虽然适应了战争或者大动乱特殊时期集中国力、动员民力参与战争的需要并在秦国获得了成功，然而在去六国统一之后，秦始皇仍把这种成功当作和平时期高度集权统治的法宝。严刑酷法，横征暴敛，与人民渴望安定、发展生产的要求大相径庭。这种继续用打天下的手段来治理天下的结果，就是秦帝国最终没能实现由战争到和平、由天下大乱到天下大治的转变。同时，法家鼓吹暴力至上，认为重刑的威力无穷，只要不断地加重刑罚，就能够保证民众的绝对服从，完全忽视了道德教化的作用；法家学说所鼓吹的"以法为教""以吏为师"的思想及秦始皇采取的"焚书坑儒"政策，使大秦政治难以吸收其他政治学说理论的合理因素，变成了一种僵化而封闭的思想体系，这就难以适应时代的发展和形势的变化。

如此看来，韩非的学说所造就的秦帝国的极权政治，其有效性和局限性是同时并存的。任何极权政治的初期，都有很高的行政效率；但因违反人道与治道精神，终究不能久存，不能视作立国安邦的长治久安之计。

同窗无情

　　翻开中国几千年的历史，让人触目惊心地看到，家族、地族、师生、同窗、同事之间，矛盾争斗不断，甚而阴暗面浓重，令人觉得压抑与不快。战国时代，是一个远离了仁义礼乐的时代，同窗之间，嫉妒、无情、猜忌、残杀，暴露了这个时代人与人之间感情上的一个幽深的黑洞。鬼谷子·荀子的学生在这方面可谓是树立了反面的榜样。

一

中国人都十分重视人与人之间的感情投资与建设。

几千年的传统社会，说白了就是一个靠血缘、地缘、同窗之缘、师生之缘等结合而成的一个感情运作的社会。

家族、地族、师生、同窗、同事之间，为了生存需要，生活需要，发展需要，彼此之间都十分珍惜。

然而，翻开中国几千年的历史，也让人触目惊心地看到，家族、地族、师生、同窗、同事之间，同样也矛盾斗争不断，甚而阴暗面很重，令人觉得压抑与不快。

战国七雄时代，是一个远离了仁义礼乐的时代。同窗无情，暴露了这个时代的人世间人与人感情上的一个黑洞。

《东周列国志》中说：

> 周之阳城，有一处地面，名曰鬼谷。以其山深树密，幽不可测，似非人之所居，故云鬼谷。内中有一隐者，但自号曰鬼谷子。鬼谷先生是战国后期的一位民间高人，在那个攘攘利利的时代，他虽然身怀绝术，但对用世并不感兴趣，平素隐居鬼谷，但以教授徒弟谋生为乐。

他倒也是调教出了几位名人徒弟，如孙膑、庞涓、张仪、苏秦等，可惜的是，也不知是这位鬼谷先生有意为之，或者是他教授中的疏忽，他调教出来的几个名徒，虽然个个都是身手不凡，但却也个个都是内战中的高手。彼此之间不是去共同联手抗敌，相反倒相互算计对方，精于残害同学的手段。

庞涓、孙膑就是其中十分典型的一对。

对于庞涓、孙膑的同门自残，《东周列国志》中有较为详细的记载：

> 就中单说同时几个有名的弟子：齐人孙宾、魏人庞涓、张仪、洛阳人苏秦。宾与涓结为兄弟，同学兵法；秦与仪结为兄弟，同学游说；各为一家之学。单表庞涓学兵法三年有余，自以为能，忽一日，为汲水，偶然行至山下，听见路人传说魏国厚币招贤，访求将相，庞涓心动，欲辞先生下山，往魏国应聘。又恐先生不放，心下踌躇，欲言不言。先生见貌察情，早知其意，笑谓庞涓曰："汝时运已至，何不下山，求取富贵？"庞涓闻先生之言，正中其怀，跪而请曰："弟子正有此意，未审此行可得意否？"先生曰："汝往摘山花一枝，吾为汝占之。"庞涓下山，寻取山花。此时正是六月炎天，

百花开过，没有山花。庞涓左盘右转，寻了多时，止觅得草花一茎，连根拔起，欲待呈与师父。忽想道："此花质弱身微，不为大器。"弃掷于地，又去寻觅了一回。可怪绝无他花，只得转身将先前所取草花，藏于袖中，回复先生曰："山中没有花。"先生曰："既没有花，汝袖中何物？"涓不能隐，只得取出呈上。其花离土，又先经日色，已半萎矣。先生曰："汝知此花之名乎？乃马兜铃也。一开十二朵，为汝荣盛之年数。采于鬼谷，见日而萎；鬼傍著委，汝之出身，必于魏国。"庞涓暗暗称奇。先生又曰："但汝不合见欺，他日必以欺人之事，还被人欺，不可不戒！吾有八字，汝当记取：'遇羊而荣，遇马而瘁。'"庞涓再拜曰："吾师大教，敢不书绅！"临行，孙宾送之下山，庞涓曰："某与兄有八拜之交，誓同富贵，此行倘有进身之阶，必当举荐吾兄，同立功业。"孙宾曰："吾弟，此言果实否？"涓曰："弟若谬言，当死于万箭之下！"宾曰："多谢厚情，何须重誓！"两下流泪而别。孙宾还山，先生见其泪容，问曰："汝惜庞生之去乎？"宾曰："同学之情，何能不惜？"先生曰："汝谓庞生之才，堪为大将否？"宾曰："承师教训已久，何为不可？"先生曰："全未，全未！"宾大惊，请问其故。先生不言。至次日，谓弟子曰："我夜间恶闻鼠声，汝等轮流值宿，为我驱鼠。"众弟子如命。其夜，轮孙宾值宿。先生于枕下，取出文书一卷，谓宾曰："此乃汝祖孙武子《兵法》十三篇。昔汝祖献于吴王阖闾，阖闾用其策，大破楚师。后阖闾惜此书，不欲广传于人，乃置以铁柜，藏于姑苏台屋楹之内。自越兵焚台，此书不传。吾向与汝祖有交，求得其书，亲为注解；行兵秘密，尽在其中，未尝轻授一人。今见子心术忠厚，特以付予。"宾曰："弟子少失父母，遭国家多故，宗族离散，虽知祖父有此书，实未传领。吾师既有注解，何不并传之庞涓，而独授于宾也？"先生曰："得此书者，善用之为天下利，不善用之为天下害；涓非佳士，岂可轻付哉！"宾乃携归卧室，昼夜研诵。三日之后，先生遽向孙宾索其原书。宾出诸袖中，缴还先生。先生逐篇盘问，宾对答如流，一字不遗。先生喜曰："子用心如此，汝祖为不死矣！"

再说庞涓别了孙宾，一径入朝之时，正值庖人进蒸羊于惠王之前，惠王方举箸，涓私喜曰："吾师言'遇羊而荣'，斯不谬矣。"惠王见庞涓一表人物，放箸而起，迎面礼之。庞涓再拜，惠王扶住，问其所学。涓对曰："臣学于鬼谷先生之门，用兵之道，颇得其精。"因指画敷陈，倾倒胸中，惟恐不尽。惠王问曰："吾国东有齐，西有秦，南有楚，北有韩、赵、燕，皆势均力敌。而赵人夺我中山，此仇未报，先生何以策之？"庞涓曰："大王不用微臣则已，如用微臣为将，管教战必胜，攻必取，可以兼并天下，何忧六国哉？"惠王曰："先生大言，得无难践乎？"涓对曰："臣自揣所长，实可操六国于掌中，若委任不效，甘当伏罪。"惠王大悦，拜为元帅，兼军师之职。涓子庞英，侄庞葱庞茅，俱为列将。涓练兵训武，先侵卫宋诸小国，屡屡得胜。宋、鲁、卫、郑诸君，相约联翩来朝。适齐兵侵境，涓复御却之，遂自以为不世之功，不胜夸诩。

时墨翟邀游名山，偶过鬼谷探友，一见孙宾，与之谈论，深相契合。遂谓宾曰："子学业已成，何不出就功名，而久淹山泽耶？"宾曰："吾有同学庞涓，出仕于魏，相约得志之日；必相援引，吾是以待之。"墨翟曰："涓见为魏将，吾为子入魏，以察涓之意。"墨翟辞去，径至魏国，闻庞涓自恃其能，大言不惭，知其无援引孙宾之意；乃自以野服求见魏惠王。惠王素闻墨翟之名，降阶迎入，叩以兵法。墨翟指说大略。惠王大喜，欲留任官职。墨翟固辞曰："臣山野之性，不习衣冠。所知有孙武子之孙，名宾者，真大将才，臣万分不及也。见今隐于鬼谷，大王何不召之？"惠王曰："孙宾学于鬼谷，乃是庞涓同门，卿谓二人所学孰胜？"墨翟曰："宾与涓，虽则同学，然宾独得乃祖秘传，虽天下无其对手，况庞涓乎？"墨翟辞去，惠王即召庞涓问曰："闻卿之同学有孙宾者，独得孙武子秘传，其才天下无比，将军何不为寡人召之？'庞涓对曰："臣非不知孙宾之才，但宾是齐人，宗族皆在于齐，今若仕魏，必先齐而后魏，臣是以不敢进言。"惠王曰："士为知己者死。岂必本国之人，方可用乎？"庞涓对曰："大王既欲召孙宾，臣即当作书致去。"庞涓口虽不语，心下踌躇："魏国兵权，只在我一人之手，若孙宾到来，必然夺宠；既魏王有命，不敢不依，且待来时，生计害他，阻其进用之路，却不是好？"遂修书一封，呈上惠王。惠王用驷马高车，黄金白璧，遣人带了庞涓之书，一径望鬼谷来聘取孙宾。宾拆书看之，略曰：

涓托兄之的火热时，一见魏王，即蒙重用。临歧援引之言，铭心不忘。今特荐于魏王，求即驱驰赴召，共图功业。

孙宾将书呈与鬼谷先生。先生知庞涓已得时大用，今番有书取用孙宾，竟无一字问候其师，此乃刻薄忘本之人，不足计较。但庞涓生性骄妒，孙宾若去，岂能两立？欲待不容他去，又见魏王使命郑重，孙宾已自行色匆匆，不好阻当。亦使宾取山花一枝，卜其休咎。此时九月天气，宾见先生几案之上，瓶中供有黄菊一枝，遂拔以呈上，即时复归瓶中。先生乃断曰："此花见被残折，不为完好；但性耐岁寒，经霜不坏，虽有残害，不为大凶；且喜供养瓶中，为人爱重。瓶乃范金而成，钟鼎之属。终当威行霜雪，名勒鼎钟矣。但此花再经提拔，恐一时未能得意。仍旧归瓶，汝之功名，终在故土。吾为汝增改其名，可图进取。"遂将孙宾"宾"字，左边加月为"膑"。按字书，膑乃刖刑之名，今鬼谷子改孙宾为孙膑，明明知有刖足之事，但天机不肯泄露耳。岂非异人哉？

髯翁有诗云：

山花入手知休咎，试比蓍龟倍有灵。
却笑当今卖卜者，空将鬼谷画占形。

临行，又授以锦囊一枚，吩咐："必遇至急之地，方可开看。"孙膑拜辞先生，隧魏王使者下山，登车而去。

可见，在鬼谷学习时，孙膑与庞涓已经结为兄弟，同学兵法，二人感情倒还处理得不错。只可惜，庞涓富贵后，很快就把当年的手足情深抛置脑后，把"势同富贵""同立功业"下山时的誓言早已忘记得干干净净。不但庞涓忘记早日与孙膑约下的苟富贵勿相忘之类的誓言，他还要阻止孙膑的富贵，深怕这位昔日同窗超过了自己。

纵观中国历史，像庞涓这类人不胜枚举，实在太多了。只想自己好。看不得别人好。这类人多是一些心胸狭窄、眼界不宽，整日汲汲于日常鸡毛蒜皮，十分计较利害的平庸之辈。

因为墨翟向魏王举荐了孙膑，魏王亲自过问，庞涓不敢不依。但他却巧设机关，一步步布置陷阱，不仅阻挠孙膑的进用之路，还非要想方设法将自己的昔日同学置于死地。厚道的孙膑几乎因此而搭上了性命。有庞涓做恶在前，孙膑也就不再客气。在逃到齐国后，孙膑便利用自己的齐国军师的身份，在魏、齐二国战争中，也巧设连环套，以其人之道还治其人之身，运用围魏救赵等计，最后在马陵道上杀了庞涓。

中国历史上开同门相残之风气，首祸者，庞涓、孙膑是也。

二

上面提到，魏人张仪、洛阳人苏秦，也同为鬼谷子的门下高徒。秦与仪也结为兄弟，同学游说。

这就是说，二人学的专业同为"游说"，不是孙膑、庞涓之流专门攻读的军事学。

"游说"是春秋战国时新兴起的一门学问，专靠嘴皮子吃饭。"游说"的内容也往往包罗万象，涉及当时社会中政治、经济、军事、外交、人际关系的调整、心理学等多方面学问。没有巧如舌簧的本领，这碗饭就吃不得；单有伶牙俐齿，只会油腔滑调，也同样吃不了这碗饭。这门学问，需要学习者伶牙俐齿，需要学习者有人生阅历，需要学习者善于察言观色，需要学习者熟知当代各国的政治、军事、地理、风土人情，需要学习者具有高超的应变能力，更需要学习者智勇兼备，不惧牺牲。

事实上，吃这门饭很不容易。

不过，苏秦、张仪之所以当初能选择这门专业，很有可能就是鬼谷子对他们深入了解，认为他们可以吃好这碗饭的缘故。也就说，学什么，是由老师来定的。来学者选择什么专业，取决于鬼谷子对求学者全方位的认识和诘断。

《东周列国志》中说：

孙膑拜辞先生，随魏王使者下山，登车而去。苏秦张仪在旁，俱有欣美之色，相与计议来禀，亦欲辞归，求取功名。先生曰："天下最难得者聪明之士，以汝二人之质若肯灰心学道，可致神仙，何苦要碌碌尘埃，甘为浮名虚利所驱逐也！"秦仪同声对曰："夫'良材不终朽于岩下，良剑不终秘于匣中。'日月如流，光阴不再，某等受先生之教，亦欲乘时建功，图个名扬后世耳。"先生曰："你两人中肯留一人与我作伴否？"秦、仪执定欲行，无肯留者。先生强之不得，叹曰："仙才之难如此哉！"乃为之各占一课，断曰："秦先吉后凶，仪先凶后吉。秦说先行，仪当晚达。吾观孙庞二子，势不相容，必有吞噬之事。汝二人异日，宜互相推让，以成名誉，勿伤同学之情！"二人稽首受教。先生又取书二本，分赠二人。秦仪观之，乃太公《阴符篇》也。秦仪曰："此书弟子久已熟诵，先生今日见赐，有何用处？"先生曰："汝虽熟诵，未得其精。此去若未能得意，只就此篇探讨，自有进益。我亦从此逍遥海外，不复留于此谷矣。"秦仪既别去，不数日，鬼谷子亦浮海为蓬岛之游，或云已仙去矣。

追名逐利是人的天性，这无可厚非。但徒弟们个个功名富贵心实在太强太猛，这多少让淡泊名利的鬼谷先生感到不快。

张仪和苏秦也都耐不住寂寞，急于"乘时建功，图个名扬后世"。好在有老师鬼谷子诚勉在先，命其"'汝二人异日，宜互相推让，以成名誉，勿伤同学之情！'二人稽首受教"。加上二人本就独立作战，不在一个单位工作，也算是互为补充，总算是不伤和气。一个以秦国为根据地讲求"连横"之策；一个以六国联合抗秦为号召，推行合纵之策。互为犄角，互为存在的基础。这样，二人相得益彰，表面上相互拆台，实际上是彼此依赖。相对于庞涓和孙膑的你死我活，张仪和苏秦二人倒显得和睦相存，其乐融融。

三

战国时期，除了鬼谷子的学生——孙膑、庞涓以及张仪、苏秦之间的恩怨情仇外，谡下学宫大学者荀况也培养出来了两个先秦史上著名的学生，他们就是——韩非与李斯。

韩非与李斯这两个人，既是同窗，更是天敌。

二人在各个方面都差别甚大。

李斯出身于楚国上蔡的一个布衣家庭，从小不但挨打受骂，生计本身也很窘迫。早年贫贱和苦难的经历，使他具有强烈的功名心，有着通过各种努力改变自身状况的要求和动力。这是李斯的优点，也正是他的短板。

不安心于现状，决心改变贫贱的状态，这是李斯的优点。

精于算计，不放过一个哪怕是常人眼中的任何一个细微的机会，这也是李斯的优点。

坚持与梦想，使得李斯成为大秦帝国的开国丞相，成就了他梦寐以求的表面上的高度和对荣华及权势的贪婪与渴望。

然而，寒门家族的出身与早年贫贱挨饿受冻的经历，铸定了李斯不开阔眼光与实用主义的性格。他不是一个理想家，更不是一个政治家，只是一个唯利是图、固宠保荣有点学识与济世本事的凡夫俗子。因此，虽然历史将他推到了一个很高的平台，赋予了他神圣崇高而伟大的使命，但他不能像周公那样担负起天下兴亡、继往开来的责任，只能围绕着自己利益来精心算计个人的得失。大秦帝国短命而亡，李斯之罪罄竹难书。

从名利场中的角逐来看，李斯是算计的高手，可是赵高更高他一筹，这样，他的不幸与悲剧也就最终不可避免。

实际上，像李斯这种人，心中永远潜藏着极其不安全的第六感，永远见不得别人比自己过得好。也许一些时候，他很精明能干，但因为不自信、没有安全感而无法容人，无法把自己改造成为一个成功的历史伟人。

韩非则与李斯大相径庭。

韩非出身于韩国名门贵族家庭，从小就养尊处优，受过良好的教育，他没有李斯那样为五斗米折腰的想法，更不会去为做一个"官仓鼠"而低下自己的身段。因此，对于帝王之学、安邦定国之类，他的见识要远远高于李斯。他的优异的成绩，让李斯感到自己的渺小。他的才学让李斯更感到嫉妒与不安。如果二人不在一个单位共事，不天天抬头不见低头见，而是天各一方，或许二人还能和平相处。但造物主往往弄人，让人世上多些复杂，多些阴暗、多些缺陷。本来，学成后，韩非回到韩国，李斯则西入强秦，二人共事见面的机会并不多。可是，韩非的著作却飞出了韩国，让千古一帝甘拜下风，直叹能见此人一面寡人死而无憾的老套话题。于是，韩非被迫来到秦国公堂，与已经执掌大权的老同学李斯同殿为臣。这样，潜藏在李斯潜意识深处的嫉妒心就抑制不住地跳了出来。过去，李斯虽然嫉妒韩非，但没有条件作恶，现在，他官居大秦丞相，手握生杀予夺之权，韩非哪里会是他的对手。只擅长于理论创造的韩非这回终于被老同学来了个整个地秋后算账。韩非于是只能丢掉小命。

自杀前，韩非曾经询问狱吏："吾何罪？"狱吏答曰："一栖不两雄。当今之世，有才者非用即诛，何必罪乎？"

就因为韩非才高于李斯，李斯认定"一栖不两雄"，必取之性命而后快，韩非只能自认倒霉。

同窗无情，于斯为极！

小人郭开

    小人者，无非自私自利，心胸狭窄，目光短浅，无远大志向，无家国情怀，眼里容不下比自己强的人，把自己芝麻大的一点利益看得比天还大。这种人，往往还都十分精明，善于谄媚、取悦领导，能在揣摩和讨领导欢心上面下足工夫。正因为奴才相十足，奴才劲头十足，领导往往都还离不开他。如是在太平盛世、朗朗乾坤的日子，小人们为了自己的蝇头小利使一点坏，倒也无可无不可。但如是在国家处于多事之秋，君王身边有此类人物，国家可就要倒大霉了。战国时期赵王身边的郭开，就是这样一个祸国殃民的小人典型。

一

如说春秋战国时期的小人，多如牛毛，大多不值一提。

但是，赵王身边的郭开，却不能不提，因为，赵国就是灭亡在这个小人的手中。他，完全可以作为一个战国时期小人祸国殃民的典型为后人所鉴戒。

小人者，无非自私自利，心胸狭窄，眼里容不下比自己强的人，无忠君爱国意识，把自己芝麻大的一点利益看得比天还大。

这种人，往往还都十分精明，善于谄媚、取悦领导，能在揣摩和讨领导欢心上面下足工夫。正因为奴才相十足，奴才劲头十足，领导往往都还离不开他。如是在太平盛世、朗朗乾坤的日子，小人们为了自己的蝇头小利使一点坏，倒也无可无不可。但如是在国家处于多事之秋，君王身边有此类人物，国家可就要倒霉了。

这种小人，过去有，现在有，将来还会有，只要人类社会存在，这类人渣也就会一直存在并永久性地繁殖下去。

郭开之前的春秋时期，小人惑主乱国者就已经比比皆是。

春秋霸主齐桓公晚年的悲哀，就与他晚年身边小人的得势有着很大的关系。

据《韩非子·十过》篇中记载，公元前643年，齐桓公到齐国南部一个叫堂阜的地方去游玩时，他平时重用的弄臣雍巫率领开方、竖刁趁间发乱。齐桓公被围困在临时行宫的一间屋子里，最后饥渴而死。

《管子·小称》篇中详细记载了齐桓公死时的悲惨状况：

齐桓公被围的时候，曾经有一妇人从墙洞爬进去，见到了齐桓公。

齐桓公着急地向他询问："我饿得很厉害，渴得受不了，很想吃点东西、喝点水。可是，一连几天却不见个人影，这是什么原因呢？"

"雍巫、开方、竖刁一伙人正在犯上作乱，相互拼杀，道路阻隔不通已经十多天了。即使有人想送食物和水，也到达不了这里。"妇人明白地讲明了实际情况。

齐桓公听后，感慨万分，悔肠九转。他追悔莫及地说："哎！圣人的言语真有远见。假如死而无知也就算了，但如果死而有知，那么我在黄泉之下有何脸面去见管仲呢？"这时，他才深感懊悔，为自己没有听从管仲的亲贤臣、远离雍巫等小人的劝告而歔欷不已。

在极度的悲痛之中，齐桓公用尽了最后一点力气，"乃援素幭以裹首而绝"。

"幭"是古代车轼上的覆盖物，一代霸主齐桓公在他的晚年竟用"幭"将自己勒死，结束了他一生辉煌而悲惨的生命。

齐桓公"死十一日，虫出于户，（人）乃知桓公之死也。葬以杨门之扇。桓公之所以身死十一日，虫出户而不收者，以不终用贤也"。

作为春秋时期最显赫的霸主，晚年不得寿终，死后也无人收尸，以致尸体上孳乳生长的虫子都爬到了门户的外边。

这能怪谁呢？只能怪齐桓公贪婪好色，贪图享受。他不但离不开女人，甚至也离不开竖刁这样被阉了的男宠。在他的身边，聚集起了一批专门讨好与安排他享受生活的弄臣。在管仲健在的时候，这些佞臣尚能还有些警惧。当管仲去世后，这帮小人便猖狂起来，最终找机会囚禁了已步入暮年的齐桓公，断送了他的生命和霸业。

据《管子·小秤》中记载，公元前645年，管仲生病，齐桓公前往探望，君臣二人曾有过如下一段对话：

"假如您有不测，那么，谁可代替您来担任齐国的相位呢？"齐桓公很想听听这位为齐国霸业立下汗马功劳的助手的最后忠告。

"知臣莫若君。"管仲这样回答，是想让齐桓公先谈谈自己的看法。

"雍巫如何？"齐桓公把雍巫作为第一人选。原来，雍巫是齐桓公的私人厨师。有一次，齐桓公无意中说自己什么山珍海味都吃过，就是没有尝过蒸熟的婴儿的滋味。第二天，雍巫就将自己年仅三岁的儿子杀掉蒸熟端给齐桓公吃。从此，齐桓公很赏识雍巫，所以把他当作了第一人选。

"人情莫过于爱子，他连自己的亲生儿子都敢杀害，其他很容易可想而知。"

"开方如何？"齐桓公接着提出了第二个人选。

"这个人背叛自己的亲人来迎合国君您的需要，这也不合乎人之常情。

这样的人不可用。"管仲对开方的评价也不高。

开方放弃卫国太子之位不做，奔齐侍奉齐桓公15年，父母去世也不回去奔丧。管仲认为开方很虚伪，以这样的人去委以重任，结果可想而知。

"竖刁如何？"齐桓公认为竖刁为了取悦他而自宫净身，这是爱君主胜过爱自身。

"爱惜自己的身体是人之常情。像竖刁这样的人，连自己的身体都可以肆意摧残而不爱惜，那就很难设想他会真心诚意地对待国君。"

齐桓公不甘心地追问道："这三个人，侍奉寡人已经很久了，您为何平日就不给我指点出来？"

管仲惨然一笑，然后说："臣之不言，是为了适君之意。这三人好像洪水，臣如同堤防，臣在，不使他们泛滥。今臣去，堤防无矣，将有横流之患，君主一定要疏远这三个人。"

雍巫、开方、竖刁这些人的情况表明，在春秋时期的社会上，已经出现了一批为了做官而不惜采取任何过激手段以博得国君青睐赏识的人群。这批人，一般没有优越的社会地位和竞取功名的先天资本，他们只是靠自己的机敏和曲意逢迎而仕进。然而，这批以肋间谄笑、究心揣摩、奉承拍马为能事的弄臣并没有远见卓识，也不具备治理国家的政治经验。他们的长处只是局限在满足君主的享乐，以及精于钩心斗角与谗言诬陷等上面。管仲不同意由这些人来执掌齐国的大权，是很有远见与眼光的。

可惜的是，齐桓公不以管仲之言为是。据《史记·齐世家》记载："管仲死，而桓公不用管仲言，卒近用三子，三子专权。"于是，齐桓公晚年盛名不保。

韩非在《韩非子·八奸》中告诫君主应当防范的八种人：

一曰"同床"——贿赂君主的妻妾来求得自己的私欲。

二曰"在旁"——利用君主的左右亲信说情，来达到自己的目的。

三曰"父兄"——利用君主身边的亲人去达到自己的目的。

四曰"养殃"——用物质享受来腐蚀君主，自己从中捞足油水。

五曰"民萌"——用小恩小惠来收买民心，使君主周围的人都来称赞自己，用这种办法来蒙蔽他们的君主而使他们的欲望得逞。

六曰"流行"——豢养能说会道的人来制造舆论以蒙蔽君主的正常视听与正确的判断，以此来达到自己的目的。

七曰"威强"——发展自己的实力，豢养亡命之徒，用这个来恐吓群臣百姓而求售私利。

八曰"四方"——以敌国挟持、震慑君主来求私利的实现。

韩非子认为，大凡这八种方法，是不法之臣用来使他们的阴谋得逞的手段，也是君主受到蒙蔽胁迫，以致丧失了自己所拥有的权威的原因，这是人主不可不仔细审查的事情啊。

人主尚且需要谨慎防止身边这八种奸人，我们普通大众，芸芸众生，要想保持长久的正常的生活，不也同样应当注意这些问题吗？

二

郭开之前，春秋末期，还有一位小人也不得不在这里提及一下。因为，与郭开一样，成为敌国用来灭亡吴国的有力杀手。

这位小人，就是吴国的太宰伯嚭。

伯嚭是楚国大夫伯州犁的孙子，楚平王听信佞臣费无忌之言，杀害了伯州犁父子，伯嚭逃命来到吴国，被伍子胥推荐给了吴王阖闾。

当初，伍子胥有一个至交的朋友被离，他很善于相面观人。

他问伍子胥，"为什么你一见面就信任伯嚭？"

"因为伯嚭与我经历相同，与我的仇恨也相同。"伍子胥回答。

被离提醒他："您只是着眼于外部因素，你是否还有根据其内在的思想来判断是非呢？我观察伯嚭的生性，他像老鹰似的看人，像老虎般地走路，完全是一副一心追求功利而任凭己意杀人的本性，不可以和他亲近啊！"

伍子胥不以为然，继续推荐吴王重用伯嚭。

阖闾死后，伯嚭看到夫差好大喜功，贪婪好色，便日夜揣摩着夫差的心思，竭力阿谀奉承，很得夫差的欢心，因而成为了能够左右夫差主张的佞臣，在很多关系到吴国生死存亡的大事上，夫差对伯嚭始终言听计从。

《吴越春秋·夫差内传》中说："子胥忠而不用，太宰嚭佞而专政。"

当初，吴国打败越王勾践，越国处在生死存亡之际，越国大夫文种就根据"吴有太宰伯嚭者，其人贪财好色，忌功嫉能，与子胥同朝，而志趣不合。吴王畏事子胥，而昵于嚭"的分析，用美女财宝重贿伯嚭，让他劝说吴王夫差同意越国的议和，因而使吴国错过了灭越的最佳时机。

吴越议和后，根据议和条件，勾践入吴为奴，也是因为太宰嚭多次向夫差进言，使夫差最终动了妇人之心，让越王勾践服役三年即被释归国。

伯嚭怂恿夫差犯了放虎归山之罪。

越王勾践与群臣搜集了国内 330 名妙龄美女，用 300 人送夫差，30 人送伯嚭，夫差将国家大政交付给伯嚭，自己日夜欢宴淫乐。伯嚭观察到夫差急于争做霸主的心思，就又怂恿夫差北上中原伐齐讨鲁。小人终归是小人，他们眼中看到的只是眼前的利益与荣华富贵。太宰嚭的卑劣行径，当然遭到了伍子胥为首的忠直大臣的激烈抵抗。伯嚭为了保全自己的富贵利益，就劝说夫差杀害了伍子胥。

司马迁在《史记·伍子胥列传》中说：

吴太宰嚭既与子胥有隙，因谗曰："子胥为人刚暴，少恩，猜贼，其怨望恐为深祸也。前日王欲伐齐，子胥以为不可，王卒伐之而有大功。子胥耻其计谋不用，乃反怨望。而今王又复伐齐，子胥专愎强谏，沮毁用事，徒幸吴之败以自胜其计谋耳。今王自行，悉国中武力以伐齐，而子胥谏不用，因辍谢，佯病不行。王不可不备，此起祸不难。且嚭使人微伺之，其使于齐也，乃属其子于齐之鲍氏。夫为人臣，今不见用，常鞅鞅怨望。愿望早图之。"

吴王曰："微子之言，吾亦疑之。"乃使使赐伍子胥属镂之剑，曰："子以此死。"伍子胥仰天叹曰："嗟乎！谗臣嚭为乱矣，王乃反诛我。我令若父霸。自若未立时，诸公子争立，我以死争之于先王，几不得立。若既得立，欲分吴国予我，我顾不敢望也。然今若听谀臣言以杀长者。"

由此可知，忠臣伍子胥之被夫差所杀，太宰嚭的谗言是起了很大作用的。

伍子胥之死，是吴国走向灭亡的开始。

与吴王夫差正好相反，越王勾践从吴返越后，远离声色犬马，远离佞臣，重用贤臣范蠡、文种等人，丝毫不敢奢侈与放纵自己。

常言道，事物是发展变化的。

吴国经夫差诛谏臣，用佞臣，一意孤行的结果就是把自己国家搞得人心涣散。吴国所以最后能被越国所灭，伯嚭无疑在其中起到了很大的作用。

三

战国末年，赵国经过赵武灵王胡服骑射式的改革，军事力量一跃而成为三晋国家之首。成为秦国统一天下，东进六国道路上的主要障碍。秦国要想实现东进战略，就必须从赵国内部寻找突破口。在这种情况下，秦王采用善于运动国际复杂关系的尉缭之计，用重金贿赂赵国豪臣。这样，赵王身边的佞臣郭开，就成为尉缭及弟子王敖用重金、美女加以运动的重点对象。

尉缭、王敖之所以选中郭开作为突破的对象，主要是看重了郭开是赵王的宠臣，其人贪得无厌，且为"赵之用事者"的特点。在强大的糖衣炮弹的攻击下，郭开成为了秦国的外臣，不断配合秦国东进计划，劝说赵王一次次走进秦国设计好的陷阱和圈套之中，直至赵为秦所灭，赵王成为秦王的座下囚。

关于秦国君臣以金钱运动郭开灭亡赵国一事，冯梦龙在《东周列国志》中曾有十分详细的描述。文中说：

秦王二日与李斯议事，夸韩非之才，惜其已死。李斯乃进曰："臣举一人，姓尉名缭，大梁人也，深通兵法，其才胜韩非十倍。"秦王曰："其人安在？"李斯曰："今在咸阳。然其人自负甚高，不可以臣礼屈也。"秦王乃以宾礼召之。尉缭见秦王，长揖不拜。秦王答礼，置之上座，呼为先生。尉缭因进说曰："夫列国之于强秦，譬犹郡县也，散则易尽，合则难攻。夫三晋合而智伯亡，五国合而齐湣走。大王不可不虑。"秦王曰："欲使散而不复合，先生计将安出？"尉缭对曰："今国家之计，皆决于豪臣，豪臣岂尽忠智，不过多得财物为乐耳。大王勿爱府库之藏，厚赂其豪臣，以乱其谋，不过亡三十万金，而诸侯可尽。"秦王大悦，尊尉缭为上客，与之抗礼，衣服饮食，尽与己同，时时造其馆，长跪请教。尉缭曰："吾细察秦王为人，丰准长目，鹞膺豺声，中怀虎狼之心，残刻少恩，用人时轻为人屈，不用亦轻弃人。今天下未一，故不惜屈身予布衣，若得志，天下皆为鱼肉矣！"一夕，不辞而去。馆吏急报秦王。秦王如失臂手，遣轺车四出追还，与之立誓，拜为太尉，主兵事。其弟子皆拜大夫。于是大出内帑金钱，分遣宾客使者，奔走列国，视其宠臣用事者，即厚赂之，探其国情。

秦王复问尉缭以并兼次第。尉缭曰："韩弱易攻，宜先；其次莫如赵魏。三晋既尽，即举兵而加楚。楚亡，燕齐又安往乎？"秦王曰："韩已称藩，而赵王尝置酒咸阳宫，未有加兵之名，奈何？"尉缭曰："赵地大兵强，且有韩魏为助，未可一举而灭也。韩内附称藩，则赵失助之半矣。王若患伐赵无名，请先加兵于魏。赵王有宠臣郭开者，贪得无厌，臣遣弟子王敖往说魏王，使赂郭开而请救于赵王，赵必出兵，吾因以为赵罪。移兵击之。"秦王曰："善。"乃命大将桓齮，率兵十万，出函谷关，声言伐魏。复遣尉缭弟子王敖往魏，付以黄金五万斤，恣其所用。

从上述这段历史来看，秦王政确实有一统天下之志，故而求贤若渴，重用人才，信任尉缭，"复遣尉缭弟子王敖往魏，付以黄金五万斤，恣其所用。"这是尉缭等人能够成功运动郭开的客观基础。

王敖至魏，说魏王曰："三晋所以能抗强秦者，以唇齿互为蔽也。今韩已纳地称藩，而赵王亲诣咸阳，置酒为欢。韩赵连袂而事秦，秦兵至魏，魏其危矣。大王何不割邺城以赂赵，而求救于赵？赵如发兵守邺，是赵代魏为守也。"魏王曰："先生度必得之赵王乎？"王敖谬言曰："赵之用事者郭开，臣素与相善，自能得之。"魏王从其言，以邺郡三城地界，并国书付与王敖，使往赵国求救。王敖先以黄金三千斤，交结郭开，然后言三城之事。郭开受魏金，谓悼襄王曰："秦之伐魏，欲并魏也；魏亡，则及于赵矣。今彼割邺郡之三城以求救，王宜听之。"襄王使扈辄率师五万，往受其地。秦王遂命桓齮进兵攻邺。扈辄出兵拒之，大战于东崌山。扈则兵败。桓齮乘胜追逐，遂拔邺，连破九城。扈辄兵保于宜安，遣人告急于赵王。赵王聚群臣共议，众皆曰："昔年惟廉颇能御秦兵，庞氏乐氏，亦称良将，今庞煖已死，而乐氏亦无人矣。惟廉颇尚在魏国，何不召之？"

郭开与廉颇有仇，恐其复用，乃谮于赵王曰："廉将军年近七旬，筋力衰矣。况前有乐乘之隙，若召而不用，益增怨望。大王姑使人觇视，倘其未衰，召之未晚。"赵王惑其言，遣内侍唐玖以猁㹈名甲一副，良马四匹劳问，因而察之。郭开密邀唐玖至家，具酒相饯，出黄金二十镒为寿。唐玖讶其太厚，自谦无功，不敢受。郭开曰："有一事相烦，必受此金，方敢启齿。"玖乃收其金，问："郭大夫有何见谕？"郭开曰："廉将军与某素不相能。足下此去，倘彼筋力衰颓，自不必言，万一尚壮，亦求足下增添几句，只说老迈不堪，赵王必不复召，此即足下之厚意也。"唐玖领令，竟往魏国，见了廉颇，致赵王之命。廉颇问曰："秦兵今犯赵乎？"唐玖曰："将军何以料之？"廉颇曰："某在魏数年，赵王无一字相及，今忽有名甲良马之赐，必有用某之处，是以知之。"唐玖曰："将军不恨赵王耶？"廉颇曰："某方日夜思用赵人，况敢恨赵王也？"乃留唐玖同食，故意在他面前施逞精神，一饭斗米俱尽，啖肉十余斤，狼餐虎咽，吃了一饱。因披赵王所赐之甲，一跃上马，驰骤如飞。复于马上舞长戟数回，乃跳下马，谓唐玖曰："某何如少年时？烦多多拜上赵王，尚欲以余年报效！"唐玖明明看见廉颇精神强壮，奈私受了郭开贿赂，回至邯郸，谓赵王曰："廉将军虽然年老，尚能食肉善饭，然有脾疾，与臣同坐，须臾间，遗矢三次矣。"赵王叹曰："战斗时岂堪遗矢？廉颇果老矣！"遂不复召，但益发军以助扈辄。——时赵悼襄王之九年，秦王政之十一年也。其后楚王闻知廉颇在魏，使人召之。颇复奔楚为楚将，以楚兵不如赵，郁郁不得志而死。哀哉！史臣有诗云：

老成名将说廉颇，遗矢谗言奈若何？
请看吴亡宰嚭死，郭开何事取金多！

可不能小瞧了历史上的这些小人佞臣。就是因为他们擅长奉承巴结，把主人日常生活伺候得舒舒服服，因而领导往往须臾不能离开他们，否则食之无味，寝则不安。再有才学本领的人，会因为这些小人的一句好话而仕途腾升；同样也会因为这些小人的一句谗言而遭到毁灭。如是这些小人活动于君王之侧，这个国家往往还会招致临头大祸。

长平之战中，在秦军久攻不下的状态下，郭开因为接受贿赂，就劝说赵王将主将廉颇换掉，用只会纸上谈兵的青年将军赵括做主将，结果赵军四十余万人全被秦军所杀，赵国从此在军事上一蹶不振。后来，在秦军继续东进，国家处在严重危机时刻，群臣皆又推动赵王重新重用廉颇，然而结果又为郭开、唐玖阴谋所阻，空留下"廉颇老矣，尚能饭否"的历史叹息之声。

赵国军事复兴之路从此中断。

《东周列国志》中接着说：

时王敖犹在赵，谓郭开曰："子不忧赵亡耶？何不劝王召廉颇也？"郭开曰："赵之存亡，一国事也。若廉颇，独我之仇，岂可使复来赵国？"王敖知其无为国之心，复探之曰："万一赵亡，君将焉往？"郭开曰："吾将于齐楚之间，择一国而托身焉。"王敖曰："秦有并吞天下之势，齐楚犹赵魏也。为君计，不如托身于秦。秦王恢廓大度，屈己下贤，于人无所不容。"郭开曰："子魏人，何以知秦王之深也？"王敖曰："某之师尉缭子，见为秦太尉，某亦仕秦为大夫。秦王知君能得赵权，故命某交欢于子，所奉黄金，实秦王之赠也。若赵亡，君必来秦，当以上卿授子。赵之美田宅，惟君所欲。"郭开曰："足下果肯相荐，倘有见谕，无不奉承。"王敖复以黄金七千斤，付开曰："秦王以万金见托，欲交结赵国将相，今尽以付君，后有事，当相求也。"郭开大喜曰："开受秦王厚赠，若不用心图报，即非人类。"王敖乃辞郭开归秦，以所余金四万斤反命曰："臣以一万金了郭开，以一郭开了赵也。"秦王知赵不用廉颇，更催桓齮进兵。赵悼襄王忧惧，一疾而薨。

看看看看！这就是小人丑恶嘴脸的最明显的大暴露。

在他们的心里，哪里有为主人分忧的哪怕是一丝一毫的空间。

在他们的心里，哪里有丝毫的家国意识还是故乡的情怀。

在他们的心里，只有金钱美女利益的好处。

国还未亡，主人尚在，郭开就转而投靠新主，成为赵奸。

说白了，这些小人就是一只只喂不熟的白眼狼！让人看了感到恶心。

赵悼襄王在世时，"赵有女娼，善歌舞，悼襄王悦之，留于宫中，与之生子，名迁。悼襄王爱娼，因及迁，乃废适子嘉而立庶子迁为太子，使郭开为太傅。迁素不好学，郭开又导以声色狗马之事，二人相得甚欢。及悼襄王已薨，郭开奉太子迁即位。以三百户封公子嘉，留于国中。郭开为相国用事。"

悼襄王刚死，桓齮乘赵丧，袭破赵军于宜安，斩扈辄，杀十万余人，进逼邯郸。赵王迁自为太子时，闻代守李牧之能，乃使人乘急传，持大将军印召牧。牧在代，有选车千五百乘，选骑万三千匹，精兵五万余人；留车三百乘，骑三千，兵万人守代，其余悉以自随，屯于邯郸城外；单身入城，谒见赵王。赵王问以却秦之术。李牧奏曰："秦乘累胜之威，其锋甚锐，未易挫也。愿假臣便宜，无拘文法，方敢受命。"赵王许之。又问："代兵堪战乎？"李牧曰："战则未足，守则有余。"赵王曰："今悉境内劲卒，尚可十万，使赵葱颜聚各将五万，听君节制。"于是，李牧拜命而行，置壁垒，坚守不战。日椎牛享士，使分队较射。军士日受赏赐，自求出战，牧终不许。桓齮曰："昔廉颇以坚壁拒王龁，今李牧亦用此计也。"乃分兵一半，往袭甘泉市。赵葱请救之。李牧说："彼攻而我救，是致于人也，兵家所忌。不如往攻其营。彼方有事甘泉市，其营必虚，又见我坚壁已久，不为战备。若袭破其营，则桓齮之气夺矣。"遂分兵三路，夜袭其营。营中不意赵兵猝至，遂大溃败，杀死有名牙将十余员，士卒无算。败兵奔往甘泉市，报知桓齮。桓齮大怒，悉兵来战。李牧张两翼以待之，代兵奋勇当先。交锋正酣，左右翼并进，桓齮不能抵挡，大败，走归咸阳。赵王以李牧有却秦之功，曰："牧乃吾之白起也！"亦封为武安君，食邑万户。秦王政怒桓齮兵败，废为庶人。复使大将王翦等人，继续各将兵分道伐赵。

就因为新君赵王迁在做太子时，深知李牧是员大将，故能在危急时刻，将国家安危全部托付给李牧。李牧亦能不辱使命。然而，在赵王迁的心中，李牧毕竟还是个外人，而郭开则"导以声色狗马之事，二人相得甚欢"，他信任郭开超过李牧，因此，这又为秦国通过郭开使用离间计，埋下了祸根。

《东周列国志》中专门为此记述道：

话说赵王迁五年，代中地震，墙屋倾倒大半，平地裂开百三十步，邯郸大旱。民间有童谣曰：秦人笑，赵人号，以为不信，视地生毛。明年，地果生白毛，长尺余，郭开蒙蔽，不使赵王闻之……再说赵武安君李牧，大军屯于灰泉山，连营数里，秦两路车马，皆不敢进。秦王闻此信，复遣王敖至王翦军中，王敖谓翦曰："李牧北边名将，未易取胜。将军姑与通和，但勿定约，使命往来之间，某自有计。"王翦果使人往赵营讲和，李牧亦使人报之。王敖至赵，再打郭开关节，言："李牧与秦私自讲和，约破赵之日，分王代郡。若以此言进于赵王，使以他将易去李牧，某言于秦王，君之功劳不小。"郭开已有外心，遂依王敖说话，密奏赵王。赵王阴使左右往察其情，果见李牧与翦信使往来，遂信以为实然，谋于郭开。郭开奏曰："赵葱颜聚，见在军中，大王诚遣使持兵符，即军中拜赵葱为大将，替回李牧，只说：'用为相国，牧必不疑。'"赵王从其言，遣司马尚持节至灰泉山军中，宣赵王之命。李牧曰："两军对垒，国家安危，悬于一将，虽有君命，吾不敢从！"司马尚私告李牧曰："郭开谮将军欲反，赵王入其言，是以相召，言拜相者，欺将军之言也。"李牧愆然曰："开始谮廉颇，今复谮吾，吾当提兵入朝，先除君侧之恶，然后御秦可也。"司马尚曰："将军称兵犯阙，知者以为忠，不知者反以为叛，适令谗人借为口实。以将军之才，随处可立功名，何必赵也。"李牧叹曰："吾尝恨乐毅廉颇为赵将不终，不意今日乃及自己！"又曰："赵葱不堪代将，吾不可以将印授之。"乃悬印于幕中，中夜微服遁去，欲往魏国。赵葱感郭开举荐之恩，又怒李牧不肯授印，乃遣力士急捕李牧，得于旅人之家，乘其醉，缚而斩之，以其首来献。可怜李牧一时名将，为郭开所害，岂不冤哉！史臣有诗云：

却秦守代著威名，大厦全凭一木撑。

何事郭开贪外市，致令一旦坏长城！

司马尚不敢复命，窃妻孥奔海上去讫。赵葱遂代李牧挂印为大将，颜聚为副。代兵素服李牧，见其无辜被害，不胜愤怒，一夜间踰山越谷，逃散俱尽，赵葱不能禁也。

却说秦兵闻李牧死，军中皆酌酒相贺。王翦杨端和两路军马，刻期并进。赵葱与颜聚计议，欲分兵往救太原常山二处。颜聚曰："新易大将，军心不安，若合兵犹足以守，一分则势弱矣。"言未毕，哨马报："王翦攻狼孟甚急，破在旦夕！"赵葱曰："狼孟一破，彼将长驱井陉，合攻常山，而邯郸危矣！不得不往救之。"遂不听颜聚之谏，传令拔寨俱起。王翦觇探明白，预伏兵大谷。遣人于高阜了望，只等赵葱兵过一半，放起号炮，伏兵一齐杀出，将赵兵截做两段，首尾不能相顾。王翦引大军倾江倒峡般杀来，赵葱迎敌，兵败，为王翦所杀。颜聚收拾败军，奔回邯郸。秦兵遂拔狼孟，由井陉进兵，攻取下邑。杨端和亦收取常山余地，进围邯郸。秦王政闻两路兵俱已得胜，因命内史腾移兵往韩受地。韩王安大惧，尽献其城，入为秦臣。秦以韩地为颍川郡……

再说秦兵围邯郸，颜聚悉兵拒奇，赵王迁恐惧，欲遣使邻邦求救。郭开进曰："韩王已入臣，燕魏方自保不暇，安能相救？以臣愚见，秦兵势大，不如全城归顺，不失封侯之位。"王迁欲听之。公子嘉伏地痛哭曰："先王以社稷宗庙传于王，何可弃也？臣愿与颜聚竭力效死！万一城破，代郡数百里，尚可为国，奈何束手为人俘囚乎？"郭开曰："城破则王为虏，岂能及代哉？"公子嘉拔剑在手，指郭开曰："覆国谗臣，尚敢多言！吾必斩之！"赵王劝解方散。王迁回宫，无计可施，惟饮酒取乐而已。郭开欲约会秦兵献城，奈公子嘉率其宗族宾客，帮助颜聚加意防守，水泄不通，不能通信。其时岁值连荒，城外民人逃尽，秦兵野无所掠，惟城中广有积粟，食用不乏，急切不下；乃与杨端和计议，暂退兵五十里外，以就粮运。城中见秦兵退去，防范稍弛，日启门一次，通出入。郭开乘此隙，遣心腹出城，将密书一封，送入秦寨。书中大意云："某久有献城之意，奈不得其便。然赵王已十分畏惧，倘得秦王大驾亲临，某当力劝赵王行衔璧舆榇之礼。"王翦得书，即遣人驰报秦王。秦王亲帅精兵三万，使大将李信扈驾，取太原路，来至邯郸，复围其城，昼夜攻打。城上望见大旆有"秦王"字，飞报赵王。赵王愈恐。郭开曰："秦王新提兵至此，其意不破邯郸不已，公子嘉颜聚辈不足恃也。愿大王自断于心。"赵王曰："寡人欲降秦，恐见杀如何？"郭开曰："秦不害韩王，岂害大王哉？若以和氏之璧，并邯郸地图出献，秦王必喜。"赵王曰："卿度可行，便写降书。"郭开写就降书，又奏曰："降书虽写，公子嘉必然阻挡。闻秦王大营在西门，大王假以巡城为名，乘驾到彼，竟自开门送款，何愁不纳？"赵王一向昏迷，惟郭开之言是听，到此危急之际，益无主持，遂依其言。颜聚方在北门点视，闻报赵王已出西门，送款于秦，大惊。公子嘉亦飞骑而至，言："城上奉赵王之命，已竖降旗，秦兵即刻入城矣。"颜聚曰："吾当以死据住北门，公子收敛公族，火速到此，同奔代地，再图恢复。"公子嘉从其计，即率其宗族数百人，同颜聚奔出北门，星夜往代。颜聚劝公子嘉自立为代王，以令其众；表李牧之功，复其官爵，亲自设祭，以收代人之心；遣使东与燕合，屯军于上谷，以备秦寇。代国赖以粗定……

再说秦王政准赵王迁之降，长驱入邯郸城，居赵王之宫。赵王以臣礼拜见，秦王坐而受之，故臣多有流涕者。明日，秦王弄和氏之璧，笑谓群臣曰："此先王以十五城易之而不得者也！"于是秦王出令，以赵地为钜鹿郡，置守；安置赵王于房陵；封郭开为上卿。赵王方悟郭开卖国之罪，叹曰："使李牧在此，秦人岂得食吾邯郸之粟耶？"那房陵四面有石室，如房屋一般。赵王居石室之中，闻水声淙淙，问左右，对曰："楚有四水，江、汉、沮、漳，此名担水，出房山达于汉江。"赵主凄然叹曰："水乃无情之物，尚能自达予汉江，寡人羁囚在此，望故乡千里，岂能至哉！"乃作山水之讴云：

房山为宫兮，沮水为浆；不闻调琴奏瑟兮，惟闻流水之汤汤！水之无情兮，犹能自致于汉江；嗟余万乘之主兮，徒梦怀乎故乡！夫谁使余及此兮？乃谗言之孔张！良臣淹没兮，社稷沦亡；余听不聪兮！敢怨秦王？

终夜无聊，每一发讴，哀动左右，遂发病不起。代王嘉闻王迁死，谥为幽谬王。有诗为证：

吴主丧邦繇佞嚭，赵王迁死为贪开。
若教贪佞能疏远，万岁金汤永不陵。

秦王班师回咸阳，暂且休兵养士。郭开积金甚多，不能携带，乃俱窖于邯郸之宅第。事既定，自言于秦王，请休假回赵，搬取家财。秦王笑而许之。既至邯郸，发窖取金，载以数车，中途为盗所杀，取金而去。或云："李牧之客所为也。"呜呼！得金卖国，徒杀其身，愚哉！

秦国在战场上达不到的目的竟轻松地被赵王身边小人郭开所破解。

嘻！郭开，秦国灭赵之大功臣欤！

不过，皮之不存，毛将焉附，像郭开这样的小人是不会有好下场的。他离间君臣、赶走廉颇，杀害李牧，欺君盗金，最后却为强盗所杀。这种人死不足惜，愿后世人不要忘记了这个前车之鉴！

孟子VS荀子

　　战国时代，真正的学术大师也凤毛麟角，数来算去，也就那么几个：荀子、孟子、庄子、鬼谷子等。如要再具体量化一下的话，庄子是一个独善其身的逍遥者，他自己即从不承认自己为大师；鬼谷子的那套纵横术虽然十分中用，但又只能在暗地里使用，是端不上阳光下的台面的，只能视作黄老纵横术的潜规则的专家。真正具有家国意识和政治情怀的，能够激发人们爱国与参政意识的，还真的非荀子与孟子莫属。

一

　　孟子名轲，约生于公元前372年，卒于公元前289年，邹国人，寿高八十四。

高寿八十四，不要说是在战国年代，即使就按今天物质生活、医疗条件极端发达来看，这无疑也是一个高寿的年纪。

小时候，常听父亲耳提面命，说时光有限，要我多读一点书。记得他经常以"七十三，八十四，阎王不叫自己去报到"之类民间流传的语言诫勉于我，要我不要虚耗韶光。当时我就问他，为什么人只能活到七十三、八十四，他拍拍我的脑袋，说："七十三是孔圣人的年寿；八十四是孟圣人的年寿。圣人那么聪明好学，才能活到七八十岁的年纪，好些事情，从小不努力，将来就无法实现了。"当时虽然懵懂，但这些话却总是犹言在耳，今日虚度半生后才幡然有所贯通，可惜太晚了。夜深人静之时，当年父亲讲起孟圣人时的音容笑貌，每每涌上心头，让人暗泪长流，心如刺扎。

相传，孟子是鲁国贵族孟孙氏的后裔。他幼年丧父，家庭贫困，但幸运的是，他有一个极有远见、十分热爱并懂得孩子教育的严厉的母亲，正是这位对孩子十分负责的妈妈，将孟子的人生拔高到一个别人无法企及的高度。

小时候，就常听到父亲给我们讲孟母三迁的故事。

著名的孟母三迁讲的是：为了孩子将来有个好一点的前程，孟母将家迁到鲁国的都城。因为家贫，为了省钱，孟子一家就在墓葬区附近落下脚来。这是个哭丧的地方，小孟子就经常模仿着别人哭葬；孟母看到这种现象，认为这对孟子的成长不好，就将家迁往闹市区；闹市区是商人做生意集中的地方，小孟子又很快学着商人和别人讨价还价来；孟母认为这对孟子的教育也不利，于是将家再迁到书院的旁边；小孟子就又跟着学生诵读诗书，孟母认为这对教育孟子最好，于是就在书院旁边定居下来。

孟母三迁的故事反映出这样一种现实情况：

近朱者赤，近墨者黑。

所处社会环境的好坏往往对人影响很大。

小孩子都是善良的，社会环境好不好，会影响到小孩的品德情操的养成。这为以后孟子人性善的提出奠定了理论基础。

另外，孟母断机喻学的故事亦流传甚广。

在家庭教育上，孟母可谓是教子有方。

孟子小时候厌倦学习，有一天不愿读书，早早就离开学校回了家。孟母正好正在织布，见孟子逃学回来，一句话没讲，就把织布的梭子给弄断了，这意味着马上将要织成的一匹布全毁了。孟子非常孝顺，忙跪下来问："母亲为什么要这样做？"孟母告诉他："读书求学不是一两天的事，就像我织布一样，必须从一根根线开始，然后不能停下来，一寸一寸地积累才能织成一匹布，而布只有织成一匹了，才有用，才可以做衣服。读书也是这个道理，如果不能持之以恒，像你这样半途而废、浅尝辄止，以后怎能有望成才呢？"若是现在的孩子，可能不懂反省自己，一句话就扔给母亲："这是你自己的事。"但孟子的根基毕竟不同于常人，为了供他上学，母亲起早贪黑地织布。断机让孟子如梦初醒、恍然大悟，他立即向母亲认错，从此一心向学，不但不随便旷课，而且倍加努力。好学深思，最后终于学有所成，后来继孔子之后而成为儒家的"亚圣"。

二

孟子崇拜孔子，受业于子思的门人。因此，孟子继承孔子、子思的学术，成为战国中期最著名的儒学大师。现在邹县有孟庙、孟府、孟林，加上孟母林，合称四孟。

在战国前期，儒、墨并称"显学"，到了战国中期，儒学被边缘化了，杨朱一派与墨翟一派成为显学，流行于天下。孟子为了维护儒学，挺身而出，辟杨、墨，弘扬儒学。孟子说："圣王不作，诸侯放恣，处士横议，杨朱、墨翟之言盈天下。天下之言，不归杨，则归墨。杨氏为我，是无君也；墨氏兼爱，是无父也。无父无君，是禽兽也。""杨墨之道不息，孔子之道不著。"（《孟子·滕文公下》）孟子辟杨墨，捍卫儒学，对于后来儒学复兴，贡献极大。

就像孔子一样，孟子在政治上也有远大抱负，同时他也十分自信。孟子自称："如欲平治天下，当今之世，舍我其谁。"

为了推行自己的政治主张，孟子也曾周游列国。

据不完全统计，孟子到过魏国、齐国、滕国、鲁国等国，极力游说他的"王道"和"仁政"的政治主张。其间历时二十余年，虽然在整个过程中艰难坎坷，没有诸侯愿意采纳他的主张，但并没有击垮他的信念与主张。

当时天下大乱，人心思变。孟子提出人性善，主张行仁政，倡王道，取民心。

孟子说："得民心才能得天下。"

然而，怎样才能得到民心呢？

对此，孟子进行了深入的研究与总结，他得出的结论是：欲得民心，统治者就必须认真做好以下两个方面的工作：一是民众想要的，要替他们办到；二是民众反对的，要帮他们去掉。即所谓兴民利除民害。

至于对如何兴民利除民害？孟子也提出了一些重要的措施。他主张：

首先，要给民众一定的"恒产"，恒产就是土地。有了土地，民众生活就有了保证。丰收年，可以生活得富裕些，歉收年，亦不至于饿死。上可以赡养父母，下可以抚养子女。这样百姓就会安家乐业。

其次，要重视对民众的教育。有了生活保证以后，还要对民众进行教育。"饱食暖衣，逸居而无教，则近于禽兽。"（《孟子·滕文公上》）富裕以后，如果不进行教育，人就会变得像禽兽一样，不懂礼义，缺乏道德。因此，孟子十分重视对民众进行道德伦理教育。

在国家治理上，孟子非常强调任人唯贤。他提出的"尊贤使能，俊杰在位"（《孟子·公孙丑上》）的用人主张。孟子主张"惟仁者，宜在高位；不仁而在高位，是播其恶于众也"（《孟子·离娄上》）。这也就是说，仁人适宜在高官的位置上；如果不仁的人做了高官，他们就会将恶劣的风气传播给民众。做官者要清廉自守，以身作则，当官的人不遵守道义，百姓就会不遵守法律，天下安定的局面就不可能实现。孟子说："徒善不足以为政，徒法不能以自行。"（《孟子·离娄上》）各级官吏应该由贤能者担任，"贤者在位，能者在职"。孟子认为，有的人是好人，是贤者，但未必适合为官当政，做官与做人是不一样的。对于贤人要尊重，未必都让他们当官。"使能"，是指任用能力强的人来办事。"能"，是指能人。道德与能力，是当官的两个必要条件。愿意为民众办事，能够为民众办事，二者兼而备之，这就是实行仁政所需要的符合标准的最好的官员。

孟子还提出，君主在选拔贤能为官吏时，一定要善于倾听百姓的意见。

在《孟子·梁惠王下》中，孟子说："国君进贤……左右皆曰贤，未可也；诸大夫皆曰贤，未可也；国人皆曰贤，然后察之，见贤焉，然后用之。左右皆曰不可，勿听；诸大夫皆曰不可，勿听；国人皆曰不可，然后察之，见不可焉，然后去之。左右皆曰可杀，勿听；诸大夫皆曰可杀，勿听；国人皆曰可杀，然后察之，见可杀焉，然后杀之。"在孟子看来，只有这样，才能选拔出真正执行君主仁政路线的各级合格官吏，并能有效惩治那些贪污腐败、鱼肉百姓的不法官吏。

至于贤能选拔出来后，在如何为君王做事方面，孟子也有自己独到的见解。

孟子认为，臣事君不能一味顺从。他说："长君之恶其罪小，逢君之恶其罪大。"（《孟子·告子下》）这就是说，助君为恶的人罪比较小，而对君阿谀奉承之人则罪比较大。臣事君的原则是道。在《孟子·公孙丑下》中，孟子说："天下有达尊三：爵一，齿一，德一。朝廷莫如爵，乡党莫如齿，辅世长民莫如德。"天下三样东西最尊贵：爵位、寿命、道德。在朝廷中，首要的是爵位；在乡里，首要的是高寿；在辅佐君主统领百姓方面，首要的是道德。所以，有成就的国君，一定有召唤不动的臣子。他以自己的亲身经历为例。齐王召见，孟子称病不去，他不认为是不敬。相反，他自认为齐人没人能比他更懂得尊敬齐王，因为他能做到"非尧舜之道，不敢以陈于王前",所以齐国人谁也比不上他对齐王的尊敬。

孟子要求君主自身要做臣民的道德楷模,对于君主的位置与重要性,孟子则提出了"民为贵,社稷次之,君为轻"的具体政治主张。

孟子主张以"德治"思想治理国家。孟子说:"三代之得天下也,以仁;其失天下也,以不仁,国之所以废兴存亡者亦然。天子不仁,不保四海;诸侯不仁,不保社稷;卿大夫不仁,不保宗庙;士庶人不仁,不保四体。"(《孟子·离娄上》)行仁政的关键是统治者必须成为道德的楷模。"君主暴虐则民背离,君主行仁政则民顺从。"孟子说:"桀纣之失天下也,失其民也;失其民者,失其心也。得天下有道:得其民,斯得天下矣;得其民有道:得其心,斯得民矣;得其心有道:所欲与之聚之,所恶勿施,尔也。民之归仁也,犹水之就下、兽之走圹也。"(《孟子·离娄上》)

孟子把君主统治的合法性建立在道德标准基础上,所以,一旦君主成为"残贼仁义"的"一夫",他就失去了为王的合法性。因此,孟子主张:"君有大过则谏,反复之而不听,则易位。"在《孟子·梁惠王下》里,孟子说,国君如果滥杀无辜,各级贵族和官僚都可以抵制。"无罪而杀士,则大夫可以去;无罪而戮民,则士可以徙。"(《孟子·离娄下》)孟子反对暴政,称历史上的暴君为独夫民贼,赞成"汤放桀""武王伐纣"为正义之举可以说,孟子的仁政学说无疑就是一套系统的儒家政治学。

三

孟子有比孔子更突出的独立人格。

孟子十分强调自身人格的修养。他说:"居天下之广居,立天下之正位,行天下之大道。得志,与民由之;不得志,独行其道。"(《孟子·滕文公下》)

为了保证实现独立的人格,孟子认为需要做到"富贵不能淫,贫贱不能移,威武不能屈"(《孟子·滕文公下》)。孟子说:"古之人未尝不

欲仕也，又恶不由其道。"（《孟子·滕文公下》）

要想达到以上的目的，孟子提出了"我善养吾浩然之气"的措施。"其为气也，至大至刚，以直养而元害，则塞于天地之间。其为气也，配义与道；无是，馁也。是集义所生者，非义袭而取之也。行有不慊于心，则馁矣。"（《孟子·公孙丑上》）

在《孟子·公孙丑上》中，公孙丑说："请问老师您长于哪一方面呢？"孟子说："我善于分析别人的言语，我善于培养自己的浩然之气。"公孙丑问："怎样才算善于分析别人的言语呢？"孟子回答说："偏颇的言语知道它片面在哪里；夸张的言语知道它过分在哪里；怪僻的言语知道它离奇在哪里；躲闪的言语知道它理穷在哪里。"公孙丑接着问："何谓浩然之气？"孟子说："这很难用一两句话就能说得清楚。这种气，至大至刚，用正直去培养它而不加以伤害，就会充溢天地之间。不过，这种气必须与仁义道德相配合，否则就会缺乏力量。而且，必须要有经常性的仁义道德涵养才能长成，而不是靠偶尔的正义行为就能获取的。一旦你的行为问心有愧，这种气就会缺乏力量了。所以我说，告子不懂得义，因为他：把义看成心外的东西。我们一定要不断地培养义，心中不要忘记，但也不要一厢情愿地去帮助它生长。不要像宋人一样：宋国有个人嫌他种的禾苗老是长不高，于是到地里去用手把它们一株一株地拔高，累得气喘吁吁地回家，对他家里人说：'今天可真把我累坏啦！不过，我总算让禾苗一下子就长高了！'他的儿子跑到地里去一看，禾苗已全部干枯死了。天下人不犯这种拔苗助长错误的实在是很少的。认为养护庄稼没有用处而不去管它们的，是只种庄稼不除草的懒汉；一厢情愿地去帮助庄稼生长的，就是这种拔苗助长的人。不仅没有益处，反而害死了庄稼。"

正是将自己的事业建立在保持自己独立人格的基础上，因而孟子才懂得时刻去小心翼翼地不断养育自己至大至刚的浩然之气的重要性。他之所以能够敢于藐视王侯，靠的就是"富贵不能淫，贫贱不能移，威武不能屈"的这种天地浩然之气。

孟子之后，南宋末年的文天祥之所以敢于以弱抗强，知其不可而为之，依然是因为他心中养育有浩然之气。"天地有正气，杂然赋流形。下则为河岳，上则为日星；于人曰浩然，沛乎塞苍冥。"（《正气歌》）

中华民族需要这种独立人格！

中华民族需要这种至大至刚的浩然正气。

四

孟子还提出过天爵和人爵的问题。

他说："有天爵者，有人爵者。仁义忠信，乐善不倦，此天爵也；公卿大夫，此人爵也。古之人修其天爵，而人爵从之。今之人修其天爵，以要人爵。既得人爵，而弃其天爵，则惑之甚者也，终亦必亡而已矣。"（《孟子·告子上》）"仁义忠信，乐善不倦"是道德，是"天爵"。"公卿大夫"等行政官位，是"人爵"。孟子主张修其天爵，然后人爵随之。先提高道德水平，然后获得官位。现在有些人开始修天爵，是为了获得人爵，一旦得到人爵，就抛弃天爵，将天爵当作敲门砖。孟子认为这是极其糊涂的人，是非颠倒，最终"必亡"无疑。

孟子很重视艰难生活的历练。他认为舜、傅说、胶鬲、管仲、孙叔敖、百里奚等名人都是从艰苦的环境中被提拔出来，成了大功的人。他将成功者总结为一句格言："生于忧患，而死于安乐。"（《孟子·告子下》）

孟子有三乐，充分表达了他的价值观，或者说是他的最高理想。他的三乐是："父母俱存，兄弟无故"；"仰不愧于天，俯不怍于人"；"得天下英才而教育之"。（《孟子·尽心上》）这三乐中，个人最有自主权的是第二条，就是凭借个人的努力，以仁义礼智信五德修身，"慎独"，做无愧无悔的事，这也是立身处世最重要的一条。由此看出，在孟子的心中，"王天下"，并不是他的终极之"乐"。他对穷达也有自己的正确态度："得

志，泽加于民，不得志，修身见于世。穷则独善其身，达则兼善天下。"(《孟子·尽心上》)

五

战国时期，"战"字当头，兼并战争盛行，为了自存或者侵略别国，各诸侯国都在发展实力，扩军备战。孟子的这一套适合太平时代需要的政治主张，显然不合那个动乱时代的节拍，因而被各诸侯国君王所拒绝。他在外奔波活动了二十多年，虽然一度曾成为齐宣王的客卿，但终究是无果而归。与孔子一样，孟子仕途不顺，最后退居讲学著书，晚年开始从事教学与整理古籍，"序《诗》《书》，述仲尼之意。作《孟子》七篇"，把自己视作为孔学的传人。孟子的思想学说对后世影响很大，尤其是对宋明理学影响深刻。但孟子的地位在宋朝以前并不是很高。自唐朝中期大学问家韩愈著《原道》，重续儒家道统开始，孟子其人其书的地位开始迅速上升。北宋神宗熙宁四年（1071年），《孟子》一书首次被列入科举考试的项目之中。北宋元丰六年（1083年），孟子首次被官方追封为"邹国公"，翌年被批准配享孔庙。南宋朱熹把《孟子》与《论语》《大学》《中庸》合为四书后，其实际地位已经在五经之上。宋代以后，孔孟并称。元朝至顺元年（1330年），孟子被统治者加封为"亚圣公"，以后就称为"亚圣"，成为儒家地位仅次于孔子的重要人物。现存《孟子》一书，是研究其思想的可靠材料，儒家思想也统称为"孔孟之道"。

六

荀子是战国时期继孟子稍后的另一位儒学大师。

据历史记载，荀子博学善辩，以儒为本，集诸子百家之长，其突出特点在于他能够熔儒家的礼与法家的法为一炉，取儒法二家之精华，弃儒法二家之糟粕，别开天地，独创一家。

他的礼治思想开辟了中国政治思想史研究的新路径。

他的礼法一体论为两千年来历代统治者所采用。既有理论性，又具有实际政治生活中的可操作空间。要说中国诸子百家的学说能够兼理论与实践性为一体的，以本人目前有限的眼光来看，还是要非荀大师的学说莫属。

荀子生年约在公元前298年至前238年之间，名况。后人尊称他为荀卿。也有人认为，荀子字卿，"荀"与"孙"音近，故称孙卿或孙卿子。另一说汉代避汉宣帝讳，改称荀卿为孙卿。

荀子是战国末年的赵国人。他15岁时即到号称集天下贤士的齐国都城稷下学宫游学，50岁时再游学齐国，在稷下学宫同各个学派的学者进行学术交流和讨论，曾经三次居于"祭酒"之位，颇受人尊敬。公元前266年左右，荀子还应聘入秦，曾与秦昭王、应侯范雎等论天下大政，后又曾议兵于赵国。荀子曾两度任楚国兰陵令。晚年罢官居兰陵，著书立说，直到去世。荀子一生从教，弟子颇众，可考者有韩非、李斯等，汉代贾谊是其再传弟子。

荀子自称为儒，以孔子、仲弓的继承者自居，斥子张氏、子夏氏、子游氏之儒为"贱儒"，对子思、孟子一派也颇多批评。他被公认为先秦孔孟之后儒学的第三大家。他对于经学的传扬，也功不可没。如《诗》中的《毛诗》《鲁诗》，《春秋》中的《左传》《谷梁传》，都是由他所传；《大戴记》与《小戴记》中也有多篇他的论文。然而，荀子并不拘泥于儒家一派，他广采博收，学识渊通，在继承前期儒家学说的基础上，对孔子儒学有所损益；他还集各家各派之短长，对先秦道、法、名、阴阳各家加以综合、改造，从而建立起自己的思想体系。在政治思想上，他坚持儒家的礼治原则，同时采纳法家之法治之长，主张礼治、法治相结合，其中心思想是"隆礼"和"重法"。他是中国政治思想史上最早儒法结合的伟大思想家之一。

荀子著作颇丰，据载汉代流传有 300 多篇，经刘向编定，定著《荀子》三十二篇。其中大部分是荀子自己的著作，其中有几篇是荀子学生编辑的有关荀子的言行录。《荀子》涉猎广泛，几乎无所不论，天地古今、政治、经济、哲学、军事、教育、文艺、逻辑、道德等，都有专论，在每个方面均有自己的见解。他的著作具有百科全书的性质。

荀子思想对汉儒影响很大，自唐以后逐渐式微。孔子主张仁、礼并重，孟子发展了仁的思想，提出仁政说，开辟了反身求己的内在超越的政治思维传统。而荀子则发挥了礼的思想，倡导礼治，重在强调礼、法的外在规范的作用，是外在超越的思维路向的肇始人。如果称孟子思想为"内圣"之学，那么荀子思想则可完全称为"外王"之道。

七

和先秦的许多思想家一样，荀子的政治思想也以人性论为理论基础和逻辑出发点的。不过，和孟子的性善论相反，荀子的人性论是一种性恶论。他认为：人生而好利，贪情欲好名利，"故淫乱生而礼义文理亡焉"。要想拥有一个正常的社会秩序，就必须建立起一个社会约束机制，以礼治、法治与人治来防止人的阴暗性一面出来作乱。

与孟子"人之性善"论相反，荀子说："是不然，人之性恶。"荀子认为，所谓人性，并非后天习得之善性，而是天成之自然本性，"生之所以然者谓之性"（《荀子·正名》），这种人的天性，一方面表现在生理的层面上，"今人之性，饥而欲饱，寒而欲暖，劳而欲休，此人之情性也"（《荀子·性恶》），人的生理欲求决定了"若夫目好色，耳好声，口好味，心好利，骨体肤理好愉佚，是皆生于人之情性者也；感而自然，不待事而后生之者也。"（《荀子·性恶》）另一方面则表现为心理和意识层面，由生理层面所决定，"人生而好利焉""人生而疾恶焉"，"好荣恶辱，好利恶害，是君子、小人之所同也"（《荀子·性恶》）。

不论是生理层面上的耳、目、口、鼻、性之欲，还是心理、意识层面上的荣辱利害计较，都体现出人的逐利避害之本性。如果从人之性，顺人之情，社会就会陷入混乱无序的状态。"今人之性，生而有好利焉，顺是，故争夺生而辞让亡焉；生而有疾恶焉，顺是，故残贼生而忠信亡焉；生而有耳目之欲，有好声色焉，顺是，故淫乱生而礼义文理亡焉。然则从人之性，顺人之情，必出于争夺，合于犯分乱理而归于暴。"（《荀子·性恶》）因此，人性是恶，而非善。

如果人性本恶，那么如何解释现实中的善恶并存现象？人性的善又是怎么形成的呢？荀子认为，善是后天人为的结果。善，不是人先天具有的本性，而是后天环境影响、教化和学习以及通过自身修养而形成的。荀子认为，人的本性都是一样的，现实中之所以有善、恶之分，就是因为后天环境和经验对人性的改造起着决定作用。

另一方面，荀子虽认为人性本恶，但又认为善可人为，这就很自然涉及了人性的改造问题。

荀子的人性改造，包含了二层含义：

1. 人性可化。人的本性是可以改变的，若没有这种可能性的话，纵然你是贤是圣，也无法将恶的本性加以矫正。在利害面前，人能以理智的思虑，使其行为限制于合理的范围内，对恶的本性本身会根据实际情况加以有效的约束或者调整。

2. 只有圣人的道德教化以及统治者的法律制度双管齐下，才能达到弃恶扬善的效果。矫正人之性恶，只有圣人与大人才能为之。之所以如此，一是因为圣人与执政者能清醒地认识到矫正人性恶的必要性，二是因为圣人与执政者懂得以"礼义"这种社会弱控制手段与"法度"这种社会强控制手段，来有效矫正人性恶的一面。

荀子的性恶论为政治控制的必要性提供了人性论的根据，将人们对伦理政治的关注焦点，从伦理一端转移到了政治的一端，这是他对东方政治的一大贡献。

八

如何有效地控制人性恶的一面？

如何进行政治控制？

如何加强外在规范的权威的政治控制问题。

对此，荀子给出的答案是："隆礼尊贤而王，重法爱民而霸。"

以隆礼重法的双重手段，来保证人心抑恶扬善与维护社会的正常秩序。

上文说过，荀子虽然认为人性本恶，但又认为礼治和法治能够矫正人之性情中的恶的一面。因而，荀子所以特别重视礼治。《荀子·王制》说："天地者，生之始也。礼义者，治之始也。君子者，礼义之始也。"

荀子所说的"礼"，内涵丰富，主要包括外在的道德规范和礼节仪式。在荀子看来，礼，不仅是个人立身处世的规范，思想言论的准绳，同时也是治国安民所不可缺少的准则。《荀子·修身》篇说："人无礼则不生，事无礼则不成，国家无礼则不宁。"荀子在《荀子·礼论》篇概括说，礼是人修身、处世、治事、安国、平天下最高的准则。只有遵守外在的道德规范和礼节仪式，国家才能长治久安，最终结束割据状态，实现天下的统一。

荀子隆礼，是因为礼的作用重大。

荀子说："礼者，治辨之极也，强国之本也，威行之道也，功名之总也。王公由之，所以得天下也；不由，所以陨社稷也。"（《荀子·议兵》）由此看出，荀子将礼的作用归纳为四个方面："治辨之极""强国之本""威行之道""功名之总"，即，礼是确定人与人之间关系的分界，是治理国家的根本，是人们在政治于日常生活中的遵循的法则，是从事政治的人能够具体运作的规范法式。孔子仁、礼并重；孟子内求于仁；荀子则承继了孔子之礼治为用的思想。孔子以仁、礼学说确定了儒家的伦理政治理论的构架，孟子的性善论、仁政说凸显了它的伦理内蕴。荀子少言仁义，而专注于礼义，把本于人伦的礼外在化、政治化、制度化了，这也是儒学适应当时现实的必然结果。

荀子重法，是因为他深刻认识到了"法者，治之端也"（《荀子·君道》）的重要道理。

荀子不仅继承了孔子政治思想中的礼治观，而且在"隆礼"的同时还特别"重法"。他的政治思想的特点之一就是强调礼法并重，荀子指出："治之经，礼与刑。"他首先在地位上把法这样的外在规范，提升到与孔孟认定的体现了仁义的礼同等重要的水平。这是他与先秦其他儒家的最大的区别。他礼法并重，认为"隆礼重法则国有常"，礼和法都是治国所必不可少的两种手段。这说明，荀子与主张"法治"的法家也有明显的区别。

荀子强调要重视法度的作用与尺度。他认为治理国家离不开法律。对犯法的人不加以严惩，社会就会发生混乱，民心就会不服，国家就会不稳定。在实施法治时，刑罚必须与罪行相当，"故刑当罪则威，不当罪则侮"（《荀子·君子》）。刑罚与所犯的罪相称，社会就安定：刑罚与所犯的罪不相称，社会就混乱。对于犯法的官吏，也要依法惩治。"正法以齐官"（《荀子·富国》），这样，"百吏畏法循绳"（《荀子·王霸》），君主才能把自己的治国理念落到实处。

荀子的"隆礼重法"思想，为此后中国历代王朝所重视，在实践中不同程度地得到了运用。

九

荀子主张法后王、兼王霸。

法后王是荀子针对孟子的"法先王"的思想而提出的政治主张。《荀子·儒效》里说："法后王，统礼义，一制度，以浅持博，以今持古，以一万。"

荀子的"法后王"是从现实出发的。

《荀子·性恶》说："善言古者必有节于今。"荀子也认为王道礼制千古不变，但远古圣王之道的失传，使人只好效法较近而清楚可见的王道，"舍后王而道上古，譬之是犹舍己之君而事人之君也"。

法后王，荀子主张兼王霸。

《荀子·强国》中说："粹而王，驳而霸，无一焉而亡。"

《荀子·王霸》中说："义立而王，信立而霸，权谋立而亡。"这就是王道、霸道、亡国之道。

荀子在《荀子·王制》篇中又有四分法："王者富民，霸者富士，仅存之国富大夫，亡国富筐箧、实府库。""聚敛者，召寇、肥敌、亡国、危身之道也，故明君不蹈也。"

荀子没有固守孔孟的"仁政""王政"而主张"礼治"，没有取法"先王"尧舜，而是取法"后王"春秋五霸，提出"兼王霸"。所谓"兼王霸"，就是兼取"王政"和"霸政"的长处，而弥补其各自的不足。单纯的王可以存国安民，而不足以应变创业；单纯的霸可以兼并而不足以守业有成。荀子提出"兼王霸"的政治主张，放弃夏商周的政治模式，而取法于春秋时期的历史，这是他对春秋战国以来现实社会的状况的充分思考。

＋

荀子主张尚贤使能与富国富民。

在荀子看来，礼、法执行得好坏，取决于执法之人。能否尚贤使能，是衡量明君与昏君的重要标准。他说："故明主急得其人，而暗主急得其埶。急得其人，则身佚而国治，功大而名美，上可以王，下可以霸；不急得其人，而急得其埶，则身劳而国乱，功废而名辱，社稷必危。"（《荀子·君道》）荀子认为，要实现国家强大昌盛的目标，其捷径是选用贤能为相。使用贤能时必须充分信任，使其充分发挥能力。荀子认为，人主不可任人唯亲，金石珠玉可以赏给亲近者，而官职则不行。任职者若无能力，则君臣必定一起灭亡。荀子主张"无德不贵，无能不官"，因人的才能决定其取舍，"不恤亲疏，无偏贵贱，唯诚能之求"。（《荀子·王霸》）

在荀子的王道观中，君与民的关系是："君者，仪也，民者，景也。仪正而景正。""君者，民之原也。原清则流清，原浊则流浊。"（《荀子·君道》）"君者，舟也；庶人者，水也。水则载舟，水则覆舟。"（《荀子·哀公》）君臣关系是："君人者，爱民而安，好士而荣"，"生则天下歌，死则四海哭"（《荀子·解蔽》）。相反，"世无王，穷贤良，暴人刍豢，仁人糟糠"（《荀子·成相》）。唐人李白也有这种体会：他的《古风》诗中有"珠玉买歌笑，糟糠养贤才"之类的名句。荀子认为，重视不重视贤才，是君王明昏的标志。因此，司马迁说："士贤能而不用，有国者之耻。"（《史记·太史公自序》）荀子为此专门作《君道》《臣道》这样的篇目来论述君臣之间关系的问题。

荀子特别重视"裕民以政"，主张重农抑商。

荀子在《富国》篇中提出了"节用裕民"以足国的政治思想。

荀子主张"轻田野之税，平关市之征，省商贾之数，罕兴力役，无夺农时，如是，则国富矣。夫是之谓以政裕民"。（《荀子·王制》）

十一

荀子提出"天人之分"，主张"人定胜天"。

儒家讲天人合一，讲天道、地道、人道。荀子亦赞同这些，但他反对将儒学神秘化、宗教化，主张"天人之分"，人天分开。

荀子在《天论》中说："天行有常，不为尧存，不为桀亡。"

他认为，天是自然的，大自然是伟大的；人是有主观能动性的。人的吉凶祸福、贫富夭寿，是人们自己决定的，与上天无关。

上天并不神秘，大自然的运动是有其规律与法则可循的，人可以通过了解和掌握天命来为自己造福，但是不能改变天的客观运行规律。他说："天不为人之恶寒也，辍冬。地不为人之辽远也，辍广。"（《荀子·天论》）天不会由于人们厌恶寒冷而取消冬季。地不会由于人们厌恶路程遥远就取消辽阔。自然界及其规律的存在不受人的愿望所决定。所以，荀子提出"不求知天"。然而在大自然面前，荀子指出人类对于自然不是无能为力，人类是可以用主观努力去改变自然，给人类造福。"制天命而用之"思想的提出，彻底将人们从"人生有命，富贵在天"的消极、神秘思想中解放出来。他认为君子依靠自己，不断学习，不断探索，不断努力，不断进步；小人依赖上天的恩赐，托命于天，自己偷懒，经常落后。人在社会上生活，放弃努力，企望上天，是不符合实际的，也最终不会得到幸福。

十二

总体来看，先秦的儒学大家，各有主张，特质有别。

孔子强调仁，重视礼，其思想是复杂的、丰富的。孟子重点发挥了孔子的心性修养方面的思想，着重于内圣，同时也提出仁政设想，属于外王的范畴。荀子则主张隆礼重法，着重于外王，比较切合当时的政治需要，对中央集权制度，有可行性和实用性。汉代以后政治受到这些思想的深刻影响，因此，谭嗣同认为"荀学"统治中国思想界长达两千年之久。荀子也强调人的修养，第一篇是《劝学》，第二篇是《修身》，他的著作中还有《荣辱》等篇，都与修身有关，也属内圣的范畴。孔、孟、荀，虽有侧重，都还是比较全面的。孟子学说理想成分大一些，而荀子理论对于中国大一统的中央集权制度更切实可行。

先秦有两条政治路线：礼治与法治。用孔子话说，就是："道之以政，齐之以刑，民免而无耻；道之以德，齐之以礼，有耻且格。"（《论语·为政》）法家主张法治，儒家主张礼治。荀子则熔二家精华于一炉，强调礼法并重，主张隆礼重法，起了综合的作用。在乱世，重法可以富国强兵，他的学生韩非、李斯帮秦王嬴政统一了天下，是成功的。在治世，不知隆礼，忽视文化，统治不巩固、不长久，秦因此迅速灭亡。汉以陆贾"下马治天下"，重视文化建设，才最终取得了"秦果汉收"的理想的结果。因此，荀子的政治学说，有功于中国政治，应当好好总结总结。

纵横鼻祖鬼谷子

　　鬼谷先生是一位地地道道的著名思想家、纵横家、谋略家、兵家。他是中国纵横家的鼻祖。他精于心理揣摩之术，深明刚柔相济之势，娴熟于纵横捭阖之能，明了战国时代的天下大势。他虽然通晓百家学说，娴熟兵家之道，然而，不知怎么地，他不愿亲身问世，靠自己所长游说诸侯，取得名利。他只愿意潜心治学，开门授徒，除了《东周列国志》中有名有姓外，没有其他文献留下鬼谷子的真实姓名。他的一些情况，可以在《史记·苏秦列传》《史记·张仪列传》等文献中找到一鳞半爪。他的学识、本领与成就，亦可以从其学生苏秦、张仪等人的身上略微窥见一斑。

一

一提及鬼谷子，不知怎么的，我脑海中总是浮现出《西游记》的中孙悟空的第一个人生老师须菩提祖师的长髯飘飘的老者形象，总是混混沌沌地将他们二人混同成为一人。

所以有此误会，是有些原因的。

在我印象中，二人之间确有很多的相同点或者说是相似的地方。

首先，不管是鬼谷子还是须菩提祖师，他们二人都是隐士，都住在远离尘世人烟之处。须菩提祖师身居西牛贺洲的灵台方寸山中的斜月三星洞，那里高山秀丽，林麓幽深，奇花瑞草，修竹乔松，确实是一处高人隐姓埋名的好地方。鬼谷先生则以东周阳城的一处地面，名曰鬼谷的地方作为自己栖身隐居之所，这里也以其山深林密，幽不可测，似非人之所居而得名鬼谷。

其次，二人都身怀绝技，神通广大，上知天文，下知地理，中通人事。请仙扶鸾，趋吉避凶，修仙成真，儒家、释家、道家、法家、兵家、阴阳家、墨家、医家等诸子学说，二人都能兼而通之，无所不窥。总之是天上地下，万事万物，对于他们来说都是无所不晓，无所不通。他们二人都是广采博收的杂家。

再次，他们都是教书先生，闲云野鹤，不喜欢在滚滚红尘中"闻达于诸侯"，却喜欢在闲暇无聊时教授几个学生，打发打发漫长的光阴。须菩提祖师教出的徒弟也不计其数，最出名者要数孙悟空；鬼谷先生亦是如此，战国名闻列国的苏秦、张仪、庞涓、孙膑等人都曾是他门下的高足。

总之，他们过的是"山中无甲子，寒尽不知年"的闲散悠然的日子，做的却都是些貌似平常，其实都是些惊天动地的大事情。无论历史上是否真有其人其事，然而因为名家笔下的浓墨重彩，他们都已经成为了民众心目中栩栩如生、永远不朽的智者、达者、隐者的形象，成为人们心中永远永远的偶像。

二

须菩提祖师是《西游记》中一位神话人物。然而，鬼谷先生却并非一个文学中的人物，历史上确有其人。

据《东周列国志》中记载：鬼谷先生"相传姓王名栩，晋平公时人，在云梦山与宋人墨翟，一同采药修道。那墨翟不畜妻子，发愿云游天下，专二济人利物，拔其苦厄，救其危难。惟王栩潜居鬼谷，人但称为鬼谷先生。其人通天彻地，有几家学问，人不能及。那几家学问：一曰数学，日星象纬，在其掌中，占往察来，言无不验；二曰兵学，六韬三略，变化无穷，布阵行兵，鬼神不测；三曰游学，广记多闻，明理审势，出词吐辩，万口莫当；四曰出世学，修真养性，服食导引，却病延年，冲举可俟。那先生既知仙家冲举之术，为何屈身世间？只为要度几个聪明弟子，同归仙境，所以借这个鬼谷栖身。初时偶然入市，为人占卜，所言吉凶休咎，应验如神。渐渐有人慕学其术。先生只看来学者资性，近著哪一家学问，便以其术授之。一来成就些人才，为七国之用；二来就访求仙骨，共理出世之事。他住鬼谷，也不计年数。弟子就学者不知多少，先生来者不拒，去者不追。"

另据历史学者的考证，鬼谷先生是战国时代中晚期人，大约生于公元前390年左右，卒于公元前320年前后。

鬼谷先生是一位地地道道著名的思想家、纵横家、谋略家、兵家。他是中国纵横家的鼻祖。他精于心理揣摩之术，深明刚柔相济之势，娴熟于纵横捭阖之能，明了战国时代的天下大势。

据《隋书·经籍志》中记载："鬼谷子，楚人也，周世隐于鬼谷。"他常入云梦山采药修道，后更隐居云梦山之鬼谷。鬼谷先生虽然通晓百家学说，娴熟纵横兵家之道，了解当时时代的大势，然而，不知怎么，他不愿亲身问世，靠自己所长游说诸侯，取得名利。他只愿意潜心治学，开门授徒，时人皆称他为鬼谷先生，久而久之，他的真实姓名反而被人们所忘却。汉代司马迁在《史记》中也只称他为鬼谷先生，其他的历史文献也只以鬼谷子称之，除了《东周列国志》中有名有姓外，没有其他文献留下鬼谷子的真实姓名。他的一些情况，可以在《史记·苏秦列传》《史记·张仪列传》等文献中找到一鳞半爪。他的学识、本领与成就，亦可以从其学生苏秦、张仪等人的身上略微窥见一斑。

三

教书与立言，是中国古代圣贤争取人生的一个制高点。

大凡少年时有幸饱读经书、涉猎诸子百家者，往往都是些家庭富裕、族人寄托希望很大者。传统社会，学而优则仕。读书是大多数人腾达的唯一出路。然而，亦有少数脱胎换骨、超凡脱俗者，他们虽然以耕读为生，但志不在为君主庙堂服务。找一个人迹罕至、远离尘嚣的地方，收几个徒弟，写一点心得，更是他们最愿意、最乐意、最惬意去做的事情。我们这位可爱的高人——鬼谷子，就是这样一位清逸脱俗的隐者。但是，隐归隐，胸中满满的精气神则时不时忍不住地会荡漾出来。立言，也就成为这些世外高人的最后一件值得托付于世的一个颇有意义的心结。

《鬼谷子》是战国纵横家唯一流传至今的一部本门的经典利器。将它比喻为纵横家学派的"吸星大法"，"独孤九剑"，"易筋经"，也一点不为过。《鬼谷子》一书曾有四家注本，今天只剩下陶弘景的注本，而现今的《鬼谷子》多源自明代的正统道藏版本。

从分类学的角度看，《鬼谷子》与《孙子兵法》可谓是中国传统经典中专门讲求用计施术的姊妹篇，全书内容涵盖政治、外交、军事、统治、言辞、心理揣摩术等范畴，多讲对人与人之间关系的巧妙处理，是一部具有很高实用价值的理论著作。

因为《鬼谷子》全书处处讲求手段技巧，为达到目的不择手段，将人性阴暗的一面展露得一览无余，这让历代统治者感到自己就像丹麦著名作家安徒生在《皇帝的新装》中所描绘的那个脱得只剩下了一片小小遮羞布的被人摆弄并在大街上阳光下游行的皇帝，无处藏身，因而长期被统治者视为旁门左道、洪水猛兽而极力挞伐。历代自我道德标榜的文人也对《鬼谷子》一书大加贬斥，毁多誉少。如明代著名学者兼政客的宋濂就这样评价："鬼谷所言之捭阖、飞钳、揣摩之术，皆小夫蛇鼠之智。用之于家则家亡，用之于国则偾国，用之于天下则失天下。"这样，《鬼谷子》一书，虽然自成一派，自有体系，但因不为正统所容，只能流失于江湖，不如其他经书典籍那样广为传晓。

四

《鬼谷子》一书的篇幅并不长，也就一万余字。如果将重复的地方去掉，几千字即可解决问题。字字珠玑，含义高度概括，是中国古人的写作特点。

上卷共分四篇：《捭阖》《反应》《内揵》《抵巇》。内容主要是阐述如何向诸侯游说以获得重用的方法以及在得到重用后怎样与君王共事、相处，如何加固双方之间的关系等。

在《捭阖》篇中，鬼谷子说："是故圣人一守司其门户，审察其所先后，度权量能，校其技巧短长。夫贤不肖、智愚、勇怯、仁义有差，乃可捭，乃可阖，乃可进，乃可退，乃可贱，乃可贵，无为以牧之。"在鬼谷子看来，纵横家成功最关键之处是要始终有效地掌控事情演变的整个全局，明了事情发生的先后次序，对要说服的对象必须要有精确的把握。做到知彼知己、百战不殆，将细节做到极致。

在《反应》篇中，鬼谷子强调对所要完成的事情及要说服的人物历史做认真的考察与研究。同时，要掌握灵活机动的谈话术，基本方法是以静制动，用各种办法促使对方做出反应，从而找出对方心中的底牌，然后不露痕迹地去掌控对方。对此，鬼谷子说："古之大化者，乃与无形俱生。反以观往，复以验来；反以知古，复以知今；反以知彼，复以知己。动静、虚实之理不合于今，反古而求之。事有反而得覆者，圣人之意也，不可不察。人言者，动也。己默者，静也。因其言，听其辞。言有不合者，反而求之，其应必出。言有象，事有比。其有象比，以观其次。"

在《内揵》篇中，鬼谷子主要讨论的是谋臣如何与君主建立亲密信任的关系，让君臣双方如同一个人一样，没有人可以离间，这样才会有机会实施自己为君主所指定的谋略，达到自己建功立业的目的。《鬼谷子》中说："事皆有内楗，素结本始。或结以道德，或结以党友，或结以财货，或结以采色。用其意，欲入则入，欲出则出，欲亲则亲，欲疏则疏，欲就则就，欲去则去，欲求则求，欲思则思。若蚨母之从子也，出无间，入无朕。独往独来，莫之能止。"

在《抵巇》篇中，鬼谷子论述了如何因应情势，使用各种有效办法，正确处理君臣之间的各种感情缝隙裂痕。《鬼谷子》中言："巇者，罅也。罅者，涧也。涧者，成大隙也。戏始有朕，可抵而塞，可抵而却，可抵而息，可抵而匿，可抵而得，此谓抵戏之理也。事之危也，圣人知之，独保其用。因化说事，通达计谋，以识细微。经起秋毫之末，挥之于太山之本。其施外，兆萌牙蘖之谋，皆由抵巇。抵巇之隙，为道术用。"

五

《鬼谷子》中卷有八篇：《飞箝》《忤合》《揣篇》《摩篇》《权篇》《谋篇》《决篇》《符言》。如果说，上卷四篇主要讲如何游说才能得到君主的信任以及如何巩固与君主之间的关系的话；那么，中卷六篇则主要讲述的是，在得到君主的信任和重用后，如何使用纵横捭阖之术，在国与国之间的外交斗争中为君主或自己争取到最大的政治利益。

在《飞箝》篇中，鬼谷子详细论述了游说辩论的技巧。《鬼谷子》中说："凡度权量能，所以征远来近。""引钩箝之辞，飞而箝之。钩箝之语，其说辞也，乍同乍异。其不可善者，或先征之，而后重累；或先重累，而后毁之；或以重累为毁，或以毁为重累。其用或称财货、琦玮、珠玉、璧帛、采色以事之。或量能立势以钩之，或伺候见涧而箝之，其事用抵巇。""将欲用之于天下，必度权量能，见天时之盛衰，制地形之广狭、阻险之难易，人民货财之多少，诸侯之交孰亲孰疏，孰爱孰憎，心意之虑怀。审其意，知其所好恶，乃就说其所重，以飞箝之辞，钩其所好，以箝求之。"

在《忤合》篇中，鬼谷子详细论述了争取把握时机，择主而栖，灵活驾驭世事的重要性。《鬼谷子》中说："世无常贵，事无常师。圣人无常与，无不与；无所听，无不听；成于事而合于计谋，与之为主。合于彼而离于此，计谋不两忠，必有反忤；反于是，忤于彼；忤于此，反于彼。其术也，用之于天下，必量天下而与之；用之于国，必量国而与之；用之于家，必量家而与之；用之于身，必量身材气势而与之；大小进退，其用一也。""古之善背向者，乃协四海，包诸侯忤合之地而化转之，然后求合。故伊尹五就汤，五就桀，而不能所明，然后合于汤。吕尚三就文王，三入殷，而不能有所明，然后合于文王，此知天命之箝，故归之不疑也。"择主而栖，并不是随意择主，而是要懂天下，明达变，识明君，择时机才能成功。

在《揣篇》中，鬼谷子再三强调，无论是谋划国家或是游说君主，事前一定要反复权衡、度量，无准确把握则不能随意出动。《鬼谷子》中说："古之善用天下者，必量天下之权，而揣诸侯之情。量权不审，不知强弱轻重之称；揣情不审，不知隐匿变化之动静。""故计国事者，则当审权量；说人主，则当审揣情；谋虑情欲，必出于此。乃可贵，乃可贱，乃可重，乃可轻，乃可利，乃可害，乃可成，乃可败，其数一也。故虽有先王之道，圣智之谋，非揣情隐匿，无可索之。此谋之大本也，而说之法也。"

在《摩篇》中，鬼谷子强调在与对方接触中灵活运用纵横之术，敢于出击，敢于求胜的重要性。《鬼谷子》说："摩者，揣之术也。内符者，揣之主也。用之有道，其道必隐。微摩之以其索欲，测而探之，内符必应。其索应也，必有为之。故微而去之，是谓塞窌匿端，隐貌逃情，而人不知，故能成其事而无患。摩之在此，符之在彼，从而用之，事无不可。"

在《权篇》中，鬼谷子十分重视知权达变，论述了在游说中因事因地因人不同而应当审时度势，灵活机动的重要性。《鬼谷子》中说："故曰，辞言五：曰病、曰恐、曰忧、曰怒、曰喜。病者，感衰气而不神也。恐者，肠绝而无主也。忧者，闭塞而不泄也。怒者，妄动而不治也。喜者，宣散而无要也。此五者精则用之，利则行之。故与智者言，依于博；与博者言，依于辨；与辨者言，依于要；与贵者言，依于势；与富者言，依于高；与贫者言，依于利；与贱者言，依于谦；与勇者言，依于敢；与愚者言，依于锐；此其术也，而人常反之。是故与智者言，将以此明之；与不智者言，将以此教之；而甚难为也。故言多类，事多变。故终日言不失其类，而事不乱，终日不变，而不失其主，故智贵不忘，听贵聪，辞贵奇。"

在《谋篇》中，鬼谷子认为，谋划的最高智慧，就是能准确把握局势，充分庙算到局中人与事背后的每一个细节，并充分考察天时、地利、人和等的诸多因素的变化，牢记细节决定成败的道理，充分做到把握主动权，控制人而不是被人所控制，然后用中正之道去谨慎行事，从而做到不出手则已，出手则必置对方于死地或者被动之地。《鬼谷子》中说："凡谋有道，必得其所因，以求其情。审得其情，乃立三仪。三仪者，曰上、曰中、曰下，参以立焉，以生奇。奇不知其所壅，始于古之所从。""故曰：事贵制人，而不贵见制于人。制人者，握权也。见制于人者，制命也。故圣人之道阴，愚人之道阳。智者事易，而不智者事难。以此观之，亡不可以为存，而危不可以为安，然而无为而贵智矣。智用于众人之所不能知，而能用于众人之所不能见。既用，见可否，择事而为之，所以自为也。见不可，择事而为之，所以为人也。故先王之道阴。言有之曰：天地之化，在高在深；圣人之制道，在隐于匿。非独忠、信、仁、义也，中正而已矣。道理达于此义者，则可于言。由能得此，则可以谷远近之义。"

在《决篇》中，鬼谷子主要讲述为人决断事务的方法。鬼谷子说："圣人所以能成其事者有五：有以阳德之者，有以阴贼之者，有以信诚之者，有以蔽匿之者，有以平素之者。阳励于一言，阴励于二言，平素、枢机以用，四者微而施之。于事度之往事，验之来事，参之平素，可则决之。王公大人之事也，危而美名者，可则决之。不用费力而易成者，可则决之。用力犯勤苦，然不得已而为之者，可则决之。去患者，可则决之。从福者，可则决之。故夫决情定疑，万事之机。以正治乱，决成败，难为者。故先王乃用蓍龟者，以自决也。"鬼谷子深刻认识到：决断关乎生死，关乎成败，既是解决所有问题的起点，也是解决所有问题的终点，一旦付诸于决断，就再也没有人生的退路。因此，必须认真谨慎地总结与研究各种决断的方式、方法，否则，一着不慎满盘皆输。

在《符言》篇中，鬼谷子主要总结了君王治国理政所需要的统治术。据鬼谷子总结，优秀的君主统治应在以下九个方面提高和要求自己：

1. 君王处理国家事务时应该具备的素质。如要经常保持安详、从容、客观、冷静、谦虚等最佳状态等。

2. 以天下人的角度去考虑问题。

3. 经常能听进不同的意见。

4. 奖罚分明，恪守信用，公正无私。

5. 通国情，了解世界大势。

6. 放手使用臣下，以奖惩二柄管理官员。

7. 君主谋划的事情一定要做好保密工作，严防身边人泄露。

8. 君主要做到眼观六路、耳听八方，明察秋毫，防止奸臣作恶。

9. 君主一定要循名责实，建立名分等制度机制。

六

《鬼谷子》下卷有三篇：《本经阴符七术》《持枢》《中经》。

《本经阴符七术》将内修分为七个阶段：第一阶段，"盛神法五龙"。"盛神"化有五气："志也、思也、神也、心也、德也。"第二阶段，"养志法灵龟"。少欲望，心安静，志意坚实。第三阶段，"实意法腾蛇"。坚定意志。第四阶段，"分威法伏熊"。以自己的精神力量撼人之势。第五阶段，"散势法鸷鸟"。寻找对手的破绽，待间而动。第六阶段，"专圆法猛兽"。"转圆者，无穷之计。"第七阶段，"损兑法灵蓍"。"损兑者几危之决也。"对于危险的隐患，一定要及早发现并考察清楚，及时作出有效的处理。

《持枢》现仅存一段。大意是："持枢，谓春生、夏长、秋收、冬藏，天之正也，不可干而逆之。逆之者，虽成必败。故人君亦有天枢，生养成藏，亦复不可干而逆之，逆之虽盛必衰。"它直接道出掌控枢纽是事情成败的关键，是绝对不能违背的道理。

《中经》论述了如何利用本身强大的内在精神力量来把握外部事务的方法，指出这是处理人际关系、降伏别人意志的一个原则。

由此可见，下卷三篇《本经阴符七术》《持枢》《中经》全部讲述的都是纵横家的内修之术，成事之本。

长期以来，不断有学者认为下卷三篇不是鬼谷子本人亲作，乃后人附会之语，到底事实如何，还要等进一步文献发掘来证实。

七

由于《鬼谷子》在政治、商战等实践中具有很高的实用借鉴价值，长期以来，鬼谷子的学术思想被人们广泛应用于社会生活的诸多领域。近一二十年以来，海峡两岸纷纷成立鬼谷子文化研究会，定期举办鬼谷子学术研讨会，一个研究与探讨鬼谷子思想价值的文化热潮正在悄然兴起，鬼谷子学说在全世界的范围内愈来愈受到人们的重视。鬼谷先生在其战国时代虽然决心做一个隐者，但在今天竞争激烈的 21 世纪，人们不再允许他逍遥自在了。诸君如不信，请看今日纷纷烦扰之国学热时代，有多少人正在靠他老人家的不朽价值作为赚钱谋生的手段？又有多少人年年请、月月请、天天请，非要鬼谷先生他老人家从地下长眠中苏醒过来，要借他的灵魂来做自己的"打狗棍"与"定海神针"！鬼谷先生如地下有知，该不会拍棺而起，再作一部新的纵横经来治治后世这些不肖子孙吧！真希望鬼谷先生再作一部《新鬼谷子》，将之作为"紧箍咒"，牢牢套在这些不安分之人的头上，让他们也真正品尝尝老先生的厉害，省得他们再到处借尸还魂，招摇撞骗，出鬼谷老先生的丑。

今古一商吕不韦

吕不韦与他的父亲曾有如下一段有趣的对话:

"父亲,耕田种地能获利几倍?"

"十倍。"父亲回答说。

"那么,贩卖珠玉赢利能几倍?"吕不韦进一步问道。

"一百倍。"父亲进一步估算说。

吕不韦又问:"那么拥立国家的君主赢利能有几倍?"

父亲回答说:"无数倍。"

吕不韦接着进一步透露心曲:"如今老百姓极力耕田劳作,还不能得到温饱;现在如果为了建设国家拥立一个君主,恩泽福分可以传给后世。我愿意去办成这件事情。"

事实上,吕不韦的最后这句话,与其说是给父亲讲的,毋宁说是讲给他自己听的。

一

吕不韦是战国末年卫国都城濮阳人。

他的父亲，原本就是当地一个有名的大商贾。家庭经商的背景，加上遗传基因的作用，吕不韦很早就练就了一副精明的商人头脑。

他子承父业，投身商海，眼观六路，耳听八方，肯于吃苦，加上讲义气，出手大方，奔走濮阳、阳翟等地的结果，使他很快成为一名"家累千金"的大富商。

司马迁说："吕不韦者，阳翟大贾人也。往来贩贱卖贵，家累千金。"

俗话说：钱是人的胆。随着钱越赚越多，吕不韦的胆量与念头，也就愈发大了起来。他已不满足于过去的成就，希望在这个乱世中，自己能够真正地为吕家找到一个万世相替、家业不败的"桃花源"来。

公元前 265 年，吕不韦来到了邯郸。

战国时期的邯郸，是赵国的政治、经济、军事和文化的中心。工商业也十分繁荣发达，商贾云集，成为赚钱交易的甚佳去处。不仅如此，邯郸地处中原中心，北连燕、胡，东通临淄，西连秦国，不但做起生意方便，而且信息量大，各种政治、军事、经济的信息，在这里都可以搜集得到。所有这一切，都吸引了吕不韦，成为他在这里盘桓、流连忘返的重要理由。

在邯郸，吕不韦很快赚了钱，安下家，又新娶了一位非常漂亮而且能歌善舞、风情万种的小女人赵姬。

这一日，邯郸城里春风拂煦，百花盛开。吕不韦走在街头，一个心不在焉的行人，冷不丁地撞了他一个满怀。

吕不韦正想发怒，抬眼一看，不由地怒气顿消。

眼前之人，生得五官端正、面如敷粉、眉清目秀、举止优雅，天生透露出一种雍容不凡的气质。只是不明白，为何他清癯的脸上充满着忧愁；玉树临风的体态，也显露出天生不足的一段病根，而且，他衣着破旧，丧魂失魄。

那人见吕不韦两眼直盯着自己看，微微颔首表示歉意，随即转身而去。

半晌，吕不韦回过神来，见到附近有一个卖铁器的小摊。他赶到摊前，讯问摆摊的老人。

"借问老伯，方才过去的那人是谁？"

老人认真地看了一下吕不韦，见他一身华贵，态度诚恳，才慢慢回答说：

"客官，想必你是刚来邯郸不久，这里，附近的人谁都认识他，他就是秦王太子安国君的儿子异人。"

"噢？"

虽然，吕不韦在邯郸早就听说过异人。知道他的日子很不好过。秦王根本不关心他的死活，三番五次派兵来攻打赵国，赵王早就想杀掉他，亏得平原君求情。性命虽侥幸保住了，但赵王震怒，将他软禁在丛台驿舍，削减了日常用度，出入花费都十分拮据。

但是，今天见到异人如此落魄，还是挺出乎他的意料。

吕不韦半晌无语。

具有广泛游历经验并且富于判断的吕不韦，早已经凭借他的智慧看出，将来能够灭亡六国的，一定是秦国。他是一个看重实利的商人，秦国虽然有着巨大的市场，但根据秦国自公孙鞅变法以来的国策，商人根本无法在秦国立足。投资总是要等待机会和冒一定风险的。眼前在邯郸的这个秦国公子，可能就是自己下一步要抓住的机会与投资的重要对象。

想到这里，吕不韦心中顿时有了新的主意。他匆忙回到了邯郸的家中，作起他新的投资计划与可行性方案的研究。

二

引起吕不韦注意的这个秦王孙异人，是作为人质羁留在赵国邯郸的。

人质这种事，在春秋以前未见有过记载。最初的人质事件，出现在东周初年周平王年间。

周平王东迁洛邑后，因不满意郑庄公所作所为而想让虢公来代行政事，夺取郑庄公的卿士之职。郑庄公得知后星夜驾车入朝，以主动请求辞职相要挟。面对实力强大的郑庄公的当面要挟，周平王再三解释无用，无奈间被迫以太子狐为人质于郑，以打消郑庄公的忧虑与不快。堂堂周天子，竟然要用儿子作抵押来表示对自己属下诸侯的诚信，此事虽然属情势所迫，然而毕竟有点滑稽。事情闹到这个地步，大概郑庄公也觉得有些过分了，于是便把自己的儿子忽作为人质于周作为交换，以预防诸侯们的责难。谁料，此头一开，此后以人为质竟无形中渐渐成为诸侯各国间一种外交规矩，成为了一种国与国之间彼此取得信任的砝码。

如今的秦王孙异人，便是这样的一个倒霉蛋。

公元前279年，秦昭襄王与赵惠文王在渑池相会，通过与赵国智勇双全的蔺相如的几次较量，秦昭襄王没有占到任何便宜，于是不敢轻视赵国。为了集中力量南下进攻楚国，需要暂时稳定东方战线。于是，秦昭襄王决定与赵王订立盟约，两国修好，并选派一个人前往赵国去做人质。

当时，秦太子安国君有20多个儿子，但均为诸姬妾所生，但美中不足的是，安国君最宠爱并被立为太子妃的华阳夫人却没有生下一个儿子。

按理说，这20多位王孙都有被选当人质的可能。

当时，异人的母亲夏姬因得不到安国君的宠爱与喜欢，很早就郁郁死去，这样一来，到赵国做人质的命运就自然而然地落在了这个没有人关心的秦王孙的头上。

这异人到赵国没有几年，秦国进攻楚国取得了巨大的胜利，楚国的都城郢已经变成为秦国的南郡。于是，秦昭襄王立刻掉转刀锋，重新对赵国发动战争。

当时，赵国受到秦军的进攻，自然迁怒于秦国的质子。在秦昭襄王大举伐赵之时，赵惠文王把一腔怨恨发泄到人质异人的身上，打算将异人斩首以报复秦国。这个时候，幸亏有见识的平原君替异人在赵王面前说了好话，异人这才死里逃生。

尽管如此，赵惠文王余怒未消，将异人迁到邯郸东北的丛台，不仅削减了各种日常开支和供应，而且专门派人加强了对他的监视，甚至限制了他的活动范围。

可怜的异人，到了秦赵利益双方根本不再把他放在心上、任杀任辱的时候，已经失去了人质的内涵，变成了徒具躯壳的废物。

就在这个时候，吕不韦盯上了这个已对人生不抱什么希望的破落公子。

吕不韦经过深思熟虑，决定投资异人，牟取终生大利。

这个决定，显示出了吕不韦不同于一般商人的眼光与心计。谁愿意花金钱、用心思去打理这个秦赵两国已经无人理、无人要，已经丧失了价值的秦国王孙呢？这个人见了躲都躲不及、害怕惹骚上身的破落货，却被吕不韦所看中，不仅别人难以理解，就是吕不韦的父亲也难以释怀。

据《战国策·秦策五》记载，为了说服父亲，也为了求证自己的心中答案，吕不韦与他的父亲曾有如下的对话：

"父亲，耕田种地能获利几倍？"

"十倍。"父亲回答说。

"那么，贩卖珠玉赢利能几倍？"吕不韦进一步问道：

"一百倍。"父亲进一步估算说。

吕不韦又问："那么拥立国家的君主赢利能有几倍？"

父亲回答说："无数倍。"

吕不韦接着进一步透露心曲："如今老百姓极力耕田劳作，还不能得到温饱；现在如果为了建设国家拥立一个君主，恩泽福分可以传给后世。我愿意去办成这件事情。"

事实上，吕不韦的最后这句话，与其说是给父亲讲的，毋宁说是讲给他自己听的。

这表明，年轻、气傲的吕不韦已经不满足于正常商人的蝇蝇苟苟、买卖赚钱，他要用一种独特的方式，去追求更大的利润和利益。

三

主意拿定，吕不韦就开始采取行动。

第一步，他首先打通秦质子周围的人脉关系，寻找接近异人的最佳机会。

当时，秦质子异人因为秦国不断的大举伐赵，已经被赵王软禁在了丛台驿馆。赵王派将军公孙乾等一干人前来"陪住"，实际上，异人是处在高度的临视之中。要想接近异人，就必须打通公孙乾这一个关节。

这难不倒吕不韦。

经过几天的暗中观察，吕不韦发现，公孙乾老是注意过往行人的马匹，于是，心中便有了主意。

吕不韦早年到过胡地，专门做过贩马的生意，与这一行当来往很多。很快，他便让人买来了一匹雄骏异常的北胡名马。吕不韦骑上这匹名马，来到丛台驿馆旁边的茶肆。

与异人正在茶肆喝茶聊天的公孙乾，一下子便把目光集中到了这匹好马的身上。不仅如此，他还忍不住地跑出来又摸马头，又看牙口，又看毛色，赞不绝口。

进到茶肆喝茶的吕不韦，将这一切看在眼中，喜在心上，完全不出他的所料。

不一会儿，见到宝马便挪不动步的公孙乾，便与马主商议要将马买下。

吕不韦胸有成竹，当场拍胸脯将马白白地送给了公孙乾。

不必说，公孙乾已经高兴得忘乎所以。从此，二人由相识到相交到"朋友"。一路平坦，自自然然。

公孙乾不知道，自己的嗜好已经被别人发现并利用。

吕不韦投其所好、长线短钓的策略初步取得成功。

第二步，与异人谈判，讲好条件。

随着吕不韦的金钱攻势，公孙乾上下一干人都渐渐与吕不韦成了关系密切的朋友。

这天，吕不韦又来请公孙乾饮酒聊天，碰巧遇到了异人。吕不韦佯装不识，问道："此人是谁？"

原来，公孙乾是赵惠文王宠信的大臣，素以恪守职责而闻名，尽管他面子上和吕不韦客客气气，热热闹闹，实际上却时刻牢记着自己的职责。为了减少不必要的麻烦，他一直没有告诉吕不韦有关异人的情况。

此刻，见吕不韦问起，也就不好隐瞒，公孙乾便把异人的来历与自己现在的职责详细说了一遍。

吕不韦心不在焉地听着，并没有表现出太多关心这件事的样子。

又一个风和日丽的日子，公孙乾置酒请吕不韦。吕不韦应邀而至，好似不经意地与公孙乾商量："座中别无他客，既是秦国王孙在此，何不请来同坐助兴？"

公孙乾也没有多想，就请异人与吕不韦相见，同席饮酒。

酒至半酣，公孙乾起身如厕，吕不韦抓住机会，凑近异人，压低声音，倾吐心声："我有办法让公子光大门庭，甚至当上秦国国君。"

异人不由一怔，把吕不韦上上下下打量了一番："我看先生还是先光大自己的门庭吧，到那时再来说这个话也不迟！"

也是，萍水相逢，异人哪里敢把眼前这个人的话当真。甚至，他还可能认为这是公孙乾事先安排好的钓客。

"公子说得有理，不韦至今不过一介布衣而已！但是公子有所不知，不韦的门庭全靠公子的门庭光大后才能光大！"吕不韦镇定而又极其严肃地说道。异人听出对方不是戏语，也变得严肃、郑重起来。

吕不韦压低声音继续说道："秦王如今年纪老迈，太子安国君最宠爱的华阳夫人没有自己的儿子。也就是说，公子您那二十几个兄弟谁都没有得到专宠。公子何不趁此机会设法回到秦国，拜华阳夫人为母，做她的嫡嗣，以后这王储之位就非你莫属啦。"

异人听到这里，完全相信了眼前这位仅一面之交、却能给他带来命运转折之机的贵人。

他悲从中来，两眼含着泪说道："我哪敢存此非分之想，如今已经万念俱灰，别无他求，只要能回归故土，不身死他乡就谢天谢地了。我如今就好比笼中鸟、瓮中鱼，身不由己，心急如焚。一听谁提到秦国，就伤心难受，只恨想不出个脱胎换骨的办法！"

吕不韦见异人已经倾吐心声，不敢耽搁时间，直接单刀直入："公子质赵已有数年，客寄异乡，穷困缠身，没有金钱去上下打点。不韦虽然够不上豪富，但能得公子如此信任，当倾己所有为公子分忧。愿意携带千金西游咸阳，说动安国君与华阳夫人，立公子为嫡嗣，接公子回国，如何？"

异人心中一热，两行泪珠滚落脸颊，两眼放射出希望的光芒。

"假如如君所言，他日请得分秦国与君共之。"

刚说到此，公孙乾返回，见到异人神色异常，心中犯疑，便问吕不韦："你们刚才在说什么？"

吕不韦早有准备："我在向王孙打听秦国的玉石价格行情，谁知王孙离秦多年，详情并不知道。"

公孙乾见吕不韦不慌不忙，对答合情合理，于是便不疑惑，命酒更酌，尽欢而散。

吕不韦又完成了他的第二个步骤。

第三步，用金钱先帮助异人改善生活环境与条件，让他对未来充满信心。

随着吕不韦与异人接触次数的增加，吕不韦先偷偷送给异人五百金，一方面来改善他的贫寒状况，一方面让他笼络买通身边的闲杂人等，为他们以后借机出走打好基础。

同时，吕不韦又咛嘱异人，让他趁现在闲赋无事之时，多出去交结各国来赵使者，联络朝中大臣，多多用钱去结识一些诸侯宾客，为自己的贤名捞取一定的资本。

第四步，西游咸阳，打通华阳夫人的关节，兑现他与异人谋定的计划。

吕不韦安顿好秦王孙，立即为咸阳之行认真准备。这是他计划中最关健的一个步骤，也是最令人难测、最为困难的一个步骤。临行前，他又拿出五百金，置办了许多秦国稀有的宝珠玉器、珍奇古玩，带在身边。

吕不韦凭借着他收集到的信息与资料得知，华阳夫人有一个姐姐与一个正在得势的弟弟也在咸阳过着荣华富贵的日子。根据这一情况，吕不韦准备游说华阳夫人，来达到他目的。

眼下的最佳机会是：华阳夫人虽然最受安国君的宠幸，却偏偏没有自己的子息。

要知道，在这个传统中国的男权社会里，妻以夫贵，母以子贵，年轻依赖丈夫，老来依赖儿子。在这个霸道的男人世界里，这便是留给女人借以度过一生的全部。

年轻、美貌是她们的全部价值之所在，是她们生命的支撑点，也是她们寻找幸福的有力武器。

华阳夫人虽然眼下正受秦国太子安国君的宠幸，但随着年轮的消失，色衰不再青春时，安知自己的命运不是前20余位妃嫔命运的重演。

这位显贵女人内心这一隐秘的痛苦，无人识得，而且也无处诉说！

然而，吕不韦却凭借着他的精明，准确地窥探到了这一秘密。

他明白，如果能说服华阳夫人，自己的命运、异人的命运、自己家族的命运，甚至秦国的命运，从此就可能因此改变。

吕不韦来到咸阳后，顾不上欣赏异境风情，立刻开始按照自己准备好的计划行动起来。

首先，吕不韦先找到华阳夫人的姐姐。

他先用金钱买通华阳夫人姐姐的门人，向其女主人传话说，"王孙异人在赵国做人质多年，无时不在思念太子和夫人，有孝顺之礼，托卫国商人吕不韦转送。此外，还有薄礼献姨娘，略表寸心。"门人说毕，将一函金珠宝物献上。

华阳夫人的姐姐，平日仗着其妹在秦宫中的地位，养尊处优。今日见到秦王孙异人托人给她从远方赵国送来的珠宝，心中大悦，破例出来与吕不韦相见。

华阳夫人的姐姐寒暄道："王孙的美意谨领了，还劳尊客远道跋涉，愧不敢当。王孙在赵国这么多年，还没有忘记故国吗？"

吕不韦等的就是这样的问话，他用真诚的语气回答："我就住在王孙的公馆对面。他有什么心事全都说给我听，固此，我能尽知他的心事。他日夜思念太子和夫人，他说他自幼丧母，华阳夫人便是他的嫡母。他最大的愿望，就是回到太子和夫人的身边尽孝。"

华阳夫人的姐姐被打动了。沉默良久，她关切地问道："王孙近来怎样？"

吕不韦叹了一口气，道："因秦兵屡次伐赵，赵王多次要杀掉王孙，幸亏赵国的臣民极力保奏，替他说了不少好话，这才侥幸保住性命。因为处境十分险恶，思归的念头也就愈发迫切。"

"赵国的臣民为什么要保奏秦王孙呢？"华阳夫人的姐姐进一步探问道。

吕不韦回答："秦王孙贤孝无比，每遇秦王太子的寿诞，及元旦朔望之辰，一定清斋素食、沐浴焚香、西望拜祝，赵人无不知之。况且这秦王孙还十分礼贤下士，轻财重义，广结诸侯宾客，信义著于四海。因此，赵国臣民不忍看他无辜遭诛，故尽行保奏。"

看到华阳夫人的姐姐不再疑惑的表情，吕不韦赶紧不失时机地拿出价值五百金的秦国罕有的金珠宝贝，说："王孙不能亲自归侍太子、夫人，特意献上这些珍玩表达孝养之意，还望姨娘代为转达。"

于是，华阳夫人的姐姐一边吩咐家人款待酒食，一边亲自去秦宫告诉华阳夫人。

华阳夫人见到珍玩，听了其姐的传话，以为"王孙真念我"，大喜过望，从此开始在心中存有了异人。吕不韦咸阳之行的第一步计划宣告顺利成功。

其次，经不住吕不韦的运动与劝说，几天之后，华阳夫人的姐姐便受吕不韦之托，前往其妹的居处，开始为异人做起说客。当然，这些说辞都是吕不韦事先详细告诉她的。

姊妹见面，很快就能转入正题。姐姐说："我常听人说，以色事人者，色衰则爱驰。现在妹妹伺奉太子安国君，尽管恩宠有加却没有子嗣。最好的办法就是在安国君的 20 多个儿子中选出一个最为贤孝者，收为自己的儿子，让他将来继承太子的位置。这样的话，安国君健在时不用说，就是万一将来有个三长两短时，子嗣为王，自己仍然可以母仪天下，威势不减。现在对你来说，不过就是一句话，将来却受益无穷。如果等到年老色衰以后再提什么要求，谁还会买你的账呢？依我看这王孙异人不但贤孝，而且聪明乖巧，他自知不是长子，其母又失宠早亡，所以自愿极力依附妹妹。况且，他现在身为人质，在赵国生命不测，如果你能劝说安国君立他为嫡嗣将他接回来，他一定会感激你，这无疑是你长享富贵的根基。"

华阳夫人至此已被完全说动。于是，她便使出得宠中的女人那几件通常惯用的手法，几个回合下来，安国君便被这枕头风煽倒。不仅如此，经不住华阳夫人的纠缠，安国君竟至发誓赌咒，与华阳夫人刻王符为信，立异人为嫡嗣。吕不韦到咸阳后的第二步计划又旗开得胜。

最后，"时秦昭襄王方怒赵，太子言于王，王不听。"

看到安国君与华阳夫人劝说秦昭襄王，让其与赵国交涉，放回质子异人的事情没有结果，吕不韦便采取了他的第三步计划，去说动华阳夫人的弟弟，时下正得到秦昭襄王重用的阳泉君。

据《战国策·秦策五》记载，吕不韦见到阳泉君，没有客套，一张口就是吓人的话："您已经犯了死罪，您知道吗？"

阳泉君不以为然："我有什么罪？"

吕不韦说："您临深履薄而还不自知，这就更加危险。你想想，您手下的人没有一个不是位居高官的，太子手下的人却没有一个高官显贵。您的府库中藏着若干珍珠宝玉，您的马圈里养着众多的骏马，你的后房里住满了美女。如今秦王年事已高，一旦驾崩，太子掌权，那么您的处境比堆积起来的鸡蛋还要危险，比朝荣夕落的木槿花的寿命还要短暂。"

听到这里，阳泉君大惊："为今之计，当如何是好！"

吕不韦说："现在有一计可保您久享富贵。您知道太子没有嫡子，华阳夫人为此很焦急，他们现在已经决定立异人为嫡嗣，但是，异人现在正在邯郸做人质，处境很危险。您如果通过王后向大王进言，将异人迎回秦国，做太子的嗣子。这样，异人由无国变为有国，太子由无子而变为有子。太子和异人当然得从心底感谢华阳夫人，知恩报效，这样的话，华阳夫人可以尊宠不衰，您不也就跟着永享富贵了吗"？

几天后，从华阳夫人那里传下话来：大王已经恩准，等赵国服而请和，就派人迎异人归国。

就在同一天，安国君与华阳夫人一起召见吕不韦。除赠黄金百镒外，他们还拜吕不韦做异人的老师，回赵国好好教育与安置异人。并令其传语王孙异人："只在早晚母子便可望相见，不必过于忧伤。"

至此，吕不韦到咸阳后的第三步棋也已经走赢。

四

咸阳之行取得成功，这让吕不韦十分兴奋。

但是，回到邯郸后，他遇上了自己堵心的一件事情。这就是，异人横刀割爱，向吕不韦索要他的爱妾赵姬。

据《史记·吕不韦列传》记载：吕不韦听后，不由地心中大怒。

他一定认为，异人简直是不识好歹，得寸进尺。他终于还是没能控制得了自己，向异人发怒："我破家舍业，想与你共同干出一番事业。谁知，你却好歹不知，盯上了我的爱妾？殿下欲夺我所爱，这究竟是何道理？"

吕不韦的狂怒，吓坏了异人。他想到了自己的无助，想到了自己眼下悲惨凄苦的命运，两行热泪，不争气地顺着他白净的面颊连成了线地往下滚落。他踟蹰无地，当即跪下谢罪：

"我以客中孤苦，妄想要先生割爱，实乃醉后狂言，还望先生幸勿见罪。"

事情到了这个地步，吕不韦还能再说什么。

赵姬是他来到邯郸后遇到的最可心的女人，是他奔走生意后疲倦地回到家中能够得到休息与恢复精力的港湾。他爱这个女人，他从未想到这个能歌善舞的女人有朝一日会不属于他所有。他不能让自己喜欢的女人转入别的男人的怀抱。

但是，这个胆敢夺他心爱女人的不是别人，却是他今后终生想要依托的一棵参天大树。

吕不韦陷入痛苦的思考之中。

从心里来说，吕不韦绝不愿意把这个能给他带来快乐与消遣的女人奉献出来。

然而，吕不韦毕竟不是一个平凡之辈。他想到了他已经投资出去的千金，他想起了他正在追求的梦想。算了，算了！女人如衣裳，朋友是手足。衣裳破，尚可换；朋友去，不可觅。

吕不韦一闭眼，终于下了狠心。

这时的秦王孙，看出吕不韦变化不定的神色，心中惊惧交加，五味俱全。他面如红霞，低三下四道："千错万错是我的错，我们是千丈水的深交，千万不要生气了。"

吕不韦瞪着眼，大叫道："以我和公子的情意，这件事自然不会怪罪于你。为了你能登上秦王之位，我千金家业尚且可以抛出，一个女人又算得了什么。即然你这样喜欢她，干脆这样，我就把他送与你为妻好了。"

这能怪谁呢？只能怪自己野心太大，心太贪婪！

千金家资已经赌出去了，多年创业得之不易的钱财已经付之东流，如果中途因为自己所爱的女人，不敢再押上一宝，所有希望的一切，很有可能就从此是水中月、镜中花。

何况，眼前的异人，虽然处在青春年少时期，却因为长期的政治折磨与贫寒，已经倪露出了寒秋的光景，将赵姬送给他，或许能再给精神不振的他一个振作的机会。一定要让异人活到登上秦国王位的那一天，如果异人对生活前途失去了信心，吕不韦的前途不也是一片黯淡吗？

想到这里，吕不韦扶起了一直跪在他的面前，眼看就要支持不住的公子异人。

"我的话是当真的。"

"真的？先生此话当真？若得赵姬，小人必涌泉相报。"异人喜自不胜。

吕不韦咬牙切齿："我不图你的回报，好歹要是你们情愿，我就成全你们罢了。"

就这样，吕不韦又用投资的方式，押上了自己心爱的女人。一半是出自无奈，一半是出自野心的驱使。

五

吕不韦是个商人，按道理，他应当一心一意地经商才是。可他放着驾轻就熟的行当不做，却偏偏热心起仕途来。这个转变，今天的人或许不太容易理解。为什么他"家累千金"，放着自由自在的生活不去享受，却偏偏去蹚政治这河浑水呢？

事实上，吕不韦的这个转变，只要放在当时的社会背景下，就很容易理解。

经商，在我们今天看来，是一件极其荣誉的事情；商人，是一个能让人充分肯定其价值的职业。随着商业社会的到来，不仅众多有识之士纷纷投入商海，就连很多在仕途上已经一帆风顺的官员，也纷纷辞职从商，希望一展本领。

可是，今天这个为人们津津乐道、充满向往的职业，在春秋战国时期却让人唯恐避之不急。

在那个年代，商人被人们认作低人三等、不懂礼仪，低劣到几乎近于罪犯、农奴的人。

在那个年代，商人连衣着式样，也有被视为卑贱的特别规定。

在那个时代，商人再富有，在家也不得拥有豪宅，出外也不能乘坐高车驷马。

据传说，商人这个名词的由来，本身就是一件让人颇为感慨的事情。

据说，商朝末年，建立了商朝的殷商部族很善于买卖，他们常到毗邻周族的地区去做买卖。久而久之，在周人的心目中，做买卖的就是商人。后来，周武王灭商，殷商遗民的政治地位从此一去不再复返，他们便更多地投身到商业活动中去。由此，周人便习惯地用"商人"这个名称去称呼做买卖的人。这种称呼，本身就充满了不屑与鄙视的口吻。因歧视被征服了的商人遗族，所以连累进而歧视到当时所有从事买卖活动的商人，这倒算得是一个合乎逻辑的说法。

商业和商人，虽然在中国古代社会一向受到鄙视，但是，它们却是人类社会经济生活趋于繁荣的标志。

春秋战国时期，随着社会生产力的快速发展，过去官府垄断手工业和商业的局面被打破。独立的手工业者和商人数量增多，出现了一批中国历史上最早的大商人，如范蠡、子贡、白圭等。但是，这并不能代表当时社会经济活动的主流方向。商业与商人，在政府的高压与排斥的政策下，仍然是步履维艰。

当时各国，都采取了重农抑商的政策，极力压抑商人的地位，将"农、战"提到了无以复加的地步。商人再富，也不能享有相应的社会地位，并且为社会所不齿。通过经商致富，拥有千金家资的吕不韦，就处在这种名实不符的社会地位上。

在当时，有本事的人都力求参与国家的政治事务，得到一个名实相归的政治地位。

据说，姜子牙贫困时，曾负贩于商都朝歌；管仲与他的好友鲍叔牙也曾合伙做过买卖，不过，这是他们在进入仕途前为生活困窘一时的被迫所为，未必是他们真志。

历史进入到战国时期，人们的这种轻商重农观念仍然变化不大。

以苏秦为例，他家境贫穷，为了改变自己的社会地位与生活处境，他曾经到齐拜鬼谷子为老师，希望能够学有所长，学能所用。离开鬼谷子后，他到各诸侯国进行游说，但很不成功。回到家后，亲人们对他不理不睬，冷嘲热讽。

后来，苏秦不改其志，头悬梁，锥刺骨，经过一番努力，终于游说成功，取得了山东六国的相位。回到家中，家人态度立刻就发生了180度的大变化，对苏秦恭敬有加。苏秦不解："何前倨而后恭也？"他的嫂子不好意思地回答说："以季子之位尊而多金。"

苏秦听了这个回答，也忍不住地一番感慨："同样是我这个人，富贵了，亲戚就敬畏我；贫贱时，就轻视我。何况一般人呢？"

这里，苏秦嫂子的"位尊而多金"的回答，何其实在！

这里，苏秦感慨的"富贵"，何其实在！

中国古代社会里，长期推行的"重农抑商"政策，将商业活动视为不法；将商人的政治、社会地位打入另册。这种歧视商人的政策长期以来，已经转化为人们脑海中的一种根深蒂固的观念，压得商人们抬不起头、喘不过气来。他们是富而不贵，虽然有钱，但是社会政治地位很低，尽管付出了极大的努力，但其价值不被人们所承认。要想活得有尊严、有价值，就应当向苏秦等人那样去搞政治、去做官。有了政治地位，社会地位与经济地位也就会随之而来，就会达到让人们尊敬羡慕"位尊而多金"的目的。

经商和从政，是两种不同的社会地位和人生结局，睿智的吕不韦肯定看得清清楚楚。

因为，他是一个绝顶聪明的人。如果说当时绝大多数商人，还能勉强接受这个虽无名声但有实利的现实的话，那么已经通过经商致富、家有千金的吕不韦，却是不愿意再像其父那样生活下去了。

吕不韦肯定不止一次地在内心发问：为什么商人社会地位就该如此低下？为什么千金巨富就不如国家的爵位来的尊贵？自己既然可以赚来千金之财，为什么就不能凭借同样的智慧去通过从政来改变自己位卑却富有的社会地位？

尽管史书没有对此作过详细记载，但从吕不韦后来的人生轨迹与人生追求来分析，我们可以得出肯定的答案：弃商从政，不是他见到秦王孙异人后一时产生的冲动，而应当是他多年来在外摸爬滚打后得出的、早已深思熟虑的结论。

他为什么不去从政呢？钱已经赚得几辈子也用不尽了，赚那么多的钱又有什么太大的意义？

况且，吕不韦不但有想法，更有一般人所没有的社会阅历与投资经验。

在吕不韦看来，在当时战争频繁、社会动乱的社会大背景下，要想真正守住自己通过努力赚来的辛苦财富，就不是去一味地以财易财，而是要寻求一个长久的稳定之策。这个长久之策就是要用金钱换取权力，以财富变更自己卑微的地位，进而拥有更大的权力。凭借这强大的政治保护伞，不仅最终能让子孙后代守住这得来不易的万贯家财，而且还有可能轻而易举地以更快的速度让其升值、膨胀。

既然现实如此，从来不甘心命运之神摆布的吕不韦，就开始了寻找机会的努力。

实际上，吕不韦来到邯郸以前，就已经开始为积极投身政治而寻找机会的努力了。

《先秦职官表》上说："韩重客卿，位在相国之下一等。"

早年在阳翟已是一个锦衣玉食、富甲一方的巨贾吕不韦，就曾有通过用金钱感情投资换得了一个韩国客卿的经历。

当时，韩国太子的老师季展，因为得罪韩厘王而被贬为庶长。一时困窘在山乡野村，生活颇为艰难。吕不韦经朋友中的高人指点，经常带着钱物去看望这位一时不得志的人物。后来，新韩王桓惠王即位后，季展出山，被拜为韩国丞相。吕不韦也因为自己不多的投资而得到了丰厚的回报。他被季展推荐为韩国的客卿，获得可以出入韩国宫廷的待遇与地位。客卿虽然没有任何实际的权力，但它却可以让吕不韦从此高车花马，进入官大夫的交际圈内。这对于一心入仕却又一直苦无门路的吕不韦来说，已经是相当的满意了。

有了这样一个不寻常的、用金钱投资寻找政治靠山的经历，吕不韦的从政念头就更加强烈了。

凭借他走南闯北的阅历、经验以及获得的信息，他很可能早就看出，能够将来统一天下的，只有秦国。秦国应当作为他今后的投资方向与可遮蔽风雨的大树。不过，他有想法，却更看重实际。他从往日的经商经验教训中深深感到，准备重要，机会更重要。机会只给那种早已经有了充分准备的人。他是一个商人，亏本的买卖是不会去做的。

后来的邯郸之旅，可以看作为他响应命运女神的召唤；与秦王孙异人在邯郸街头的偶遇，可以视作为命运女神垂青他的标志。但决定抛舍家业来帮助异人回国成为秦王，却是对吕不韦眼光、胆量及见识的一次重大考验。

这个决定，从此改变了秦王孙异人与吕不韦他们二人各自的人生道路，甚至深深地影响到了后来中国历史的进程。

这个决定，是吕不韦对当时商人社会地位不公的一次挑战。

这个决定，开了中国历史上以个人财富进而影响国家政治进程的先河。

这个决定，是由非凡的智慧加上超常的财富，再加上非凡的胆量与非凡的努力合和而成。

重农轻商的社会现实与现实社会对商人的不屑与鄙视，终于造就了一位中国历史上敢于赌上身家性命去干预政治的大商人、大政治家。

从众的心理，让吕不韦一直想用金钱的威力摘下自己头顶上这顶让人瞧不起的商人的帽子。他用敢为天下先的投资、智慧、眼光与行动，给战国的历史增添了一道浓重的色彩。在做了秦相后，他立刻也摇身一变成了一个重农主义者。在他组织门客编写的《吕氏春秋》里，除了多次强调农业为本外，还有一篇论文，题目就叫《上农》。

看来，无论何人，谁也跳不出现实的社会与社会的现实这个社会与历史的怪圈子。环境、价值观念、行为习惯，机遇等往往能影响甚至决定一个人的人生与命运！

六

长平战场上的血迹未干，秦昭襄王就又先后派出由王陵、王龁率领的数十万秦军，犹如山呼海啸，将赵国都城邯郸围了个严严实实、水泄不通。

在保卫邯郸的日子里，赵国上下对秦国的愤怒之火已经到了不点也会自燃的地步。赵孝成王屡次想杀掉异人以泄愤，多亏吕不韦用钱财上上下下打点赵王的前后左右，异人才得以幸免。

吕不韦认识到，再不赶快想办法让异人脱身归秦，不知哪一天，这个秦国人质的性命，就会丢在邯郸的街头。如果事情发展到这样一个结果，他吕不韦的投资也就永无收回之日。

是该到最后利用公孙乾的时候了。

吕不韦找到异人说："赵王如果再将怒气发泄到公子的身上，可如何是好？不如我们赶紧想办法逃奔秦国，可免祸。"

异人迫不及待地说："先生之意，正是我多日所想。此事全仗先生筹划。"

于是，吕不韦拿出在邯郸家中的所有家资。共黄金 600 斤。他以 300斤黄金遍赂南门守城将军，托言说："我举家从阳翟行商邯郸，不幸战争不断，邯郸围城日久。全家思乡甚切，今将所存资本，尽数分散给各位，只要做个方便人情，放我一家出城，回阳翟去，感恩不浅。"

一下子就得到了这么多的天外来财，守将自然没有拒绝的道理。

吕不韦还怕事情做得不踏实，又拿出黄金 100 斤献给公孙乾，申诉他全家欲回阳翟的意思。他希望公孙乾与南门守将再说个方便。守将和军卒，都受到了贿赂，怎能不乐得做个顺水的人情。

吕不韦见事情已经安置妥当，就密让异人将赵姬母子二人，潜寄到母家，接着，吕不韦置酒答谢公孙乾。席间，将公孙乾及左右看守异人的军卒皆灌得烂醉。

到了半夜，异人微服混在仆人之中，跟随吕不韦父子顺利出城，奔向了秦国大营。公孙乾等众人直至天明酒方醒来，秦王孙异人与吕不韦全家已经消失得无影无踪。

公孙乾至此才如梦方醒。

按国法，渎职国家重要事务者，不仅罪者受诛，其三族亲人也都不能幸免。

最终，公孙乾上表赵孝成王："臣乾监押不谨，致使质子异人逃去，臣罪无所辞！"

此时的公孙乾，无颜再见赵王，再见家人。他心一横，抽出剑来，往颈上一抹，落了个家破人亡空折腾的下场。

关于这件事，后人曾写诗如此评说：

监守晨昏要万全，

只贪酒食与金钱。

醉乡回后王孙去，

一剑须知悔九泉。

七

公孙乾惨死之日，正是秦王孙异人在吕不韦的精心安排下获得安国君与华阳夫人的宠幸之时。

异人被华阳夫人改名子楚，正式立为安国君的嫡嗣。

吕不韦立国计划的第一步终于变成了现实。

公元前251年，在秦国王位长达56年的秦昭襄王寿终正寝。太子安国君继承王位，是为秦孝文王。子楚在这场王位变更过程中，顺利地得到了太子之位。

三天后，久病孱弱的秦孝文王还没有在王位上暖热屁股，便突然死去。子楚又名正言顺地继承了王位，成为秦庄襄王。

很快，吕不韦做上了秦相，并被封为文信侯，食河南雒阳十万户。

吕不韦的千金买国计划，鬼斧神工，至此全部实现。

八

秦国从庄襄王登位起，便进入了吕不韦时代。

庄襄王在位三年又撒手人寰。幼冲之年的太子嬴政登临秦国王位，吕不韦继续任相，并以"仲父"身份辅政，成为秦国一人之下、万人之上，手操国家军政大权的相国。

在秦国政治舞台上的聚光灯下，吕不韦光彩鲜亮达十二三年之久。他虽然是商人出身，然绝不是政治上的白痴。他接过秦国先辈兼并天下的接力棒，继续带领秦国向统一天下的目标疾奔。

吕不韦治秦的政绩，主要表现在以下几方面：

1. 宽政待民。据《史记·秦本纪》记载，他当政后的第一件事，就是通过秦庄襄王发布诏令："大赦罪人，修先王功臣，施德厚骨肉而布施于民。"意思就是释放罪人，表彰先王的功臣，厚待王室宗亲，对老百姓广施德惠。自公孙鞅变法以来，秦素以严刑峻法出名，人们动辄得咎，心中很是紧张与畏惧。吕不韦以宽济猛、宽猛兼用的治国之策，确实在一定程度上起到了招揽民心、缓和社会矛盾的效果。

2. 灭亡东周。进入春秋战国时期，周王朝已经名存实亡。公元前250年，秦昭襄王发兵灭掉了周朝最后一个国君——周赧王的统治，周王朝实际上已经不复存在。但是，在河南巩地，仍然还存在着一个小国东周。它的统治者称周公。周公虽然不称为"天子"，然而毕竟是周王室的残余，因此，它的存在，自然而然就被秦国统治者视为统一天下的一大障碍。

公元前249年，小东周竟乘秦国接连发生国丧之际，自不量力地联合各诸侯国图谋进攻秦国。吕不韦瞅准机会，亲自率兵东进，一举灭亡东周，将其领地并入秦国的版图。

对待末代周公，吕不韦并没有杀其性命，而是下令将其迁往阳人（今河南临汝西），让他奉其祭祀，供其香火。吕不韦的这一举措，明显地反映出了他不同于秦国往昔的战争观念。他既消灭东周国的实体，却又不绝其宗祀。这种形象，对于改变天下人对秦国以往"凶残暴虐"的看法、赢得天下士人的好感，具有很大的政治意义。

3. 东进拓土。在灭亡小东周的同一年，吕不韦又派将军蒙骜率军进攻韩国，迫使韩国将成皋、荥阳割让给秦国。秦在那里随即设立三川郡。成皋和荥阳历来是兵家必争之地，是秦东进道路上的咽喉所在，秦国得到它们，便打通了通往关东各诸侯国的通道。至此，秦国的东部边界已经逼近魏国都城大梁。

公元前248年，吕不韦乘赵、魏进攻燕国，后方空虚的机会，又派蒙骜大举进攻赵、魏。先后夺得太原、高都、汲县、榆次、新城、狼孟等37座城池。

公元前247年，吕不韦派王龁占领韩国上党，建立上党郡。同时，又在赵国故地太原及附近一大块土地上，置太原郡。

公元前244年至公元前243年，吕不韦派秦军接连攻韩国13座城池乡及魏国两座城池。

公元前242年，吕不韦派秦军伐魏，攻取20余座城池，并在此地设立东郡。

公元前241年，吕不韦派秦军灭掉卫国，并夺取魏国的朝歌。

公元前240年，吕不韦派秦军攻取赵国的龙、孤、庆都等地区。

公元前238年，秦军又向魏国发动多路进攻，占领了桓、蒲阳、衍等重要地方。

昔日兵强地广的赵、魏、韩，现在连苟延残喘的能力也快要丧失了。

吕不韦的远交近攻、连续东进的政策与行动，为秦王嬴政亲政后最后灭亡六国，一统天下，奠定了坚实的基础。

4. 兴修水利。面对秦国虎视东雄的态势，韩国想出了一条自保之计。这条计策就是派当时著名水利专家郑国到秦国，表示帮助秦国修建一条能够灌溉关中土地的水利工程，以此来消耗秦国的人力、物力、财力，达到其阻止或延续秦国东征的目的。

水利是农业的命脉。既然郑国有这样的建议，吕不韦自然高兴与批准。

后来，郑国的阴谋败露，吕不韦并没有杀他，而是让他继续指挥把水渠修完。这项水利工程，后来被命名为郑国渠。

郑国渠修成以后，"关中为沃野，无凶年"。充足的水利资源，保障了三秦地区的农业生产和百姓的生活，为秦国的统一奠定了更坚实的物质实力。

5．大量引进人才，编撰《吕氏春秋》。在秦国统一天下已经成为定局的情况下，吕不韦开始思考天下统一后，应该如何才能得到有效治理的问题。于是，他广泛地从东方六国吸收、引进各类人才，采取兼收并蓄的方法，来构建他的治国主张与理论体系。

司马迁说：

> 当是时，魏有信陵君，楚有春申君，赵有平原君，齐有孟尝君，皆下士喜宾客以相倾。吕不韦以秦之强，羞不如，亦招致士，厚遇之，至食客三千人。是时，诸侯多辩士，如荀卿之徒，著书布天下。吕不韦乃使其客人人著所闻，集论以为八览、六论、十二纪，二十余万言，以为备天地万物古今之事，号曰《吕氏春秋》。（《史记·吕不韦列传》）

《吕氏春秋》全书分为"十二纪""八览""六论"三大部分，共161篇。它是中国第一部有主编、有宗旨、有计划、集体编写的政治论著。这本书吸取儒、道、名、法、墨、兵、农、阴阳等诸家之说，内容涵盖政治、经济、军事、农业、外交、伦理、道德、修身等各个方面，同时涉及天文、历法、地理、乐律、术数等，综合诸子，采精录异，自成一家。这本书的编纂与问世，实乃是中国思想文化史上的一大创举。

《吕氏春秋》比较详细系统地记述了吕不韦的治国思想及其主张。

他认为："一则治，异则乱；一则安，异则危。"主张只有天下统

一、思想统一，社会才能安定，国家才能太平。他推崇"王者执一以一众"，圣人"能齐万不同"的政治模式，主张建立中央集权，实现国家的统一。

他主张无为为本，德化为主，法术为辅的治国方略。

他赞成儒家的治国理论，却又摒弃了儒家的繁文缛礼、迂腐之论，兼论王霸，重视耕战、法制，比儒家更富有求实的精神。

他同意法家治国，但是却摒弃了法家专任刑法、轻罪重罚的偏弊，主张以无为、德治为主，比法家的代表人物更富有政治的理性。

他欣赏以自然为本，以无为为宗的道家思想，主张将它作为帝王之学的哲学基础。但是，他又摒弃老庄独任清虚，去礼法、薄仁义之弊，主张综合运用各种政治手段，积极求治。

应当说，《吕氏春秋》代表着吕不韦这样一种治国方略与文化政策：以变法与法制为核心，将法家的法治与耕战、儒家的礼治与仁政、道家的无为而治与权术、墨家的义治与节俭以及阴阳家的时政、名家的正名等，融治于一炉，形成一种相当完备的适应"大一统"需要的政治理论体系，在有利于君主政治的前提下，不尊奉一家一派，力图超越诸子、融通百家，包纳一切有用的思路、方略与治术。

《吕氏春秋》集中了吕不韦的政治主张与施政纲领。可惜，由于他与秦王嬴政之间存在着不可和解的矛盾，这本书还没有来得及发挥作用，就被秦始皇打进了冷宫。

现代史学家郭沫若说过："假如沿着吕不韦的路线下去，秦国依然是统一中国的，而且统一了之后断不会仅仅十五年便迅速地彻底崩溃。"这固然是一种推测，但从当时及以后中国历史发展变化的史实来看，我是完全同意这一分析的。

九

公元前 246 年，嬴政登上了秦国的王位。

当时，他还不过是一个小孩子，年龄还不到 13 岁。

依照秦国制度，在举行成人礼之前，他不得亲政，而由他的母亲赵姬以太后和监护人的身份代行王权。

这说明，在秦王嬴政亲政之前，赵姬是秦国法定的最高统治者，她拥有对国事的最终裁判权，其他人均无最后决定权。

从历史文献的记载来看，当时调动军队的文件不仅要盖上秦王之玺，还要加盖太后的印玺。这表明，年幼的秦王嬴政还没有完全的行为能力，许多政务虽以嬴政的身份发号施令，但显然是经过太后启示甚至指令的，属于补助行为能力。

母后代行王权，大臣代理政务，这种权力体制虽然属于君主制度权力结构的一种非正常状态，但是，它并不一定必然要伴随权力腐败或者政治危机。只要太后有治国能力，能够严格、谨慎地使用权力，全心全意真诚地辅佐幼主、大臣尽心尽力，一样可以把国家治理好。

按照正常的情况，母后的监护权力因夫死子幼而产生，也必将随着幼皇长大而取消。到了幼君长大亲政之日，太后就要归还权力，届时国家的权力结构就又可以恢复到正常的状态。

但是，在专制集权的权力结构重新恢复常态之前，王权只能处在某种的变异状态。而王权的变态，往往是诱发各种权力危机、政治危机的重要原因之一。代行王权的母后，任何不慎，都可能招致严重的政治后果，甚至引发动乱，危及幼主的生命与地位。秦王嬴政的母亲就因为自己的私欲差一点断送了其子的大好前程。这是秦王嬴政在亲政前最头痛也是最无奈的一件事情。

国王身处幼龄，太后又不懂政治，必然要委政于有威望、有权力、有资格、自己又信得过的大臣。吕不韦早就与太后有着剪不断理还乱的特殊关系，而且又有连立两主之功，特殊的身份与地位，足以使他大权在握。

吕不韦的权力来源于三个方面：

1. 制度化的权力，即相权。他是秦国的相邦（相国）。作为百官之长，他位极人臣，堪称"一人之下，万人之上"。

2. 特殊的授权。吕不韦是秦庄襄王的老师，又有定国立君之功。君臣之间亲密的私交，使吕不韦自然而然地成为托孤大臣，加上太后的授权，被秦王嬴政尊为"仲父"。"仲父"称号不是官名，也不是爵位。从字面上看"仲父"称号就是叔父的意思。或许，吕不韦用这种称号来暗示自己与秦王嬴政之间有着一种非同寻常的关系，以使秦国上下臣民及幼主对自己的地位不要去怀疑或者挑战。

在春秋历史上，管仲曾经也有过"仲父"这个称号。他辅佐齐桓公成为春秋五霸的霸主之一，让齐国走上富国强兵、威震诸侯的道路。齐桓公则对管仲绝对信任，放手使用，将齐国的国政全部交由他来处理，自己不加干涉。

吕不韦号称"仲父，"显然是以相齐的管仲自比，一方面要决心用自己的才能去把秦国的事业发展到一个新的顶点，另一方面则暗示臣民，他将像管仲相齐那样处理秦国的政务，而无需得到嬴政的授权。

3. 窃取的权力。吕不韦是太后赵姬的前夫和情人。庄襄王死后，他们旧情重叙，吕不韦利用职务之便，随意进入宫廷，与太后幽会。《史记》称"秦王年少，太后时时窃私通吕不韦"。这种男女之间的特殊关系，就使得吕不韦可以通过影响代行王权的太后赵姬而操纵秦国的最高权力。

当上述三种权力叠加在一起的时候，吕不韦在秦国权力结构中所处的地位就非比寻常了。他实际上掌握了秦国的大政。事实上，从庄襄王登位到秦王嬴政十年，是吕不韦操纵秦国政权的时代。

从秦王嬴政后来的性格特点来看，他是一个有着极强的权力欲和控制欲，绝对不甘人下者。但在他 13 岁到 21 岁之间，也就是吕不韦专政秦国的时期，他是无法按照自己的意愿来行事的。为了保全自己，他只能压抑与苦闷自己。但这种埋藏于内心深处的长期不满的种子，一旦破土吐芽，其爆发力、破坏力之强，就应当可想而知了。

吕不韦在掌握着秦国的最高权力，把秦国统一大业继续向前推进的时候，却有意无意地犯了一个重大的政治错误，从而成为他垮台的引线。

这个重大的政治错误就是：不顾秦王及国家的重大利益，为了太后的淫欲，把嫪毐引入秦国的中枢权力结构中。

嫪毐原是吕不韦的舍人。经吕不韦推荐，嫪毐得到太后的宠幸，遂野心顿生，开始染指国家的最高权力。这种情况，就使得秦国的最高权力结构更加变态，并且引发了不正常的权力之争。它使秦王嬴政处在更加危险与尴尬的境地，为最高权力的平稳过渡和顺利交接设置了更大的障碍。

至此，秦国同时有四个人有条件直接操纵最高权力。

这就是：法定的暂时最高统治者太后赵姬；名分上的最高统治者秦王嬴政；实际分享最高权力的相国吕不韦；获得太后绝对宠幸与授权的嫪毐。

秦国内乱由此而起。

实际上，吕不韦推荐嫪毐也实属出于无奈。

当时，"始皇帝益壮，太后淫不止"。吕不韦担心两人的奸情最终败露而灾祸降临，最终，他想出了一个金蝉脱壳的十分低下的主意，即找一个生殖器粗大、性欲极强的人送给太后以替代自己。最终，他发现并找到了"大阴人"嫪毐，在制造了一个假"宫刑"游戏后，将他送进宫去。谁知，"太后与私通，绝爱之"。（《史记·吕不韦列传》）嫪毐不仅由此得宠，"赏赐甚厚，事皆决于嫪毐"，而且在太后的支持下，嫪毐的权势迅速发展到与吕不韦不相上下，以至于秦国人们常把嫪毐、吕不韦并提："与嫪氏乎？与吕氏乎？"（《战国策·魏策》）这种情况，严重地破坏了秦国中枢权力结构的稳定，将幼主嬴政置于更加凶险的境地。

太后赵姬自恃位极权重，夫丧子幼，纵欲无度，淫乱宫闱，这种事情本身并不是一件算太大的事情，如果她不让供她恣意淫欢的嫪毐参与军国大事，而只让他以宦官身份随侍左右，后来秦国最高政治权力结构的动荡，可能就会避免。可惜的是，太后不是一个真正懂得运用权力的女人。她为让嫪毐高兴，竟然利用手中掌握的最高的权力，封嫪毐为长信侯，先后赏赐山阳、太原郡等大片土地。不仅如此，为了讨嫪毐高兴，她还授予嫪毐享有王室的各种特权，甚至与嫪毐生下了两个儿子。

据说，太后与嫪毐有一个秘密的协定：一旦秦王嬴政不幸而亡，就拥立两人的私生子为秦王。

也许，正是出于这个见不得人的动机，太后才极力扶植嫪毐，让他拥有巨大的权力、很高的政治地位以便应对各种意外之事可能导致的政治危机。

事实上，太后赵姬的这种安排，并不是有意针对自己的亲生儿子嬴政，她也未必能有这种眼光与权术。或许，她意在防止嬴政万一突然死去而危及自己的既得利益。这种假想实际上更能符合这位女人的的秉性与做法。但她不会想到，她的这种安排却是在助长嫪毐进一步染指最高权力的欲望，大大增加幼年秦王嬴政的生命风险。

对于嫪毐来说，他既无能力、又无威望来保持自己因为太后宠幸而轻而易举得到的荣华富贵。随着嬴政一天天长大，亲政之日已经不远。一旦太后归政，自己的奸情暴露，后果自然可想而知。利用太后的糊涂与其手中的最高权力，寻找时机除掉幼主嬴政，为自己的亲生儿子谋取最高的权力，就成为嫪毐唯一的生存与保全富贵的办法。除了这条路，难道他还有别的办法吗？后来发生的事实证明，嫪毐确实已经在谋划如何除掉秦王嬴政的计划了。

有了太后的支持与鼓励，嫪毐开始着手准备叛乱。

他利用自己的权势与地位，打着太后的旗号，以功名利禄和荣华富贵为诱饵，把宫中一些掌握兵权和机要的人物，逐渐培植成自己的势力。掌握宫廷保卫与巡视的卫尉竭、首都附近地区的最高行政和军事长官内史肆、在宫廷内统领射箭卫士的佐弋竭、在宫殿中侍奉国王咨询政事并参与议论朝政的中大夫令齐等，都成为嫪毐企图夺取最高权力的死党。不仅如此，嫪毐还积极发展并控制属于自己的军事力量，把自己在地方上培植的县兵、忠实的门客、宫廷的卫兵、骑兵以及拉拢收买的少数民族的军队，都作为了他将要发动一场流血政变的主要力量。

情况表明，秦国政局将要发生一场大的变动，秦王嬴政的生命处在严重的危险之中。而这所有的一切，吕不韦不仅在送嫪毐进宫前没有想到，而且他更是脱不了嫌疑与干系。

权出四门，使秦国的政局增加了许多的变数。这让广大臣民在面对当权者的争斗时而不知应该何去何从。臣民们的犹豫不决与延迟观望，本身就孕育着巨大的政治危机。《吕氏春秋》说："今御骊马者，使四人人操一策，则不可以出于门闾者，不一也。"秦国的政治形势，正好符合这个比喻：太后赵姬、相国吕不韦、幸臣嫪毐、秦王嬴政，"人操一策"，一起驾驭驱使着秦国这驾马车。四股力量几近分庭抗礼，又彼此形成错综复杂的关系。

在这种情况下，太后赵姬左右为难，因为其余三股势力都与她有着千丝万缕的联系：幸臣嫪毐别无退路，他只有选择时机发动宫廷政变，杀掉秦王嬴政以求一逞；相国吕不韦的处境更是难堪，他是推出嫪毐的祸首，又与嫪毐及秦王存在着权力上的斗争，无论嫪毐与秦王生死安危、结局如何，他都无法彻底解脱干系、消除忧患；秦王嬴政也有为难之处，他与嫪毐集团已经你死我活，但解决这个集团的问题又必定牵涉到母后与仲父吕不韦。

在当时的条件下，解决这种政治困境的唯一方式，就是重新恢复最高权力出于一门，而能够光明正大的、最符合秦国国家利益的、最顺理成章的、又能将政治动荡危机降到最低限度的，就只有秦王嬴政的亲政与太后及相国的还政了。

但是，权力这东西，就像一剂迷魂药，谁一旦沾手，丢手就难了。太后、嫪毐、吕不韦、秦王嬴政等，任何一方都不愿放弃到手的一切。

四驾马车彻底摊牌与翻脸，已经不可避免。

谁赢谁负？结局如何？看来在很大程度上要取决于秦王嬴政的魅力、智慧与政治才干了。

✛

公元前 238 年，秦王嬴政已经 22 岁。

按秦国的礼制规定，四月，嬴政来到宗庙所在地——秦国旧都雍，行加冠礼，完成成年仪式，正式主持国政。

与此同时，围绕最高权力而展开的政治斗争，也从暗斗转向明争，一场你死我活的厮杀已经无法避免。

按照秦国的制度，秦王嬴政亲政就是一次最高权力的交接。一旦嬴政行冠礼、佩宝剑、完成成年的仪式，他就可以名正言顺地全部收回由母亲和吕不韦所代管的权力。太后、吕不韦和嫪毐都要退出最高权力层次，交出他们曾以不同名分、不同形式实际掌握或分享的那一部分最高权力。

秦王嬴政必须要收回最高权力。

于公，这是国家制度的规定。收回最高权力，让全国臣民知道权力集中于秦王，这有利于秦国的政治稳定与号令的贯彻执行。

于私，这是嬴政保全自己性命的关健。收回最高权力，可以防止篡权弑君乃至宗国覆灭的悲剧。

就主观而言，嬴政要成为真正的秦王，就必须这样做；

就客观而言，权力运行的法则也迫使嬴政不能不这样做。

但是，"树欲静而风不止"。嫪毐集团不允许秦王这样做；吕不韦集团也不希望秦王这样做。

从现存的历史资料来看，太后赵姬对嬴政亲政的具体心态已经不得而知。他是嬴政的生母，按道理是不应反对儿子亲政的。但是，我们不要忘记她与嫪毐已经生有两个私生子，与他们在感情与需要上已不可能完全割断。嬴政收回权力，便意味着她从此就不能再保护她身边最离不开的亲人与情人；就再不能随心所欲地与他们共享荣华富贵了。这样看来，在这场权力交接面前，她的心情应该是相当复杂的。

吕不韦执掌秦国大权已经十二三年，门生故吏遍布朝廷内外。拥有权力的喜悦与失掉权力的滋味，其间的反差是巨大的。有资料表明，他已经在运用"仲父"的力量，力图把亲政后的秦王继续控制在他的牢笼之中。

嫪毐更是惶恐不安。

与太后私通而生子，淫乱宫闱，这是死罪；在人前充秦王"假父"，属大不敬，这是死罪；专擅权力，败坏朝纲，这还是死罪；无功受封为长信侯，拥有山阳、太原二郡封地，引起国人纷纷责难，破坏秦国的授爵封赏制度，这也是死罪；图谋让自己的私生子取代秦王嬴政的地位，这更是十恶不赦之罪；勾结朝臣，建立自己的反叛力量，这也是死罪。秦王亲政与太后交出最高权力，这意味着嫪毐集团灭顶之灾即将到来。嫪毐集团必须冒险一搏，必须在嬴政亲政前或亲政中将他除掉。俗话说："胜者王侯，败者寇。"嫪毐集团只能孤注一掷，发动叛乱势所必然。

果然，公元前238年，嫪毐集团趁嬴政到雍举行加冠礼的时机，发动了政变。嫪毐矫用秦王玺及太后玺，征调"县卒及卫卒、官骑、戎翟君公、舍人，将欲攻蕲年宫"。（《史记·秦始皇本纪》）

蕲年宫，就是秦王嬴政在雍下塌住宿的地方。

但是，嫪毐集团太高估他们的那一点势力了。

年轻的嬴政，早已做好防范与平叛的准备工作。

名不正则言不顺。

很快，不得人心的嫪毐集团叛乱被镇压，其所有成员被一举清洗。

同时，秦王嬴政一举从太后手中接收过最高权力，并把太后软禁在雍的萯阳宫。

紧接着，秦王嬴政又将剑锋指向了吕不韦。

这也是势在必行的事情。

因为，在最高权力的争斗上，吕不韦与秦王嬴政之间的矛盾不可调和。

事实上，在秦王嬴政亲政前的一二年内，吕不韦就已经察觉出这个幼主对自己的潜在威胁。

早在秦王嬴政八年（公元前 239 年），吕不韦挑选了这个嬴政亲政前一年的不寻常的日子，将《吕氏春秋》这部早已经开始编纂的著作，挂在咸阳都门。吕不韦宣布："有能增损一字者予千金。"

当然，人们都不是傻瓜。他们看透了吕不韦的政治伎俩，知道这种钱是挣不得的，因而，当时竟"无能增损者"。

这正是吕不韦在此时公布此书想要达到的效果。

秦史专家林剑鸣在所著《秦史稿》中分析："他不过是借此机会向秦王嬴政示威，要他看看相国的力量究竟有多大。不仅如此，他公布《吕氏春秋》还为了要秦王嬴政从行动上到思想上都接受他的控制"。

史学家郭沫若也认为，《吕氏春秋》许多内容，都是吕不韦针对嬴政的思想性恪和心理特点而写的，希望嬴政能够按照吕不韦的思想去治理国家，"俨然就像在耳提面训一样"。

但是，秦王嬴政恰恰不是吕不韦希望的那样的君主。随着他的年壮及从政经验的成熟，他不仅不能再接受吕不韦的摆布，而且还要独治其民，不愿别人共享他的权力。

二人的矛盾与冲突主要表现在：

1. 秦王嬴政与吕不韦的个人感情关系上。

吕不韦与秦王嬴政的父、母，均有着特殊密切的历史渊源关系。秦王嬴政的父亲庄襄王就是靠吕不韦一手扶植才登上秦国王位；秦王嬴政的母亲赵姬原本为吕不韦的爱妾，后来被庄襄王看中才成为庄襄王的王妃。吕不韦与赵姬一直以来缠绵的感情，秦王嬴政是了然于胸的。外间乡间传言吕不韦是秦王嬴政的真正生父，也是秦王嬴政十分头痛的一件事情。本来，他是应当感恩吕不韦的。没有吕不韦这位政治投资家的努力，嬴政就不可能有现在这样辉煌的前程与巨大的权力。凭感情而言，无论嬴政童年在邯郸的日子，还是在咸阳宫的日子，吕不韦对他的关怀与疼爱，都是他不能忘记的事情。但是，这位"仲父"却一直把他当做一位小孩子看，不让他掌握秦国真正的最高权力，这又是秦王嬴政长期记恨于心、不能释怀的事情。更何况，吕不韦与太后的这种情人关系，又让他处在何其尴尬的境地。有谁知道，多少个夜晚人们熟睡的时刻，秦王嬴政却在暗暗咀咒着吕不韦与太后这种不能光明的勾当。

现在，嬴政亲政了。为了权力与政治理想，无论是不是吕不韦的亲生儿子，他都必须坚决认定，他是庄襄王的长子而与吕不韦没有任何血缘上的关系。要达到这一目的，就必须斩断感情上的情丝，将吕不韦彻底置于死地，绝不能心慈手软。秦王嬴政只能用这种行动向世人表明：他与吕不韦没有间间传闻的那种血缘与感情上的关系，以此来维护他得来不易的秦国王位与最高权力。

2. 秦王嬴政与吕不韦在思想上和政见上也存在着巨大的分歧。

郭沫若在对《吕氏春秋》作了深入细致的研究后，指出，从政治主张上看，吕不韦的观点包括：

他是反对家天下的；

他是尊重民意的；

他是赞成修齐治平的哲人政治的；

他讴歌禅让；

他主张君主无为。

而秦王嬴政则是：

天下一人之天下也，非天下人之天下也；

主张极端专制，不让人民有说话的余地；

他反对那一套修齐治平的迂腐的理论；

像这样一位极端神秘主义者，极权主义者，实行万世一系的人，他当然反对君主无为说，而对于禅让说，论理得尤当反对的。

秦史专家林剑鸣也认为："他（指秦王嬴政）不仅不能容忍，像吕不韦这样热衷权势的、以仲父自居的人，而且同儒家宣扬的重民思想根本就格格不入，所以他对于《吕氏春秋》宣扬的观点，有很大一部分是抵触的……无论是谁妨碍他独断专行，都是他所不能允许的。在这一点上，法家绝对的君主极权的主张，倒是颇合他的口味。这样，秦王嬴政22岁亲政以后，同吕不韦的矛盾公开爆发，乃是势所必然的了。"

3．吕不韦在处理太后宫闱及嫪毐事情上的错误，给秦王嬴政的亲政，甚至生命，都造成了极大的危胁。

吕不韦身为国相，不注意从行为上约束自己，经常出入宫闱与太后私会，已经是年轻的嬴政所不能容忍的了。更为可气的是，为了满足太后的私欲，吕不韦竟置秦国法律制度于不顾，举荐嫪毐进宫取悦太后。嫪毐乱党的可怕膨胀，固然太后应负重大的责任，但始作俑者却是吕不韦。按秦律，举荐不力者连坐。嫪毐是何下场，吕不韦按律例也应该得到同样的报应。

4．吕不韦权势太大，功高震主，为秦王嬴政所惧怕。

（1）吕不韦有雄心，有胆量，有肩膀，敢做别人不敢做的事情。

（2）吕不韦先后拥立两代君主，身居相国之位并实际掌握或分享权力十多年，在秦国内外享有很高的声望。

（3）吕不韦广纳门客、招罗人才，又领有十万户封邑，拥有3000门客和数量庞大的家奴。朝廷内外，遍布着他的人脉，形成了一股以他为首的盘根错节的强大政治利益集团。

这样看来，翦除吕不韦的力量，收回掌握在吕不韦手中的最高权力，应当是秦王嬴政蓄谋已久的计划了。

嫪毐集团的反叛及其被清除，也恰好为嬴政处理吕不韦集团提供了机会。

这是因为，查处嫪毐之事必然牵连到吕不韦。嫪毐获得太后宠幸，起因得力于吕不韦的举荐。此前就有人揭发"嫪毐实非宦者，常与太后私乱，生子二人，皆匿之"。于是秦王嬴政下令调查，"具得情实，事连相国吕不韦"。（《史记·吕不韦列传》）嬴政以此向吕不韦开刀，于法有据，并非师出无名，不怕众人不服。

但是，吕不韦集团并非嫪毐集团那样简单。吕不韦又没有公开地反叛，其能力、资望又深服人心。因此，对于处理吕不韦，秦王嬴政谨慎小心，颇费了一番工夫。

第一步，秦王嬴政十年（公元前237年）十月，秦王嬴政根据众人的请求，没有立刻杀掉吕不韦，而是以吕不韦与嫪毐之乱有牵连的罪名，免去其相国的职务，收回其手中掌握的一切实际权力。

第二步，逐出咸阳，"就国河南"。将他赶出都城，让他到远离政治中心的封地河南雒阳去居住。

第三步，进一步将吕不韦及其家族戍迁到地广人稀、消息蔽塞的蜀地居住。

在河南封地居住的一年多时间里，吕不韦不知俭束自己，仍然与东方各国诸侯来往频繁，继续过问政治事务。"诸侯宾客使者相望于道，请文信侯。"（《史记·吕不韦列传》）这种情况，使本来就对吕不韦很不放心的秦王嬴政更加猜忌。为了根绝后患，他抹去了对吕不韦的最后一丝柔情，决定除掉吕不韦。况且，亲政两年来，秦国的军政官吏已经团结到了以他嬴政为首的旗帜之下，政权过渡的危机已经过去，朝廷上下对吕不韦鸣不平的声音已经低了下去。

是该最后下手的时侯了。

对秦王嬴政来说，要杀掉这个曾经有恩于他父子两代、自己多年称为"仲父"的人，他就得首先战胜自己。在权力利害与道义、感情的天平上，自古及今，命运之神都将它严重倾斜在权力与利害的一方。韩非子不是说过，有三种情况对君主最危险吗？"一曰同床，二曰在旁，三曰父兄"。如果吕不韦不是与他嬴政过于亲密、过于洞察，掌握着他的一切漏洞、弱点，而且，又过于雄心勃勃，不断过问政治事务的话，他嬴政杀掉吕不韦干什么？长痛不如短痛，必须除掉这个心腹大患、影响秦国政局稳定的定时炸弹。

于是，深谙吕不韦心理弱点的秦王嬴政挥笔写下了比刀剑还要锋利的一道谕旨：

"君何功于秦？秦封君河南，食十万户。君何亲于秦？号称仲父，其与家属徙处蜀！"（《史记·吕不韦列传》）

这话的意思很明白：吕不韦你对秦国有什么功劳？秦国封你享受河南十万户的租税。吕不韦你与我秦王有什么亲缘关系，竟敢号称"仲父"！现在我命令你与你的家属都迁到人迹罕至的蜀地去！

这封谕旨是秦王嬴政对吕不韦的政治地位和亲情关系的彻底否定。

第一，你吕不韦于秦国无功，就不应该享受国家的租税食邑；

第二，你吕不韦与我无亲无故，就不应该号称"仲父"。

第三，一个既对秦国无功且又与我毫不沾亲的人，赶快远远地离开这里，最好从我的视线中永远消失。

平心静气地说，秦王嬴政写出这样的东西来，也该是一件很不容易的事。他必须否定父亲庄襄王与他二人过去给吕不韦的封地与尊号；必须忘掉他在童年时代受到的吕不韦的关怀与照顾；必须将他内心深处的一丝柔情彻底抹掉。

权力欲的膨胀，很容易使人变态。秦王嬴政只能这样完全颠倒黑白是非。

读过秦王嬴政派人送来的谕旨，吕不韦知道自己已经到了人生的终点。

他知道这是嬴政要他马上去死。

于是，他草草安排好家事，然后举起了斟满鸩酒的酒樽。

吕不韦死后，嬴政仍然没有放过他的全家及其门客故友。对于前来哭临吕不韦的人，一律给予严厉的处置：

"其舍人临者，晋人也逐出之；秦人六百石以上夺爵，迁；五百石以下不临，迁，勿夺爵。"

秦王嬴政还明令宣布：

"自今以来，操国事不道如嫪毐、不韦者籍其门，视此。"

这也就是说：以后再有敢与秦王争权者，就把全家登记造册，重者处死，轻者收为官奴。秦王嬴政就是这样将吕不韦作为反面教材，要求掌权者引为鉴戒。

据司马迁说："当是之时，天下大旱，六月至八月乃雨。"

神童甘罗

　　甘罗这位神童，与今日媒体或某些教育机构精心打造出来的"神童"不同，一没有在现代标准化考试成绩上下工夫；二没有北大、清华的名校背景；三没有靠熟练背诵"四书五经"成名。他神就神在：一、年纪轻轻就能通晓天下国家的大事。如不是博览群书，十分留意于当时的国家政治生活与国际政治，欲达到如此水平，想都甭想；二、胆气十足，颇具大家气象风范。不到十二岁就成为当时秦国最有权势者吕不韦的座上客；三、没有靠自己的丰厚的家庭背景混饭吃，完全靠自己真本事出来打拼天下，一举成名天下知。

一

战国末年，秦国冒出了一个名叫甘罗的小神童。小小年纪，竟能关心起国家大事，做出许多大人物们都不敢做，做不到的大事情。

翻开一部东周史，东寻西搜，还真找不出像甘罗这样聪颖、智慧、在政治上如此成熟的天才少年。

要知道，吕不韦当时掌握着秦国的政治大权，他的门客各有本事，人才济济，断非滥竽充数者所可存身。李斯，是吕不韦的门客，后来成为大秦帝国开国的首任丞相；《吕氏春秋》是中国早期典籍中百科全书集大成。这部千古名作，就是吕不韦门客集体所为。像甘罗这位年龄才刚刚十二周岁，乳臭未干的小毛孩，一般人是看不到眼中的，何况，如要成为吕氏门客，还要经过层层筛选，一个十二岁的孩子能跨进这位雄视天下大人物的门槛，敢于叩开这位雄视天下大人物的黑漆漆的大门，没有两把刷子，吓也要吓死，哪里还能堂而皇之地与胡须冉冉的一把自恃才高八斗、学富五车的大老爷们坐在一起共事，而不被他们歧视或者排挤？在那个极其讲求论资排辈，十分重视年龄资格的年代，单凭这一点，就可看出甘罗年纪虽小，能量却不小、不凡、不平常了。

二

在《东周列国志》与《史记》中，对甘罗的记载并不多。司马迁也只是在《甘茂列传》中提及甘罗时寥寥几笔。《东周列国志》中的有关记述也与司马迁说的差不多，基本情节显然是从《史记》中发挥而来。如此情况，就给我们分析甘罗的具体情况造成了极大的困难。不过，历史的最美丽、最动人处并不在还原发生过的细节，而在于能让后人透过重重迷雾，获得一面宝鉴，就像《红楼梦》中的风月宝鉴一样，正反两面俱在，得到自己最需要得到的经验教训，得到我们最想看到的东西。

在我的印象中，中国历史小说中所谓的"神童"不少。别的不论，单翻开一部《三国》，粗略统计，就可以找到蔡琰、曹冲、诸葛恪三位神童。

据殷伟在《中国琴史演义》中的《蔡琰绝唱胡笳曲》一章中详述：

话说一个秋日的晚上，皓月当空，树影摇曳。大音乐家蔡邕兴致突来，点燃一缕清香，取出琴囊，走到窗前，坐在琴几后，动手褪去琴囊，捧出一具七弦琴来，这琴是蔡邕心爱的宝物，只见琴足有三尺六寸长，浑体朱漆斑斓，满布彩饰花纹，琴尾有焦痕，琴面绷弦的岳山旁还镌刻着两个小篆飞白文"焦尾"。蔡邕调好琴弦，援手拨弦轻弹，琴声悠扬轻柔如黄莺出谷。

坐在堂中书桌边写字的小姑娘蔡琰，被这美妙的音韵所迷住，她放下毛笔，以手支颐，望着窗外明月，全神贯注地静听，完全沉浸在这悦耳动听的旋律之中。

突然，琴弦"啪"地一声断了一根。蔡琰抬起头来，奶声奶气地对蔡邕说："父亲，断的是第二根弦吧！"

蔡邕低头一看，果然是第二根弦断了。他回头望望幼女，奇怪地想：这第二根弦断了，她怎么知道呢？莫非是偶尔猜中的。他把断了的弦重新换好，接着重新弹起来，弹着弹着，他故意把第四根弦弄断，然后问女儿说："这回你知道是第几根弦断了吗？"

静心听琴的蔡琰毫不迟疑地应声回答："是第四弦！"小姑娘听觉非凡，有过人的音乐天资。

蔡邕大吃一惊，见六岁的幼女如此聪明，如此善于辨音，两次都说中了，便叫幼女过来，把她抱在自己腿上，抚摸着她的头说："你是怎么猜中的？"

蔡琰睁着一双乌黑的大眼，望着父亲一本正经地说："您给我讲过，从前吴国公子季札听周乐，能判断国家的兴衰；晋国乐官师旷听琴声，能断定楚国要打败仗。女儿天天听你弹琴，难道连两根弦断了都听不出来吗？"

蔡邕见女儿小小年纪就这样富有音乐才华，心里特别高兴。就用心地培养她，不但把自己弹琴的技法一一传授给她，还系统地教她有关音律知识和诗文写作。就是在这样文化气氛浓厚的家庭环境里，加上父亲的悉心指导和自己的勤奋好学，蔡琰在文学艺术方面具有了较高的修养和才能，诗文琴技都颇不一般，成为东汉著名的音乐家和诗人，父女两人，享有父女音乐家和父女诗人之称。

曹冲称象是历史上另外一个有名的故事。

这个故事讲的是：

曹冲是三国曹操的爱子，自小生性聪慧，五六岁的时候，智力就和成人相仿。有一次，东吴的孙权送给曹操一只大象，众人过去都没有见过大象。曹操就对大家说："这只大象真是大，可是到底有多重呢？你们谁有办法称它一称？"嘿！这可难倒了大家。大臣们想了许多办法，但都行不通。这时，曹冲从人群里走出来，对曹操说："父亲，儿有一法，可以称出大象的重量。"曹操笑着问："你小小年纪，有什么法子？你倒是说说，看有没有道理。"曹冲把自己的想法娓娓道出。曹操一听连声叫好，立刻吩咐左右准备称象，然后对大臣们说："走！咱们到河边称象去！"

众大臣跟随曹操来到河边。曹冲叫人把象牵到一只船上，等船身稳定了，就在船舷上齐水面的地方，刻上一条痕迹。再叫人把象牵到岸上来，然后把大大小小的石头，一块一块地往船上装，船身就一点儿一点儿往下沉。等船身沉到刚才刻的那条道道和水面一样齐了，曹冲就叫人停止装石头。大臣们睁大了眼睛，起先还摸不清是怎么回事，看到这里不由得连声称赞："好办法！好办法！"现在谁都明白，只要把船里的石头都称一下，把重量加起来，就知道象有多重了。

除了曹冲称象外，诸葛恪巧对吴主孙权为父亲解围的故事也广为流传。

诸葛恪是三国时代吴国大臣诸葛瑾的长子。自幼聪明伶俐，捷才敏对，表现出颖异的才华。吴主孙权曾经当面赞扬过诸葛瑾父子，说他们："蓝田生玉，名不虚也。"

可是，与以厚重见称的乃父诸葛瑾不同，诸葛恪这位小帅哥自小便表现得与众不同。

一次，孙权大会群臣，气氛十分欢洽。因为诸葛瑾脸长，孙权爱开玩笑，叫人牵一头驴来，在其脸上题字曰："诸葛子瑜"（瑾字子瑜），博得大家一片笑声。诸葛恪也在座，看到父亲被人开玩笑，便向孙权提出添两个字。孙权命人给笔，他拿起笔就在后面添了"之驴"两个字，于是其文就变成了"诸葛子瑜之驴"。大家于是一片赞许的掌声。孙权于是下令把驴赐给了诸葛瑾。

除了上面的故事之外，诸葛恪巧对孙权还有一个事例。

一天，孙权问诸葛瑾："你父亲与叔叔诸葛亮哪个更贤？"这是个很难正面回答的二难问题：肯定父亲，有背自谦原则；肯定叔叔，对父亲失敬也不行，何况叔叔会还正在给"敌国"效力。可诸葛恪却毫不犹豫地回答说："我父亲超过叔叔！"

"此话怎讲？"孙权很感兴趣。

诸葛恪答道："因为我父亲知道事奉圣明之君，而叔叔却不知。所以父亲超过叔叔！"

孙权听罢，开心地大笑起来。

从上述两个故事看，诸葛恪确实是个神童，从小即捷才敏对，在东吴名声很高。有这样聪明的孩子，做父亲的一定十分高兴，一般人都会这样想，可是诸葛瑾却不然。据《三国志·诸葛瑾传》载："瑾子恪，名盛当世，权深器异之；然瑾常嫌之，谓非保家之子，每以忧戚。"诸葛瑾的态度，并非年老僵化，他的"忧戚"，有着深重的历史感和危机感。诸葛亮的儿子诸葛瞻也是自小聪明，诸葛亮在给诸葛瑾的家书中说："瞻今已八岁，聪慧可爱，嫌其早成，恐不为重器耳。""小时了了，大未必佳"，这类事件在历史上屡见不鲜。所谓"大器晚成""大智若愚"等等，里面包含着很深刻的道理。果然，诸葛恪和诸葛瞻这一对小兄弟后来人生的悲惨结局，不幸也都为他们的父辈所言中。

蔡琰、曹冲、诸葛恪三人，虽然都是天赋秉性异于常人，也在人们所谓的神童范畴之列。然而，聪明不等于有才干，有才干不等于有器识。何况，器识亦有大小之别，它们之间不能画等号。从人才学的角度来看，器识固然需要一定的才干，但有出色的才干不等于就一定具有很高的器识，器识高者一生无成甚至悲剧者，历史上不胜枚举。

曹冲早夭在此不论；蔡琰是个奇女子，在音乐、文学等方面都有颇高建树，属于学者系列，在此亦可不论。唯独诸葛恪还需要再认真分析和总结一下，因为他与战国时期的甘罗有很多相似或者相同的地方。

诸葛恪的长处在于思维敏捷，伶牙俐齿，反应迅速，有胆有识，甘罗的长处也正在于此。

从他们少年时代的特殊表现来看，诸葛恪只不过表现在其为父亲的尴尬解围上面，属于脑筋急转弯之例。甘罗则不然，十二岁的他首先敢于毛遂自荐，敢于解决相国吕不韦及其门客都解决不了的问题。他所解决的问题涉及国际一系列重大问题，关系到秦国的统一与发展，这种责任绝非小聪明者所能担当，非一般成熟性纵横家所能完成。从这一点上说，甘罗"神童"中涵盖意义就更大更深。

三

据太史公在《史记》中记载："甘罗者，甘茂孙也。茂既死后，甘罗年十二，事秦相文信侯吕不韦。"

这就是说：甘罗为秦国名臣甘茂之孙。甘茂死去时，甘罗才十二岁事奉秦国丞相文信侯吕不韦。

当时，秦始皇派刚成君蔡泽到燕国，三年后燕国国君喜派太子丹到秦国作人质。

这一次，秦国准备派张唐去燕国，打算跟燕国一起进攻赵国来扩张河间一带的土地。

张唐对文信侯说："我曾经为昭王攻打过赵国，因此赵国怨恨我，曾扬言'谁要逮住张唐，就赏他百里方圆的土地'。现在去燕国必定要经过赵国，我不能前往。"文信侯听了怏怏不乐，可是没有什么办法勉强张唐前去使燕。

甘罗说："君侯您为什么闷闷不乐得这么厉害？"文信侯说："我让刚成君蔡泽事奉燕国三年，燕太子丹已经来秦国作人质了，我亲自请张唐去燕国再为秦国联络邦交，可他不愿意去。"甘罗说："请允许我说服他去燕国。"文信侯闻言不快。呵斥他说："快走开！我亲自请他去，他都不愿意，你怎么能让他去呢？"甘罗答道："项橐七岁就作了孔子的老师。如今我已经满十二岁了，请您让我试一试，何必这么急着呵斥我呢？"于是吕不韦同意了。

甘罗去拜见张唐说："您的功劳与武安君白起相比，谁的功劳大？"张唐说："武安君在南面挫败强大的楚国，北面施威震慑燕、赵两国，战则胜，攻必克，夺城取邑，不计其数，我的功劳比不上他。"甘罗又问："应侯范雎在秦国任丞相时与现在的文信侯相比，谁的权力大？"张唐说："应侯不如文信侯的权力大。"甘罗又问："您确实明了应侯不如文信侯的权力大吗？"张唐答道："确实知道。"甘罗接着说："应侯打算攻打赵国，武安君故意为难他，结果武安君刚离开咸阳七里地就死在杜邮。如今文信侯亲自请您去燕国任相而您执意不肯，我不知您要死在何地了。"张唐听了，就说："冲着你这话，我不想去也得去。"于是让人整治行装，准备上路。

确定了张唐的行期，甘罗又对文信侯说："借给我五辆马车，请允许我为张唐赴燕先到赵国打个招呼。"文信侯就进宫把甘罗的请求报告给秦王说："过去的甘茂有个孙子叫甘罗，年纪很轻，然是名门之后，所以诸侯都知道他。最近，张唐推病不去燕国，甘罗说服了他，使他答应毅然前往。现在甘罗愿意先到赵国为张唐清除障碍，请大王答应派他去。"秦王嬴政于是召见了甘罗，并派他出使赵国。

赵襄王听到秦国的使者来赵，便亲自到郊外远迎甘罗。

甘罗问赵王："大王听说燕太子丹到秦国作人质的事吗？"赵王答道："听说了。"甘罗又问："大王听说张唐要到燕国任相的事吗？"赵王又答："听说了。"甘罗接着说："燕太子丹到秦国来，说明燕国不欺骗秦国。张唐到燕国任相，说明秦国不欺骗燕国。燕秦两国互不相欺，没有别的原因，就是想攻打赵国来扩大自己在河间一带的土地。大王不如先送我五座城邑来扩大秦国在河间的领地，我请求秦王送回太子丹，再帮助强大的赵国攻打弱小的燕国。"赵王点头认可，立即亲自划出五座城邑来扩大秦国在河间一带的领地。

秦国送回燕太子，赵国有恃无恐地进攻燕国，夺得上谷三十座城邑，让秦国得到其中的十一座。

因为甘罗成功的外交，甘罗回国后，秦始皇封赏他作了上卿，又把甘茂原来的田地房宅赐给了甘罗。

四

司马迁说："甘罗年少，然出一奇计，声称后世。虽非笃行之君子，然亦战国之策士也。方秦之强时，天下尤趋谋诈哉。"用今天的话来说，就是甘罗小小年纪，然而因为为秦国献出一条奇计，便名垂后世。虽然他算不上品行忠厚的君子，但也是战国时名副其实的谋士。要知道，当秦国强盛之时，天下特别流行权变谋诈之术呢。

根据司马迁的观点，我们可以得出结论：

1. 甘罗虽然年少，但因为一条奇计就"声称后世"。

2. 他的身份与角色定在"战国之策士"。

3. 司马迁的史观是：当时天下"尤趋谋诈"，策士虽非道德，但亦适应了"秦之强"的客观需要。

这就很清楚了，甘罗虽然只有十二岁，但在正式身份上却是战国时代一位名副其实的"策士"，一点儿也不亚于当世之能臣。虽然历史记载甘罗为秦国仅出了一条连环计，但这已经足以证明了这位少年的政治智慧、气魄胆略、伶牙俐齿的素质以及出手的不凡。

先为吕不韦解决张唐的使燕问题，接着又马不停蹄地出使赵国，为张唐解决出路问题，为秦国拆散了燕赵两国的联盟，不劳一兵一卒为秦国得到了五座赵国的河间城池。樽俎之间，让秦国得到了战场上用军事得不来的胜利成果，让吕不韦、张唐各得其所，皆大欢喜。将国际问题，国家问题，人与人之间的利害问题放在一起，一气呵成地处理，并且办得有声有色，让赵王敬畏，让秦王高兴，这哪里是一个小孩子能够办成的事情。可是，小甘罗做成了。不但做成，而且做得轻松、干脆、有理、有利、有节，做得有声有色。他的事例，成为了后世纵横家、外交家必修的经典案例。

难怪，司马迁在惜字如金的《史记》中竟用数百字篇幅来记载此事。

甘罗，不只是一个神童。

官仓鼠李斯的千古一叹

在押赴刑场的路上，李斯老泪泉涌。他曾经那样贪恋的名位利禄，现在已经全部失去，不仅如此，他还要赔上他的全部亲人与九族。这时候他才发现，他曾经花了那么大精力跳出被他视为茅厕的故乡上蔡，原来是那么美好、纯净和温馨啊！望着长长的囚车行列，听着亲人们凄惨的哭喊、嘶叫。李斯无限伤感地对儿子说了一句千百年来不知多少人为之黯然神伤的话：

"吾欲与若复牵黄犬，俱出上蔡东门逐狡兔，岂可得乎？"

直到现在，李斯才真正彻悟了人生。他是多么怀念那一去不复返的牵着咻咻嘶叫的大黄猎狗，与孩子们出上蔡东门，在秋日衰草丛中追逐野兔的时光岁月啊！此时此刻，他倒宁愿如当初在上蔡那样，啃红薯干饼，喝玉米糊糊，蹲饿耗子乱窜、四处不能避风的茅厕。

一

公元前 208 年 7 月，秦国都城咸阳的空气中，到处弥漫着一种令人们烦燥不安的气息。

李斯被投入牢狱已经好几天了。

几天来，没有人理睬这个帝国昔日的丞相，他也没有被审讯。囚室里空空荡荡的，只是每天送来三餐劣质粗糙的饭菜。

这一切，李斯一时还适应不过来。

几天前，面对天下纷乱、大祸已降的现状，他联合右丞相冯去疾和御史大夫冯劫，上书秦二世，希望帝国这位年轻的主人能够轻徭薄赋，停建阿房宫，亲贤人，远佞臣，重新有所振作。但是，好心不得好报。秦二世不但没听，反而将他们三人免职下狱，命令有司查实罪状，依法处置！

冯去疾与冯劫性情刚烈，认为这是对他们人格的极大污辱。他们说，"将相不辱"，愤然自杀，用鲜血与生命，表达了他们对这个昏庸帝王的不满，也表达了他们对这个行将灭亡的王朝的绝望。

作为帝国的丞相、位忝三公已经几十年的李斯，此时此刻，满脑子浮动着的全是怨恨与愤怒，其中也夹杂着些许的恐惧。昨日自己还是钟鸣鼎食、前呼后拥，今朝醒来为何就成为一名囚犯，形同猪狗，在牢中被人不理不睬？

更糟糕的是，他不知道事情的发展将会是一个怎样的结局。

他控制不住自己，破口大骂：

嗟乎，悲夫！不道之君，何可为计哉！昔者桀杀关龙逢，纣杀王子比干，吴王夫差杀伍子胥。此三臣者，岂不忠哉，然而不免于死，身死而所忠者非也。今吾智不及三子，而二世之无道过于桀、纣、夫差，吾以忠死，宜矣。且二世之治岂不乱哉！日者夷其兄弟而自立也，杀忠臣而贵贱人，作为阿房之宫，赋敛天下。吾非不谏也，而不吾听也。凡古圣王，饮食有节，车器有数，宫室有度，出令造事，加费而无益于民利者禁，故能长久治安。令行逆于昆弟，不顾其咎；侵杀忠臣，不思其殃；大为宫室，厚赋天下，不爱其费：三者已行，天下不听。今反者已有天下之半矣，而心尚未寤也，而以赵高为佐，吾必见寇至咸阳，麋鹿游于朝也。（《史记·李斯列传》）

骂得是有些重了。

他先破口大骂秦二世为"不道之君"，认为不值得辅佐并与他共图大事。

然后，他把自己视为夏朝末年的忠臣关龙逄、商朝末年的忠臣比干、春秋末年吴国的干将伍子胥。他把秦二世比作历史上以昏庸残暴出名的暴君夏桀、商纣王、吴王夫差。他甚至认为秦二世的暴虐无道超过了前面三人。

他把秦二世所做的坏事，一件不少地全抖了出来。

他指斥秦二世杀兄篡位，残害忠良，对天下百姓横征暴敛，做出种种伤天害理的事情。

他对陈胜、吴广举事以来的天下大乱，甚至表露出了些许赞叹之色。

他嘲笑：现在反秦者已有天下之半，秦二世居然还执迷不悟，继续任用像赵高这样的奸佞之辈。

他甚至预言：不久的将来，反秦大军必将攻破都城。咸阳宫将变成一片废墟，那时，其间必然是断垣残壁、野草蔓生，只会剩有几只麋鹿徜徉其间。

该发泄的发泄完了，想继续骂下去也觉得口干舌燥了。冷静下来后，李斯终于发现：他身处的不是富丽堂皇的相府，而是阴冷潮湿的囚室。他不知道，牢房外面，不知有多少双眼睛，正在盯着他的一举一动；不知有多少只耳朵，正在偷听着他的一言一语。

李斯虽然是发泄胸中的闷气，出口以吐痛快，但是仅凭此已足以定其死罪了。

果然，李斯的对手赵高笑了。他怀揣着手下刚刚搜集来的李斯在狱中的狂言，忙不迭地向秦二世深宫中的居处奔去。

果然，秦二世闻之大怒，派赵高亲自主审李斯一案。

蒙在鼓中的李斯，对发生的这一切还一无察觉。他脑海里种种杂乱的思想还在不断地翻滚。他一会儿绝望，一会儿又幻想联翩，自以为"有功，实无反心"，还不至于遭到天惩。他真的还不想死。

最终，他决定上书自陈，幻想着这个糊涂的皇帝能够幡然通悟而赦免自己。

于是，他再三请求狱吏给他拿来笔墨，用尽自己的才华在竹简上落笔道：

> 臣为丞相，治民三十余年矣。逮秦地之狭隘。先王之时秦地不过千里，兵数十万。臣尽薄才，谨奉法令，阴行谋臣，资之金玉，使游说诸侯，阴修甲兵，饰政教，官斗士，尊功臣，盛其爵禄，故终以胁韩弱魏，破燕、赵，夷齐、楚，卒兼大国，虏其王，立秦为天子。罪一矣。地非不广，又北逐胡、貉，南定百越，以见秦之强。罪二矣。尊大臣，盛其爵位，以固其亲。罪三矣。立社稷，修宗庙，以明主之贤。罪四矣。更克画，平斗斛度量，文章布之天下，以树秦之名。罪五矣。治驰道，兴游观，以见主之得意。罪六矣。缓刑罚，薄赋敛，以遂主得众之心，万民戴主，死而不忘。罪七矣。若斯之为臣者，罪足以死固久矣。上幸尽其能力，乃得至今，愿陛下察之！
> （《史记·李斯列传》）

从灭亡六国开始到秦帝国建立，李斯一口气为自己列举了七大不世功劳：

1. 辅助秦始皇统一了天下；
2. 辅助秦始皇扩疆拓土；
3. 辅助秦始皇建立皇朝的秩序；

4. 辅助秦始皇加强皇权；

5. 辅助秦始皇制定与推行符合帝国利益的一系列经济政策；

6. 发展帝国交通事业；

7. 辅佐君主建立君主与百姓之间的融洽、和谐关系。

李斯以反说正，表面上是为"认罪"，实际上是为表功。李斯用正话反说的语气，一半哀怨，一半乞求。他希望秦二世看了会受到感动而回心转意，"瘳而赦之"。他怕失去他拼掉青春才得到的爵禄权力，怕丢掉他历尽千辛万苦才得到的荣华富贵。

他，更怕死。

他刚刚还在骂秦二世为无道昏君，还在谴责自己为什么就那么糊涂去为他尽忠、"为计"！怎么一会儿又执着地认为，二世皇帝是受了人的蒙蔽。只要二世皇帝觉醒过来，就会录其功，释其罪，正视听，申正义，允许他重返相位，再效全力？

李斯啊！李斯啊！你真是聪明一世，糊涂一时。你怎么就不想想，自从你被关进牢狱开始，你就已不再是堂堂的帝国丞相，而是一名微不足道的罪犯。你与金銮殿之间至少隔着狱卒、内侍、御史、赵高这四道关卡，你的这份"救命书"能传到秦二世的手中吗？

换句话说，即使李斯的上书传到了二世皇帝的手中，这位胸无大志、唯知追求犬马声色又对赵高之言百依百顺的昏君也绝不会像其父秦始皇读到《谏逐客书》时那样，立刻醍醐灌顶、幡然觉悟的。从这点事情看来，尽管已经宦海多年，李斯还是一个本质书生。

果然，这封带着李斯满腔希望的上书，很快就落到了要坚决置他于死地的政敌赵高的手中。一句轻描淡写"囚安得上书"，这封上书就被扔进了废纸篓中。

二

将奏简交给狱吏以后，李斯便开始了焦灼的等待。

他忽而自负其辩才而信心十足，忽而又想到秦二世对赵高的偏信而心灰意冷。在忐忑不安中，为了消遣这难熬的等待，李斯将思绪伸向了自己昔日的奋斗历程。

早在唐朝时，有一个叫曹邺的诗人，曾经以《官仓鼠》为题，写过一首揭露贪官污吏搜刮民脂民膏的著名诗篇，全文曰：

官仓老鼠大如斗，见人开仓亦不走，
健儿无粮百姓饥，谁遣朝朝入君口。

老鼠历来是以"小"和"怯"出名的。除了"小"与"怯"，它还有贪婪与报复的特点。它们昼伏夜动，见人就跑，所以有"兽之大者莫勇于虎，兽之小者莫怯于鼠"的说法。

然而官仓鼠却非同一般：它们不仅大——"大如斗"；而且勇——"见人开仓亦不走"。它们钻入国家的官仓，不仅衣食无忧，连胆子也变得大而勇了起来。

比唐朝还早一千余年，远在战国时代，李斯就已经有一个人深深悟通了这一点，并且总结出了一套老鼠哲学来身体力行。

李斯，上蔡人。上蔡在当时是楚国的地盘，因而李斯是一个不折不扣的楚国人。

李斯少年时家境贫寒，这使他后来的人生一直蒙着一层自卑自贱的阴影。为了摆脱这个阴影，他奋斗拼搏并取得了令人赞叹的业绩。也是这个阴影，使他在关键时刻总是缩首缩脚，做出一些愚蠢的事情而最终抵消了他的业绩与努力。

李斯凭着聪明、好学，被人举荐为上蔡小吏；又因善于思考、总结、办事干练，深得郡守的赏识与器重。

郡守高车大马的豪华生活、颐指气使的官僚派头，与李斯妻儿老小的贫寒生活，唯唯诺诺、动辄挨训的卑微地位，形成了鲜明的对比与反差。李斯在心中一直苦苦地思索，这一切到底是因为什么？

终于有一天，李斯从老鼠的日常生活中找到了答案。

李斯是在上厕所的时候，突然对人生有了感悟的。

他来到茅厕，还未解衣，就惊散了粪坑里的一群老鼠。这些老鼠又小又瘦，毛色灰暗，且探头探脑，胆小谨慎。它们吃的是污秽的粪便，见到人来狗撵就惊慌逃窜。

李斯突然想起了他随郡守巡视时，在粮仓里看到的老鼠。那些家伙，吃着公家堆积如山的粮粟，住着宽大舒适的房舍，没有风吹雨淋，没有人来打扰，一个个吃得脑满肠肥、皮毛油亮、硕大无比、无所顾忌。原来，这老鼠的世界中也有等级的差别！

顾"鼠"自怜，李斯不禁感慨万端。在上蔡郡府之中，他自居人下，看人脸色，受人管制。在上司面前，他永远是个不被看重、微不足道的小人物。甚至，上司根本不把他当人看。

李斯终于发现：他现在的处境就像是茅厕里的老鼠，贫贱低下，任人欺侮。

他不禁想到：人有地位高下、尊卑之别，就像这老鼠一样，全看是处于何等的环境。郡守有何德何能？他凭什么就那样趾高气扬、目中无人？那些高官贵人们有何德何能？他们凭什么就身穿锦绣的衣裳、吃喝着山珍琼浆、居住着豪华美屋、生活得毫无顾忌？还不是因为他们手中掌握着主宰别人的权力？

他突然觉得，那官仓里的硕鼠正在蔑视着他、耻笑着他。笑他的卑微、笑他的处境。

他终于感悟到：人与老鼠一样，荣辱穷达、贵贱贫富，就看他处在什么样的环境。

于是，李斯在茅厕里发出一声感叹："人之贤不肖譬如老鼠矣，在所自处耳。"（《史记·李斯列传》）

在得出"一个人有无出息就像这老鼠，在于能不能给自己找到一个优越、享受并且安全的环境"这一结论后，李斯决定离开上蔡。离开这个使他自尊心、名利欲大受损伤的地方，离开这个使他贫贱、卑微、屈居人下的地方。

他要向仓中鼠学习，要以仓中鼠为他的人生奋斗目标。他要从茅厕跳向谷仓，再从小谷仓跳进大官仓。这是一种处于下层而又不安于下层的心理状态。这是一种决心凭借自己的打拼来改变自身不利处境的奋发进取的精神。但是，在这种心理与精神中，不可避免地也夹杂了众多自卑、可怜以至可鄙、过分利己等消极因素。

三

李斯的第一跳，是脱离上蔡地方小吏的这种处境，去向当时的硕儒荀子学习帝王之术。

荀子，名况，字卿，赵国人。他是战国时期与孟轲齐名的一代大儒，当时已经名满天下。公元前255年，荀卿来到楚国的兰陵，在这里被春申君举荐为兰陵县令。

李斯心中清楚：凭借他的出身资历，是不可能谋取到想要的高官显爵的。要想达到目的，就必须像苏秦、张仪那样，先去拜师学艺，用学到的一技本领，达到与诸侯各国交易的目的。当时，天下显学有三家，即儒、法、兵。儒讲仁政，法主法治，兵讲杀伐。荀况儒法兼通，外儒内法，在当时各诸侯国中名声很大，跟着荀况学习，是自己鱼跃龙门的捷径。经过思考，李斯决定追随荀卿学习所谓的帝王之术。

据史书上记载，李斯是在路上遇见荀子，并拦车拜师的。

李斯跟着荀卿来到兰陵。在这里，李斯用心苦学三年，这为他以后在秦国的从政打下了坚实的基础。

李斯拜荀子为师，并不是想在学术上取得成就。他很可能还认为他的恩师是一位只知道皓首穷经、只知道著书立说的迂儒。他投到荀卿的门下，只不过是想寻找一个天梯，做一个过渡，丰满一下自己的羽毛罢了。缘此，他在格外勤奋的同时，十分关注当时各国的局势发展。

按道理，李斯是楚国人，应当在楚国寻求发展空间的。但由于楚国当时已经一蹶不振，他认为不值得再为之效命、托付一生；东方列国又都日趋衰落，无法施展他的抱负。当时只有秦国，自商鞅变法以后，蒸蒸日上，国势强盛，具备统一天下的条件，李斯于是决定西游入秦。

据司马迁在《史记·李斯列传》中记载，李斯在告别老师荀子时，直抒胸臆，曾说过这样一些话：

"斯闻得时无怠，今万乘方争时，游者主事。今秦王欲吞天下，称帝而治，此布衣驰骛之时而游说者之秋也。处卑贱之位而计不为者，此禽鹿视肉，人面而能强行者耳。故诟莫大于卑贱，而悲莫甚于穷困。久处卑贱之位，困苦之地，非世而恶利，自托于无为，此非士之情也。故斯将西说秦王矣。"

这个告别宣言，有以下几层意思：

1. 李斯认为眼前正是自己取得功名的最佳时机。

2. 人生最大的耻辱莫过于卑贱，最大的悲哀莫过于穷困。

3. 游说秦王，帮助秦国统一天下，进而达到自己功利并得的目的。

读着这段对话，我们分明可以感受到这位急于求取功名、改变现状的青年学子那种激烈的心跳；分明可以看到那只厕中鼠急于跳出秽污之地的活生生的身影；分明可以听到这个对人生探索还处在青涩阶段的、不甘人下的进取者那既自卑又纯真的呐喊。

李斯把改变自己卑微的地位、猎取荣华富贵，作为自己人生唯一的目标，这是他积极进取的动力，也成为后来葬送他自家性命的祸源。

俗话说，知徒莫如师。了解自己学生的，莫过于授业的老师。

据史料记载："李斯之相秦也，始皇任之，人臣无二，而荀卿为之不食，睹其罹不测之祸。"

意思是说，当李斯做上秦国丞相后，秦始皇重用他，大臣中没有一个能比得上他的，然而他的老师荀卿，却预见到李斯将要遭到不测之祸，因而为他担心忧愁，以致饭也吃不下去。按通常道理看，师以徒荣。学生成为秦国的丞相，他的老师应该为之高兴、荣耀才是，然而，对李斯飞黄腾达，荀子不但不高兴，反而更加忧虑。看来，荀子对他这位功名心太重的学生，是真正了解到家了。

四

李斯的第二跳，是从荀门跳进吕不韦的门下，成为吕不韦赏识与重用的舍人。

公元前247年，李斯来到秦国的首都咸阳。这时，正赶上秦庄襄王病逝，秦王嬴政刚刚继位。嬴政当时只有13岁，秦国的大权完全掌握在太后与丞相吕不韦的手中。

李斯看到秦国权势一时尽集吕不韦的手中，于是，便改变直接游说秦王的最初打算而转投到了吕不韦的门下，成为吕不韦家中的一名舍人。李斯十分努力，给吕不韦留下了很好的印象。

终于，吕不韦完全信任了李斯，把他安置到秦王的附近，让他成为秦宫中的一名侍从卫官。

这样，李斯在很短的时间内就完成了第二次的跳跃。他终于跳进秦国丞相的粮仓，成为了一名名副其实的"官仓鼠"。他肯定很为此高兴过一阵子。

五

李斯的第三次跳，是从吕不韦处跳到了秦始皇身边。从一个不稳固的小粮仓，跳进了一个固若金汤的大粮仓。

由于被吕不韦任命为宫廷郎官，李斯就有了接近秦王的机会。

天赐良机，已经成年的秦王嬴政马上就要亲政国事。这位已接近冠礼的青年国王，性格坚毅，豪情满怀，雄心勃勃。

站在秦王附近，一直在精心观察的李斯，很快就发现了秦王与吕不韦、与嫪毐集团之间，因为权势而发生的不可缓解的冲突。从中，他看到了自己如朝阳般鲜亮的前程。

他巧妙地利用能够接近秦王的便利条件，直接越过吕不韦，向秦王嬴政献计献策，开始出售自己的帝王之术。

李斯指出，秦国统一天下的机会已经成熟。他希望秦王能够抓住这个机会，利用好这个机会，扫平诸侯，一统天下，成就一番前无古人、后无来者的帝王事业。

李斯说：

> 昔者秦穆公之霸，终不东并六国者，何也？诸侯尚众，周德未衰，故五伯迭兴，更尊周室。自秦孝公以来，周室卑微，诸侯相兼，关东为六国，秦之乘胜役诸侯，盖六世矣。今诸侯服秦，譬如郡县。夫以秦之强，大王之贤，由灶上骚除，足以灭诸侯，成帝业，为天下一统，此万世之一时也。今怠而不急就，诸侯复强，相聚约从，虽有黄帝之贤，不能并也。（《史记·李斯列传》）

李斯接着又献兼并的计策：阴遣谋士赍持金玉以游说诸侯。诸侯名士可下以财者，厚遗结之；不肯者，利剑刺之。离其君臣之计，秦王乃使其良将随其后。

李斯的才能，受到了秦王嬴政的赏识与认可。他先被任命为长史，不久又升迁为客卿。

从这时开始，李斯这个总是自认为卑微的上蔡布衣，在秦王嬴政实施统一大业及建立与巩固帝国的过程中，一路蹿升，由客卿而廷尉，由廷尉而丞相，又被封为通侯，可以说是一路顺风，飞黄腾达。在这期间，秦始皇对李斯的信用和恩宠也达到了无以复加的地步。最突出的表现就是李斯不但身为国相，而且"诸男皆尚秦公主，女悉嫁秦诸公子"。这对君臣竟结成了中国历史上少有的儿女亲家。李斯的事业与人生进取已经达到了顶峰。

六

一个人到了顶峰，也就开始了他的下坡之路。

顶峰无立足之地，有的只是狂风暴雨，一个人鲜能在顶峰上站立长久的。

就在秦始皇去世的前一年，已过花甲之年的李斯，凭借着他的政治敏感，开始隐约地认识到了这一点。

据《史记》记载，当李斯的长子三川守李由告归咸阳，李斯在百官前来凑热闹的"天下第一宴"上，曾经喟然长叹：

"嗟乎！吾闻之荀卿曰'物禁大盛'。夫斯乃上蔡布衣，闾巷之黔首，上不知其驽下，遂擢至此。而今人臣之位无居臣上者，可谓富贵极矣。物极则衰，吾未知所税驾也。"

税者，脱也。税驾，就是到达终点。以它来比喻人生，就是结局，归宿一类意思。

不过，李斯的这个感叹，显得多么不吉祥啊！一个位极人臣、享尽荣华富贵之人，在其花甲之年、锦上添花的季节，却想起了年轻时老师教导的"物禁大盛"的箴言，仍然摆脱不了那厕中鼠与仓中鼠的影子。

但是，知之难，行之更难。知道这个道理是一回事，能够循理实践却是另一回事。李斯认识到富贵权势不可太过分，懂得"物极必反、盛极则衰"的道理。可是，一牵涉到他的权力地位，他就又将这个道理抛置脑后，不知道急流勇退、明哲保身。最终，这个仓中肥鼠走上断头台，虽说情有可原，但谁又能说他不是咎由自取呢？

这也说明，一个人早年形成的观念与习惯，竟是如此地难以超越。虽然已经贵为帝国的丞相，但在李斯的骨子里却仍然装的是上蔡小吏的本质。

七

李斯的思绪浮游着，一幕幕在他的心头荡漾。此刻，他想起了他昔日的辉煌，也想到了他往日的鄙劣……

他及时看到了秦国统一天下的时机，并上书敦促秦王嬴政及时抓住并利用了这一千年未有的有利形势，最终兼并六国，实现了国家的统一。

他策划并参与了灭亡六国的战争。在狱中上书中，他曾经不加掩饰地夸耀自己，把秦国统一大业的功劳，全部搬上了自己的功劳簿。

他曾经在公元前237年，针对秦王下的逐客令，马上果敢地、针锋相对地奉上了一篇《谏逐客令》，劝阻了秦王逐客的错误行为，保证了秦国人才没有因此而流失，这对于秦国的强盛与帝国的建立，起了十分重要的作用。

那时的李斯，是多么激情与勇敢呀！他在谏书中第一句就开门见山地写道：

"臣闻吏议逐客，窃以为过矣！"

敢于一上来就直指秦王之错误，直捣秦王之"软肋"，这需要多么大的勇气呀！

李斯在谏书中毫不客气，他用秦国的历史与现实状况说明：接纳外来人才还是驱逐外来人才，这对秦国的兴亡有着至关重要的作用，驱逐客卿将会导致秦国的灭亡。

李斯大胆地告诫秦王：

> 地广者粟多，国大者人众。兵强则士勇。是以泰山不让土壤，故能成其大；河海不择细流，故能就其深；王者不却众庶，故能明其德。是以地无四方，民无异国，四时充美，鬼神降福，此五帝、三王之所以无敌也。今乃弃黔首以资敌国，却宾客以业诸侯，使天下之士退而不敢西向，裹足不入秦，此所谓"藉寇兵而赍盗粮"者也。

这篇刀笔锋利、有理有据、大气磅礴、几乎无懈可击的文章，被后人收进了《古文观止》一书中，流传很广。不经意间，李斯为后人留下了一篇千古吟颂的美文，以至于两千年后，一向评价文章十分苛刻的大文豪鲁迅，也按捺不住对此文的推崇，称："秦之文章，李斯一人而已。"

人们常说，一言可以丧邦，一言也可以兴邦。李斯以他的雄辩之才折服了秦始皇，震惊了秦始皇。秦帝国的军功章上，确实应当记上李斯的这一份实在不小的功劳；两千年前后的中国文坛，也没有忘记他的犀利文笔与辩才。

他辅佐秦始皇建立了中国历史上第一个帝国制度。在秦国的历史上，曾经有两次称帝的行动，都因列国的反对而草草收场。只有这一次，才到了瓜熟蒂落、水到渠成的时候，演出的是一出庄严堂皇的正剧。在秦国政治这个大舞台上，李斯他不仅参与了演剧，而且还是主要编剧与导演之一。

（1）他帮助秦王嬴政建立了皇帝制度。议定了皇帝自称"朕"，所下的命称为"制"，令称作"诏"，臣下向皇帝进言或上书称为"奏"的程序规范。秦王嬴政称秦始皇，以后二世、三世，永永远远，传之无穷。

（2）他辅佐秦始皇建立了以三公九卿为框架的强有力的中央集权的专制政体。中央设置丞相、太尉、御史大夫，称为三公，分别掌管帝国的行政、军政与司法三大体系。三公之下设九卿，以辅助三公，达到治理好国家的目的和要求。地方设置三十六郡。郡下设县，郡县听从中央。

（3）他辅佐秦始皇统一文字、货币与度量衡，最终清除了由于长期分裂割据而遗留下来的地方差异，使中华民族此后虽屡经战乱、分裂而不亡，国家长期赖以保持统一。

三大统一，功惠千秋。

想到这里，李斯不禁眼睛发亮，心中兴奋不已。

八

突然，李斯的眼神又暗淡了下来，一时浑身无力。

因为这个时候，也只有这个时候，他才想起了他往日所犯的罪孽，想起了他因功名利禄而做过的件件不光彩的事情。

他太看重名利，更害怕失去名利，这是他性格上的弱点，也是他以"仓中鼠"为人生目标的必然结果。

为了保持和争取更高的权位，他杀害了同窗韩非，怂恿秦始皇焚书、坑儒。

焚书、坑儒，这两桩涉及秦帝国根本利益的暴虐事件，是这个新生不久的帝国一个转折的信号。

唐代司空图写有一篇《铭秦坑》，言简意赅，揭示了"灭人实为自灭，坑儒即是坑秦"这个简单易懂的事实。

秦求戾儒，厥民斯酷；

秦儒既坑，厥祀随覆。

天覆儒仇，儒祀而家；

秦坑儒耶？儒坑秦耶？

在焚书坑儒的过程中，帝国上层阶层曾经有一个年轻人，看到了这种事情的严重后果。

他就是秦始皇的长子——公子扶苏。

扶苏试图劝谏秦始皇，结果被秦始皇怒而赶出咸阳。扶苏离开帝国的政治中心，对大秦帝国的灭亡，起到了一种微妙的加速作用。秦始皇与李斯造孽如此，天公也该发怒。

这一切，天意耶？人谋耶？

史学家翦伯赞先生认为，秦始皇晚年，帝国庙堂之上已经形成了三种政治力量：

一是以扶苏为首的新贵族派。因为扶苏是秦始皇的长子，按照习惯上的立嫡以长的惯例，他被立为太子只是早晚的事情。由于他"信人而奋士"，朝中拥护与瞩目他的大臣不在少数。

二是以李斯为首的官僚派。经过30多年的经营，这一派把持着中央行政大权，在相当程度上左右着帝国的方针。

三是以赵高为首的宦官派。他们包围着秦始皇，掌握着宫廷的机要和秘密，一旦出现某种时机或变局，他们就会运用手中掌握的皇权资源，成为主宰局势的重要力量。

扶苏的为人与主张，显然与后两派有着明显的距离。他代表着本土派的利益，不可能为其他两派所喜欢与认同。

因此，扶苏的去留，对这个尘埃并未落定的帝国，就具有十分重要的意义。

秦始皇让扶苏远离政治中心，客观上让人们产生了对扶苏未来地位的怀疑与观望。

扶苏经此打击，对自己的前途，不免也会产生悲观的念头与想法。

所有这些，都为秦始皇猝死外地，赵高、李斯施展阴谋来蛀蚀这个还十分脆弱的年幼帝国，冥冥中提供了契机。这一切，却都是独断专行的秦始皇绝对始料未及的。

九

李斯的思绪又转到了他在沙丘附逆后，与赵高、秦二世相处的岁月。

公元前 210 年，秦始皇在沙丘病亡，终年 50 岁。

秦始皇在巡游途中意外地死去，他一手制造的潘多拉盒子，在赵高、李斯的合力开启下，终于给秦帝国带来了致命的灾难。

临终前，秦始皇遗诏扶苏：

以兵属蒙恬，与丧会咸阳而葬。

中国历史上唯一自称始皇帝的人，就这么死了。死在一个露浓花重，已是孟秋，天气却依然炎热的早晨。

在秦始皇的尸体旁，赵高笑了。笑得那样疯狂，笑得那样无所顾忌。

多年来，他匍匐在这个专制君主的脚边，连大气都不敢出一下，每天只能行为收敛，竭力装出一副忠顺的样子。现在，多年的压抑一下子没了，他顿时感到释然。

赵高感到，自己独霸朝政的机会来到了。他要立随行而来的胡亥为皇帝。这是因为，他不仅是胡亥的老师，二人有着别人所没有的不同寻常的亲密与信任关系，更重要的是，他了解胡亥，知道他是一个幼稚平庸之辈。立胡亥为帝，将他控制在自己的手心中，秦王朝的大权岂不是唾手可得？

想法虽然美好，但实行起来却有着很大的难度。

首先，要扣住秦始皇的遗诏。这事情好办，他负责皇帝的符玺，文件由他收发。现在遗诏在他的手中，他可以压住不发，等事成了再说。

其次，说服胡亥，让他和自己联手发动政变。这件事也不难。胡亥是他的学生，听老师的。赵高要立他为帝，这么好的事胡亥不会不干。说服胡亥，赵高有把握。

再次，他已经利用秦始皇之手，将大臣蒙毅远远地打发去祭司山川，去为已死的皇帝祈福去了。政敌不在身边，他的阴谋便于实施。

最后，也是最重要的，要说服随从而来的丞相李斯，让他与自己合谋去发动政变。

赵高知道，李斯可是朝中最有实力的大臣，手中握有百官推荐任命的权力和资源。不说服李斯参与到这个废立计划中来，他的阴谋就不可能有得逞的机会。

对于说服李斯，虽然难度最大，但赵高也很有信心。

凭借与李斯在一起共事几十年的经验，他深深地了解李斯贪婪富贵而又胆小如鼠、没有个性的性格与心理。

性格上的弱点一旦被别人识破与利用，这个人就很容易进入别人的圈套。

赵高本来就是一个玩弄阴谋的高手，善于利用人性弱点做文章是他的特长。他要直取李斯的最薄弱处，让李斯被迫成为自己的帮凶。

李斯清楚地记得，赵高利用软硬兼施的手段，先使他被迫就范。然后，他一步步在赵高设置好的圈套中越陷越深。

赵高早就料到，一旦摊牌要李斯合作，一定会遭到李斯的反对。因此，他毫不犹疑地使出了两个杀手锏。

1. 他先和盘托出蒙恬与扶苏二人的合作关系，指出，如果扶苏继位，李斯的丞相之位就可能不保的严重性。

赵高毫不客气地单刀直入："丞相，我想问您一个问题。您和蒙恬相比，谁的本事更大？谁的功劳更高？谁的谋略更加深远而不失误？天下百姓更拥戴谁？你们两人谁与扶苏的关系更好？"

事实当然明摆着：蒙恬文武双全，李斯与蒙恬相比，差得不是一个等级。

赵高又继续劝说道："丞相您知道，我本来就是一个下贱的宦官，有幸能凭借熟悉狱法文书进入秦宫。我在秦宫管事二十多年，还没有见过被秦王罢免的丞相功臣有封爵还能传给下一代的，他们都是以被杀而告终。

您知道，皇帝有二十多个儿子，皇帝的长子扶苏刚毅而又勇武，信任人而又善于激励士人。即位之后，他一定要用蒙恬做丞相。一旦到那时，您想再怀里揣着通侯之印安全返乡也不可能了。"

赵高用历史与现实中的利害关系恫吓李斯：扶苏一旦继位，不仅你李斯的丞相之位不保，而且家人的生命也可能无法保全。这些话直戳李斯的心窝，令李斯不寒而栗，不得不同意赵高的想法。

2. 赵高告诉李斯：胡亥已经同意继位。他是奉胡亥之命来劝说丞相的。同意不同意您随便。

赵高奉劝李斯：您听从我的计策，就会长保封侯，并永世相传；如果您现在放弃这个难得的机会而不听从我的意见，一定会祸及子孙。

赵高的这两个杀手锏，出手厉害，给了李斯致命一击。在赵高的利诱与威胁下，李斯贪生怕死、贪婪权力的思想一下子都被激活了。

此刻，李斯左右为难，愁肠百结。

拥立扶苏，赵高的分析确有道理。蒙恬不仅才智出众，而且又手握重兵，那时靠边站的可能就是他李斯了。

不拥立扶苏，自己就背叛了先帝的托孤遗诏，而且自己也并不看好胡亥，帝国将来政治前途如何，又实在令人难以预料。

再看蒙毅不在身边，赵高与胡亥已经合起手来。赵高心狠手毒，胡亥对他言听计从，不跟随他们，自己的生命也随时可能发生危险。

李斯首鼠两端，思前想后，苟全富贵、性命的念头，最终冲破了他的良心与道德的底线。

这个"上蔡小吏"，关键时刻，在粮仓与老鼠之间，还是选择了保全老鼠。"老鼠哲学"再一次支配了他的行动，也最终决定了他的宿命。

李斯终于决定：同意赵高的决定并尽全力配合他们完成这次政变行动。

李斯没有料到，这一决定，最终要了他 30 年来为之奋斗、得之不易的这个新建帝国的命！他没有料到，这一决定，也使自己从此上了贼船，想罢手已不可能，他不得不继续助纣为虐，越陷越深。他更没有料到，他想继续做官仓的老鼠，但官仓的主人与奴才已经决心在利用他之后就要把他赶走除掉！

这一决定，把李斯打回了几十年前的原点。不，确切地说，连原点还不如。因为这个决定，不仅会要了他自己的命，他的三族亲人也会因之走上不归之路。

沙丘附逆以后，在秦始皇的尸体旁，赵高、胡亥和他，凑成了帝国临时最高权力的三驾马车。之后，他们就一起向这个新建的帝国举起了屠刀。

第一刀，是使用阴谋除掉秦始皇临终指定的接班人——公子扶苏及其羽翼。

始皇至沙丘崩，秘之，群臣莫知。是时丞相李斯、公子胡亥、中车府令赵高常从。高雅得幸于胡亥，欲立之，又怨蒙毅法治之而不为已也，因有贼心，乃与丞相李斯、公子胡亥阴谋，立胡亥为太子。太子已立，遣使者以罪赐公子扶苏、蒙恬死。（《史记·蒙恬列传》）

第一，赵高、李斯秘不发丧，封锁秦始皇已死的消息。

他们把秦始皇的尸体放置在一辆辒辌车内，让亲近的宦官如往常一样继续陪乘，路上继续向秦始皇的车上送各种吃喝的东西，每天百官奏事如常，就像秦始皇活着时一样。这为他们的政变计划争取到充裕的时间。

第二，他们撕毁秦始皇给公子扶苏的遗诏，篡改、伪造了两份诏书。

一份是立公子胡亥为太子。

另一份是"书赐公子扶苏、蒙恬，数以罪，赐死"。

当然，篡改、伪造诏书的杰作，自然非李斯莫属。过去，他将他的这个文才用在了建立和巩固这个帝国的事业上；而今，他却要用他的才华去做这个帝国的掘墓人啦。

第三，矫诏封就后，他们立即派心腹侍臣作为特使，带上矫诏书、秦始皇的太阿宝剑，飞速前往上郡，处理掉公子扶苏。

第四，杀掉这个帝国的文武二大臣蒙毅、蒙恬兄弟。

第五，趁众大臣与诸公子还蒙在鼓中，日夜兼程，马不停蹄地赶回咸阳，抢先一步进入阿房宫，占据皇帝大位。

扶苏是继秦始皇后全国臣民引颈翘足，盼望已久的人物，蒙恬、蒙毅是这个帝国举足轻重的大臣，秦二世还没有坐稳帝位，就急于除掉这三个心腹大患，用他们的人头来作为他嗣位的祭礼。这一残害忠良的举动，给这个并不平静的帝国，铲出了墓坑的第一锹土。

据史料记载，使者回来，带回扶苏、蒙恬已死的消息，"胡亥、斯、高大喜"。

胡亥大喜，是因为应该当皇帝的哥哥终于死了，他可以没有顾虑、名正言顺地承继大位。

赵高大喜，是因为除掉蒙恬，就等于除掉了他最为恐惧与担心的对手，自己朝独揽朝政大权的目标又迈近了一步。

但是，李斯大喜，喜从何来？嫉妒蒙恬，害怕他抢了你的位置，这还可以理解。可是，你李斯却身任帝国的丞相，担系着天下安危的责任。蒙恬是帝国初年所剩无几的能征惯战的国家干城了。杀了蒙恬，如果帝国周边或者心脏烽火一起，你这个丞相去哪里能点到这样的好将？

李斯啊！李斯！你难道就不明白，赵高心狠手辣，除掉了蒙恬，你还到哪里去找犄角之势，去寻平衡之术？你难道就看不明白，蒙氏兄弟的惨死，对你来讲可不什么是福音吉兆，而恰恰却是灾难的开始吗？

第二刀，是砍向秦始皇的全部儿女与故旧大臣。

沙丘之变后，胡亥与赵高的篡权行为引起了诸公子与大臣们的怀疑。面对疑虑的目光，赵高忧心忡忡，感到危机四伏。秦二世也深怕诸公子知道了真相，会惹来祸乱。

秦二世问赵高："大臣不服，官吏尚强，及诸公子必与我争，为之奈何？"

赵高趁机建言：

> 严法而刻刑，令有罪者相坐诛，至收族，灭大臣而远骨肉；贫者富之，

贱者贵之。盖除去先帝之故臣，更置陛下之所亲信者近之。此则阴德归陛下，害除而奸谋塞，群臣莫不被润泽，蒙厚德，陛下则高枕肆志宠乐矣。计莫出于此。（《史记·李斯列传》）

也就是说，先下手为强，用霹雳手段，严酷刑法，诛杀诸公子、公主及先帝任用的大臣。

秦二世马上授权赵高去办这件事情。

于是，建国以来，秦宗室前所未有的惨剧发生了。

公子 12 人被僇死咸阳市。

公子 6 人被戮杀于杜。

公主 10 人被砍死于杜。

屠杀到此仍在继续。

"公子将闾昆弟三人，囚于内宫，议其罪独后。"最后迫使他们伏剑自杀。

还有一个公子高，本来有机会逃走，但忧虑家眷不能保全。于是，主动上书，请求为父亲秦始皇殉葬。秦二世准其请求，并赐钱十万，作为丧葬的费用。

至此，秦始皇共有子女 34 人，除二世胡亥之外，都被杀完。

嬴秦自从襄公立国 500 多年来，尽管也有过多次宫廷内讧，却没有像现在这样惨烈过！咸阳宫至秦孝公建造入住 100 多年来，宗室内部纵使有过一些讧杀事件，但却从没有像现在这样到处流淌着殷红的鲜血！

残酷的屠杀不仅震动了咸阳，也震惊了整个帝国。

司马迁在《史记·秦始皇本纪》记述这个事件时，接连用了两个"振恐"：

宗室振恐！

黔首振恐！

秦始皇积一生之心力，无非是为一己计，无非是为后代计，这倒好，他的尸骨未寒，后嗣就都被他所信任的赵高与衷爱的儿子胡亥全部杀尽了。这实在是对他一生汲汲以求"独断"权势的极大讽刺。他如地下有知，当会作何感想，采取什么样的行动呢？

该杀的人已经全部杀尽了。秦二世一边擦洗着满手的血污，一边微笑着在想：从此总可以高枕无忧、尽情恣意享乐了吧？

可是，秦二世不知道，他的倒行逆施，已经惹得天怒人怨，人心离散。大泽乡的黔首已经揭竿而起，灭秦的烈火马上就要星火燎原。

✚

李斯清楚地记得，公元前 209 年 7 月，陈胜、吴广造反事发。灭秦队伍已经近临咸阳。作为一国的丞相，李斯知道他担系着不可推卸的责任。更令他担心与惧怕的是，他的长子李由，此刻正担任着三川郡守，在抵挡陈胜军队西进咸阳的行动上极为不力。所有这一切，当然逃不过眈眈注视在一旁的赵高狡诈的眼睛。这时的赵高，觉得铲除最后一个政敌的时机已经到来，他立即派人暗中去搜集不利于李斯的材料，开始向李斯发起攻击。

司马迁说：

> 李斯子由为三川守，群盗吴广等西略地，过去弗能禁。章邯以破逐广等兵，使者覆案三川相属，诮让斯居三公位，如何令盗如此。李斯恐惧，重爵禄，不知所出，乃阿二世意欲求容。

于是，这个把富贵爵位视作生命的人，此时不去管天下如何纷乱，为了避祸，他马上曲意逢迎二世的心意，向秦二世上了一封《行督责书》。

督责书的进献，是李斯彻底丧失政治立场的标志，也是李斯向这个帝国砍的第三刀。

《行督责书》全文很长，通篇讲的都是对百姓臣民如何严加惩罚的歪理。

督责之意就是加大对臣民的监管力度，实行严刑峻法，让他们时时刻刻处在恐怖之中，没有心思去想犯上作乱的事情。

李斯告诉秦二世：

督责之诚则臣无邪，臣无邪则天下安，天下安则主严尊，主严尊则督责必，督责必则所求得，所求得则国家富，国家富则君乐丰。故督责之术设，则所欲无不得矣。群臣百姓救过不给，何变之敢图？

昏庸、独断的胡亥见到了《行督责书》，果然十分高兴。

他下令各级官吏严厉地施行督责政策。

一时间，"行督责益严，税民深者为明吏"。（《史记·李斯列传》）

这种颠倒是非的政策，造成的直接结果便是：举国上下刑者相伴于道，死者血流成河。残民、杀人者为忠臣，死人每天堆满了街市。

在此期间，为了讨秦二世的欢心，李斯不顾百姓疲极的实际情况，加大修建阿房宫的力度。

沉重的赋敛、繁重的徭役、残酷的刑罚，终于把天下百姓逼上了绝路。

上层统治者已经活不下去了。

下层民众也已经活不下去了。

山雨欲来风满楼。

聪明半世、糊涂一时的李斯，企图通过对二世胡亥的阿谀怂恿来保全自己，保住富贵。可是，他没有弄明白这样一个道理，这就是"皮之不存，毛将焉附"？帝国马上就要完蛋了，作为附在这个帝国身上的一根毫毛，李斯难道还能存在下去吗？昔日认为能终生依靠的粮仓已经开始坍塌，仓中寄生的老鼠还能继续自在下去吗？

李斯万万没有想到，就在他抛出误国害民的"督责之术"时，他自己也在步步走入险境。

十一

一失足成千古恨，转回头已百年身！

李斯清楚地记得，胡亥、赵高与他，这在沙丘政变时结成的三驾马车，在除掉扶苏、蒙恬、蒙毅三大强劲对手时，已经矛盾重重，貌合神离。

李斯又怎能忘记，胡亥、赵高一路高举屠刀，一番残酷杀戮之后，现在，帝国庙堂之上的防护林，已经被砍伐殆尽了。光秃秃地剩下了李斯这株残木、剩下了胡亥这个长不大的坏树。

到了这个时候。李斯才终于明白，歹毒的赵高，要杀尽一切，以逞其独揽秦帝国政权的狼子野心。

到了这个时候，李斯才后悔，在秦始皇去世时自己去附和赵高，而没有果断地除掉他，真是鼠目寸光。

李斯怎能不后悔呢?

在沙丘先帝的灵前，自己手中握着帝国的兵权与人事的大权。保卫皇帝的御林军，自己可以随意调遣。他如果不是为了保取荣华富贵，而头脑一时发懵，他完全可以果断地以先帝遗诏的名义，号令手下，诛杀赵高这个小丑。在当时，赵高只不过是皇帝身边的一个掌管玉玺、处理文书的近侍罢了。以李斯在朝中多年积累下来的威望，杀掉这个阉宦，拥立扶苏，这也并不是一件多么难的事情！

李斯清楚地记得，赵高自回朝当上郎中令后，假行君令，滥杀无辜，被他杀害和为了私怨而被他陷害的人实在太多了。

这个人性已经完全扭曲了的赵高，恐怕大臣到朝廷上奏事的时候揭穿他的鬼蜮伎俩，就想出了架空二世的办法。

他利用自己曾是二世老师的身份，向这个已经 21 岁但却昏庸得一塌糊涂的青年皇帝建言：

天子所以贵者，但以闻声，群臣莫得见其面，故号曰"朕"。且陛下富于春秋，未必尽通诸事，今坐朝廷，谴举有不当者，则见短于大臣，非所以示神明于天下也。且陛下深拱禁中，与臣及侍中习法者待事，事来有以揆之。如此，则大臣不敢奏疑事，天下称圣主矣。（《史记·李斯列传》）

赵高的意思，是要秦二世深居禁中，与百官隔离，不去临朝管事，作一个傀儡皇帝。

赵高的理由似乎也很充足：你皇帝尚年轻，未必什么都懂，若是当朝断事，容易露短，反而有损于自己的神明。不如陛下您安居深宫，朝臣奏章，全让我赵高和几个熟悉法典的内侍来研究处理。这样大臣们就不敢上奏那些混淆是非的事情，皇帝您可以尽情安心贪图享受。

这个糊涂的皇帝，于是真的就"用其计，乃不坐朝廷见大臣，居禁中"，从此与百官隔绝联系。

赵高所以敢于大胆地提出这个让秦二世靠边站的馊主意。关键就在于他太了解胡亥的个性与弱点了。他深知这个年轻的皇帝虚荣心强，而且急于贪图淫乐，同时又十分信任自己。抓住胡亥的这个心理，事情就往往出人意料地无往不成。

这样，赵高便达到了预期的目的。

"赵高常侍中用事，事皆决于赵高。"

现在，赵高终于将二世玩弄于股掌之上，开始挟天子以令朝臣了。

下一步，就到了他要收拾李斯的时候。

身陷囹圄的李斯真是悔之晚矣。

对于赵高的独揽大权，李斯心中是十分不服的。他希望能见到秦二世，像自己上《行督责书》时那样，凭智慧去争取二世皇帝对自己的宠爱。

可是，说到底，李斯还是一个只会做事情的文人。弄权术、玩阴谋，他根本就不是赵高的对手。

当时的李斯，如果决心置赵高于死地，他实际上也还有很多的资本。

右丞相冯去疾支持他，朝中关心国事的大臣支持他。他如果联合朝中其他大臣，设置一个严密圈套，骗来赵高，以雷霆万钧之势先下手除掉赵高，然后用实力和朝臣的舆论去求得秦二世的原谅，不是没有可能的一件事情。

但是，李斯太依赖于这位昏庸的皇帝了。他想通过给二世上书的办法，借皇帝之手除掉赵高，这是一个多么愚蠢的主意？他想得太简单了。说到底，李斯骨子里还是一个书生。

相反，对于除掉李斯，赵高可就费了一番心思。

他摸透了这位宰相大人的心性，知道李斯只想做一个官仓鼠的角色，除掉李斯，赵高认为最简单易行的办法，就是利用已经掌控在自己之手的皇帝这张王牌，给李斯定个罪名，干脆利落地灭了他的全家。

李斯很后悔，他本想借皇帝之手名正言顺地除掉赵高，没想到，倒钻入了赵高先给他设置好的圈套之中。

想起来，赵高的布局也并不怎么高明。他不过是借李斯急于想见皇帝之面的心思，专门在秦二世与爱妃们鱼水之欢时，让李斯前往求见。

自然，结果可想而知，对于被李斯刚刚扫了兴、正在气头上的秦二世，赵高从容地拿出了自己早就成竹在胸的王牌，向二世诬告，李斯和其子李由与山东贼盗有来往，想乘机裂土称王。

消息很快通过内线传到了李斯的耳朵之中。

到了这时，李斯才意识到了问题的严重性。

但是，他所想到的方法，还是老套路，就像当年在他被逐之时向秦王嬴政上《谏逐客书》一般，向秦二世上书来揭露赵高的狼子野心。

李斯写道：

臣闻之，臣疑其君，无不危国；妾疑其夫，无不危家。今有大臣于陛下擅利擅害，与陛下无异，此甚不便。昔者司城子罕相宋，身行刑罚，以威行之，期年遂劫其君。田常为简公臣，爵列无敌于国，私家之富与公家均，布惠施德，下得百姓，上得群臣，阴取齐国，杀宰予于庭，即杀简公于朝，遂有齐国。此天下所明知也。今高有邪佚之志，危反之行，如子罕相宋也；私家之富，若田氏之于齐也。兼行田常、子罕之逆道而劫陛下之威信，其志若韩玘为韩安相也。陛下不图，臣恐其为变也。（《史记·李斯列传》）

田常、子罕分别是春秋时期齐、宋二国的权臣，他们都利用国君专信他们的弱点，最终杀君、弑君，达到了他们侵夺君权的野心与目的。

韩非子在《二柄》一文中说：过去田常在朝廷向君主求取爵位、俸禄而把它赐给群臣，在民间加大斗、斛来把粮食施舍给百姓，这是齐简公丧失了奖赏大权而田常使用了它，所以齐简公被杀掉了。子罕向宋桓侯说："奖赏恩赐这种事，是民众所喜欢的，请你自己去施行它吧；杀戮刑罚这种事，是民众所憎恶的，请让我来承担它吧。"于是宋桓侯失去了用刑的权力而子罕使用了它，所以宋桓侯被劫持，田常仅仅用了奖赏的权力，齐简公就被杀掉了；子罕仅仅用了刑罚的权力，宋桓侯就被劫持了。所以，当今社会上做了臣子的兼有了刑罚与奖赏两种大权来使用它们，君主的危险就会被齐简公、宋桓侯更加厉害。

李斯在给秦二世的这个上书中，用春秋时期宋国子罕、齐国田常这两个强臣弑君夺国的事例，劝谏二世：赵高就是秦国的子罕、田常，如不下手除掉他，赵高就会像历史上的权臣一样，祸君谋国、阴行其志。

但是，李斯就不明白，秦二世跟他父亲秦始皇是两个完全不同的人，秦二世不是秦始皇，这个皇帝亦不需要什么人才去打扰他的享乐。因此，当秦二世拿到李斯揭发赵高的奏章时，不是去思考一下，这位30多年的老丞相话中有多少合理的东西，而满脑子都是担心李斯会去杀了赵高。

于是，他赶忙找来赵高，提醒他要注意李斯一下。

到了这一步，赵高已欣喜地看到李斯的死期就在眼前了。他巧妙地拾起李斯谏书中提到的田常、子罕这两块石头，反手向李斯扔去。

"陛下，真正的田常、子罕就是丞相呀！丞相现在所以还有顾忌，正是因为有臣赵高在，所以他要杀臣。只要臣一死，他就可以放手去做像田常、子罕那样弑君谋反的事了。"

李斯的奏章，二世没有看进去几个字。赵高的话，倒是一字不漏地全部从耳朵灌进了这个糊涂君王的心田中。秦二世高兴地对赵高说："要不是你，我几乎被丞相出卖了。"

到了此时，李斯的生死安危、身家性命，都操在了赵高的手中。

想到这里，两行悔泪从李斯昏黄的老眼中淌落下来。

李斯彻底绝望了。

十二

赵高开始以最残酷的手段来审理李斯的案件。

他先把李斯的宗族和宾客尽行收捕入狱。

接着，他派人以严酷的刑法拷打李斯，硬逼他承认与长子李由一起通盗谋反。李斯被打得皮开肉绽，实在无法忍熬时，最后只好当堂违心自诬。

阴谋得逞的赵高立刻将李斯的伪供呈上二世，作为定案。

秦二世御笔一挥："具斯五刑，论腰斩咸阳市。"

李斯的命运就这样荒唐而草率地被确定了下来。

写到这里，我真忍不住为李斯的懦弱而郁闷。

李斯，身为丞相，又是秦朝帝国法律的制定人，不能不知道承认"通盗"谋反的后果。承认这些罪状，这是要灭门的呀！挨打不过，就信口乱供，你为什么就不想想你的家人与亲属朋友？看看人家右丞相冯去疾、御史大夫冯劫，他们是多么的刚烈。他们一被收狱，就坚决奉行"士可杀，不可辱"的信条，愤而自尽。而你却始终怀着对生命的贪婪，不但不敢去做自我了断，甚至还不能为维护自己的名誉与家人的安危，去经受住严刑拷打？人们常说，人生70古来稀。你已经是72岁的一个老人了，应当是到了"从心所欲，不逾矩"的年龄了。但是，你却仍然像年轻人那样去贪图富贵，像一个丧家犬那样去苟延残喘。反正都是一死，你为什么就不能刚烈一点，为什么就不能挺起自己的腰板，对得起自己生命的尊严？

司马迁认为，李斯所以不死，是因为他一直还对秦二世存有一丝的幻想。幻想这位皇帝能够良心发现，派人复查他的案件。

但是，惯于施弄阴谋的赵高，早就先他预料到了这一点。

赵高使其客十余辈许诈为御史、谒者、侍中，更往覆讯斯。斯更以其实对，辄使人复榜之。后二世使人验斯，斯以为如前，终不敢更言，辞服。（《史记·李斯列传》）

赵高轮番使人诈为二世使者并狠揍李斯的行动很快收到了效果。李斯被骗怕了、打怕了。真到了秦二世派人来核查其案时，李斯又误以为是赵高设的局，一口咬定自己有罪。

这样，李斯可悲地失去了一次向二世申辩的机会，尽管这机会未必能够给他带来命运的转机。

实际上，说到底，不管李斯对秦国的功劳大小，不管他是否进入"从心"之年，他的骨子里仍旧是昔日上蔡小吏时的那副模样：懦弱胆怯，贪生怕死。这真是，老鼠再包装，到底变不成人的模样。

公元前 208 年七月一个艳阳的日子，牢门大开。一个宦官模样的人进来宣诏：

"判处逆臣李斯五刑：黥鼻、割舌、笞杀、枭首、剁肢。五刑综合，腰斩于市，并夷灭三族。"

接着，蓬发垢面、遍体鳞伤的李斯及其亲朋族人，一起被押往刑场。

在押赴刑场的路上，李斯泪如泉涌。

望着长长的囚车行列，听着亲人们凄惨的哭喊、嘶叫。李斯无限伤感地对儿子说了一句千百年来不知多少人为之黯然神伤的话：

"吾欲与若复牵黄犬，俱出上蔡东门逐狡兔，岂可得乎？"

他好难过！

他好后悔!

他悔不该被名缰利索束缚了自己的一生;他悔不该杀害韩非、扶苏、蒙恬、蒙毅;悔不该与赵高一起为虎作伥;他甚至后悔不该一直活到了这么大的年龄,以致在政治旋涡中葬送了自己所有亲人的性命。

他追名逐利,苦苦地争夺了一生,但到头来还不是赤条条来去无牵挂,一分一角都带不走!

人啊,一辈子争来斗去为名利,没有得到的时候想得到,得到了又如何?失去了又如何?世间都言富贵好,却不知富贵如浮云,到头来还不都是云散高唐,水枯湘江,终归本是一场空。

但是,晚了。

行刑的时刻到了。

赵高下达了行刑的命令。对于这位昔日的帝国丞相,赵高施用了当时最为残酷的刑罚。

刽子手先黥鼻,然后割舌、剁肢,最后笞杀的同时,挥刀斩腰。

李斯的父族、母族、妻族,全部倒在了刽子手的屠刀之下。

李斯以茅厕鼠而感悟,以官仓鼠目标而发达,又最终因为老鼠性格的弱点遭到全家覆灭,断子绝孙的悲惨下场。

李斯死了,他是死在名利场上,死在不坚持政治原则上,死在不知变通与权变上,死在了他懦弱的性格上。要是他不参与沙丘之变,或者在危机关头,不去苟全富贵,用手中的权力与威望来主动扭转乾坤,也许,秦始皇就不会断子绝孙,秦国就不会因而失去宗庙与血食,后来中国的历史也许会因此而改写。在关键时刻,如果他真的去为大秦帝国的利益力争一把,我相信,他的命运也会改写!

最终的结果是,他的身后,是一片寂寞。

一千年之后,一位叫做胡曾的唐朝诗人路过李斯的墓前。他凭吊历史,感慨不已,即兴写道:

上蔡东门狡兔肥，

李斯何事忘南归。

功成不解谋身退，

直待咸阳血染衣。

又不知道过了多少年，人们已经淡忘了李斯的政治家身份，只记得他创作了不随时间流逝的四大作品：官仓鼠、小篆字体、《谏逐客书》和他临终前留下的上蔡东门黄犬的叹息声。

战国琴人万花筒

纵眼观望，战国虽然不乏音乐，但要说这一时期的琴人，因为音乐素养与琴技高超出名者却并不多。总的说来，战国是一个缺乏琴家的时代。在战国时期，有人以琴问政治，有人以琴成就侠客名，有人以琴取悦异性，也有人以琴来娱情言志。总之，这些人的出名，多多少少地都与琴有着一些关系。琴，这个优雅音乐的代名词，已经成为某种桥梁，成为某些人达到俗世功利目的媒介和手段。

一

战国时代，刀光剑影，沙场点兵，疆场争雄。
这是一个男人们在马上马下叱咤风云、建功立业的年代。
这是一个粗狂者奔放的年代。
在这个时代，音乐好像是可有可无，似乎没有更多的人在乎它。

然而，翻开历史，看到的却是另外一番景象，忍不住让人暗暗吃惊。音乐，恰恰是这个战争最强音时代中的最强音。你还真不能不信。不信，请看下面几个实例：

战国之前的春秋时代，就有因为鼓声决定成败的著名的齐鲁长勺之战。

在这次以弱胜强战役中，鲁庄公听从曹刿的计策，面对强大齐军的震地鼓声，从容按兵不动，让齐军冲锋无效。两通鼓声后，齐军第三次发动冲锋，曹刿令鲁军鸣鼓反击。一鼓盛二鼓衰三鼓气竭，结果齐军大败。

关于这次以鼓声决定士气成败的战役，左丘明在《左传·庄公十年》中这样写道：

十年春，齐师伐我。公将战，曹刿请见。其乡人曰："肉食者谋之，又何间焉？"刿曰："肉食者鄙，未能远谋。"乃入见。问："何以战？"公曰："衣食所安，弗敢专也，必以分人。"对曰："小惠未遍，民弗从也。"公曰："牺牲玉帛，弗敢加也，必以信。"对曰："小信未孚，神弗福也。"公曰："小大之狱，虽不能察，必以情。"对曰："忠之属也，可以一战。战则请从。"公与之乘，战于长勺。公将鼓之。刿曰："未可。"齐人三鼓。刿曰："可矣！"齐师败绩。公将驰之。刿曰："未可。"下视其辙，登轼而望之，曰："可矣。"遂逐齐师。既克，公问其故。对曰："夫战，勇气也。一鼓作气，再而衰，三而竭。彼竭我盈，故克之。夫大国，难测也，惧有伏焉。吾视其辙乱，望其旗靡，故逐之。"

到了战国时代，历史也留有"秦王击缶"以及"滥竽充数"的传说。

司马迁在《廉颇蔺相如列传》中说：

其后秦伐赵，拔石城。明年，复攻赵，杀二万人。秦王使使者告赵王，欲与王为好会于西河外渑池。赵王畏秦，欲毋行，廉颇、蔺相如计曰："王不行，示赵弱且怯也。"赵王遂行，相如从。廉颇送至境，与王诀曰："王行，度道里会遇之礼毕，还，不过三十日。三十日不还，则请立太子为王，以绝秦望。"王许之，遂与秦王会渑池。秦王饮酒酣，曰："寡人窃闻赵王好音，请奏瑟。"赵王鼓瑟。秦御史前书曰："某年某日，秦王与赵王会饮，令赵王鼓瑟。"蔺相如前曰："赵王窃闻秦王善为秦声，请秦盆缻秦王，以相娱乐。"秦王怒，不许。于是相如前进缻，因跪请秦王。秦王不肯击缻。相如曰："五步之内，相如请得以颈血溅大王矣！"左右欲刃相如，相如张目叱之，左右皆靡。于是秦王不怿，为一击缻。相如顾召赵御史书曰："某年月日，秦王为赵王击缻。"秦之群臣曰："请以赵十五城为秦王寿。"蔺相如亦曰："请以秦之咸阳为赵王寿。"秦王竟酒，终不能加胜于赵。赵亦盛设兵以待秦，秦不敢动。

公元前 279 年秦赵两国君王召开的渑池会。樽俎之间，差一点就血光四溅，最终还是最高双方用音乐这个工具化险为夷，以赵王击瑟与秦王击缻而和平解决。

"滥竽充数"也是战国时代一个十分有名的与音乐有关的成语故事。

这个故事来源于《韩非子·内储说上》。

战国时期，齐宣王非常喜欢听人吹竽，而且喜欢许多人一起合奏吹竽给他听，所以齐宣王派人到处搜罗能吹善奏的乐工，组成了一支三百人的吹竽乐队。那些被挑选入宫的乐师，皆可得到特别优厚的待遇。

当时，有一个游手好闲、不务正业却胆大的出奇的浪荡子弟，名叫南郭者。他听说齐宣王有喜欢许多人一起合奏吹竽给他听的嗜好，就心起一念，决定混进那个宫廷乐队。于是，他便设法求见齐宣王，向他吹嘘自己是一名多么了不起的乐师，博得了齐宣王的欢心，把他编入了吹竽的乐师班里。可事实是，这位南郭先生根本不会吹竽。每当乐队给齐宣王吹奏的时候，他就混在队伍里，学着别的乐工的样子，摇头晃脑，东摇西摆，装模做样地在那儿吹奏。因为他学得惟妙惟肖，又由于是几百人在一起吹奏，齐宣王也听不出谁会谁不会。就这样，南郭先生混了好几年，不但没有露出一丝破绽，而且还和别的乐工一样领到一份优厚的赏赐，过着舒适的生活。

齐宣王死后，他的儿子齐湣王继位。齐湣王同样爱听吹竽。不同的是他不喜欢合奏，而喜欢乐师门一个个单独吹给他听。

南郭先生听到这个消息后，吓得浑身直冒冷汗。左思右想，为了不露出马脚，不掉脑袋，他趁齐湣王还没叫他演奏的当儿，便一拍屁股，溜之大吉。看来，这位南郭先生除了不会吹竽外，倒也不是个简单的主儿。其胆识，模仿能力、对实际的判断等，却也有超出常人的地方。

除了上述几例，秦始皇因为爱好音乐差一点被高渐离击筑所中的故事也是千古传唱。

战国末年，荆轲刺秦王未成被害，燕国为秦国所灭。第二年，秦统一了中国，秦始皇成了中国历史上的第一个皇帝。当初同燕太子丹和荆轲有关的人都逃跑隐匿各地，高渐离作为荆轲挚友，也不得不隐姓埋名来到河北赵县，在一家酒店充作佣人暂时蛰伏下来。

司马迁说：

> 其明年，秦并天下，立号为皇帝。于是秦逐太子丹、荆轲之客，皆亡。高渐离变名姓为人庸保，匿作于宋子。久之，作苦，闻其家堂上客击筑，傍徨不能去。每出言曰："彼有善有不善。"从者以告其主，曰："彼庸乃知音，窃言是非。"家丈人召使前击筑，一坐称善，赐酒。而高渐离念久隐畏约无穷时，乃退，出其装匣中筑与其善衣，更容貌而前。举坐客皆惊，下与抗礼，以为上客。使击筑而歌，客无不流涕而去者。宋子传客之，闻于秦始皇。秦始皇召见，人有识者，乃曰："高渐离也。"秦皇帝惜其善击筑，重赦之，乃矐其目。使击筑，未尝不称善。稍益近之，高渐离乃以铅置筑中，复进得近，举筑朴秦皇帝，不中。于是遂诛高渐离，终身不复近诸侯之人。

高渐离毕竟是个侠客。逃亡对于他而言，既耻辱亦无奈，不可长久。因而，不久他便不再在乎生死，把压抑在心头的情感，全部倾注在音乐中。

所以听他击筑的人无不为之倾倒，其影响也越来越大，以致后来消息传到了秦始皇那里。

秦始皇也爱听击筑，他派人把高渐离召进宫来。宫中有人认识他，就告诉秦始皇，说高渐离是荆轲的朋友。秦始皇欣赏高渐离的击筑才华，就赦免了他，却派人用马尿熏瞎了他的双眼，让他在宫中做了一名盲人乐工。

高渐离知道秦始皇喜欢听他击筑，就根据秦始皇的喜好，作了几首新曲，加紧练习。秦始皇听击筑有个习惯，每到乐曲演奏到动听处时，他总要走到筑的跟前，视看演奏者的手法技巧。高渐离尽管双眼被熏瞎，但耳朵特别灵敏，秦始皇每次走到他跟前，仅凭呼吸声就能知道其所处的位置。他暗喜，机会终于快到了。

一天晚上，宫廷侍从来通知他，明天皇帝要在殿上宴请众大臣，要他击筑。侍从走后，高渐离在筑内塞满了铅条，顺手做了几次击打的试验。第二天，高渐离来到大殿，献上新曲。

随着筑曲的旋律，秦始皇摇晃着身体，手上打着拍子，又习惯地走到筑前。正当秦始皇沉浸在迷人的筑乐声中时，高渐离突然举起塞满铅条的筑，向秦始皇猛砸过去。由于过于激动，用力太猛，没有砸着，当他再次砸向秦始皇时，已被侍从抢先夺下他手中的筑。

秦始皇看到筑中塞满铅条，气得全身发抖，命令卫士将高渐离拖出大殿立刻处死。从此，历史上又多了一名侠士，少了一名击筑的音乐家。

不过，纵眼观望，战国虽然不乏音乐，但要说这一时期的琴人，因为音乐素养出名的却并不多。总的看来，战国是一个缺乏琴家的时代。

二

在战国时期，有人以琴问政治，有人以琴成就侠客名，有人以琴取悦异性，也有人以琴来言情言志。总之，这些人的出名，多多少少地都与琴有着一些关系。琴，这个优雅音乐的代名词，已经成为某种桥梁，成为一些人达到俗世功利名誉某种目的的媒介和手段。

先谈以琴治国。

邹忌以琴取得卿相之位，辅弼齐威王治理国家的事例广为流传。

公元前 356 年，齐威王田因齐刚刚继承王位，就沉醉于声色犬马，不理国事，弄得朝纲不振，民不聊生。周围的韩、赵、魏、鲁等诸侯各国趁机先后起兵伐齐。齐国面临着严重的内忧外患。大臣们纷纷上书劝谏，但效果甚微。齐威王索性下令，不准左右进谏。

当时，齐国有一个名叫邹忌的读书人，颇有学问和才干，又是个有名的琴家。他对齐国的安危十分关心。这天，他来到宫门外，向守门人说："听说大王爱好音乐，我善弹琴，特来献艺。"守门人见他携带七弦琴前来，急忙通禀，齐威王最爱好弹琴，也喜欢听琴，听说是琴师来见，便很高兴地马上召见。

齐威王让人在邹忌座前放了一张琴几，琴几上放一床名琴，静静地等待邹忌精彩的演出。邹忌也让人好生奇怪，用手摸摸七弦琴，调好琴弦，两手搭在琴弦上，久久也不拨动琴弦。齐威王有点纳闷，就问："先生怎么不弹呢？先生不是善弹琴吗？寡人好琴，愿听先生弹奏。你为什么只摸琴弦而不弹呢？是嫌琴不好，还是不愿为寡人弹奏？"

面对齐威王的一顿数落，邹忌却不慌不忙。他把琴往前一推，不紧不慢地说："我不仅会弹琴，还十分精通琴理。"

齐威王虽也会弹琴，但并不懂什么琴理，就对邹忌说："你既然知道琴理，不妨给寡人讲讲。"

于是，邹忌便从琴的历史到琴的制作和技法，海阔天空地谈了起来，他从琴是禁淫邪令人走正道，谈到古时伏羲造琴，所设计的长、宽、前宽后窄、上圆下方、五根弦的象征。"后来周文王、周武王各加了一根弦，文王所加之弦谓少宫，武王所加之弦为少商，这好比君对臣的恩惠，君臣相得，政令和谐，这也就是治国之道。"

齐威王听得似懂非懂，有些不耐烦，就说："你说得很好。可寡人不愿听这些空洞乏味的道理，既然你对琴理这么精通，对弹琴也一定十分娴熟，为什么就不给寡人弹奏一曲？"

邹忌见时机成熟，很严肃地说："臣只是研究琴艺小技而已，而大王是治理国家大事的君王。齐国好比是一张大琴，大王为什么不用这大琴弹奏优美和谐的乐曲？大王通晓国家大事，而沉湎酒色不治理国家，这和臣懂得弹琴却不弹琴又有什么区别？今日臣善弹琴，在大王面前不弹，大王就很不高兴；大王身为一国之君，掌国不治，恐怕百姓们也会很不耐烦，很不高兴的。"这一番话击中了齐威王的要害让他茅塞顿开，他站起来对邹忌说："原来先生是来以琴进谏，寡人愿听先生治理国家的大计。"

邹忌趁热打铁，接着说："大王初登王位时，就曾把国家比喻作一张大琴，并说要像用大琴演奏优美和谐的乐曲那样治理好国家。如今还为时不晚，大王当振奋精神，一振雄风，实现自己当年的诺言。"

这齐威王还算是历史上的明君，仔细一想，邹忌的话不无道理，便移座相近，与邹忌促膝长谈。邹忌乘机进言，认为国家百废待兴，关键在广开言路、重用人才，君臣两人又有一段精彩的对话。

邹忌对齐威王说："城北徐公是出名的美男子，大王以为臣能和徐公相比吗？"

齐威王说："先生虽身长八尺，形神逸丽，然与城北徐公相比，恐怕还是比不上徐公。"

"是啊！臣对着镜子自照，也自己觉得不如徐公。但臣曾经问妻、妾，她们都说臣长得比徐公更漂亮。后来，有一位客人来访，臣又问客人，客人说徐公确实要比臣差一些。臣问了三人，三人说的都一样，所以，臣便信以为真，觉得自己的确要比徐公美一些。"

听邹忌这么一说，齐威王开怀大笑。

邹忌把握时机接着说："大王莫见笑。大王必定认为臣是过高地估计了自己。臣后来自己也知道了这一点。第二天，徐公正巧来臣家中，臣当面仔细审视比较，这才发觉自己远不如徐公漂亮，再对镜一照，更觉得比徐公差得很远。"

齐威王问："这是怎么回事？"

"臣左思右想，终于弄清楚了这个道理。臣意识到他们之所以这么说，是有意吹捧，是怀有私心的。妻之所以说臣美，是因为爱臣；妾之所以说臣美，是因为畏惧臣；客人之所以说臣美，是因为有求于臣。"邹忌分析着说。

齐威王听得入神，接过话题，说："先生不能光听好话，否则会上当受骗啊！"

"是啊！如今齐国地方千里，有城一百二十座，大王的嫔妃莫不爱大王；朝廷大臣，莫不畏惧大王；四境之内，莫不有求于大王。由此看来，大王恐怕也听不到真话。"

齐威王这才发觉自己上了邹忌的"当"，笑着说："先生真是巧善辞令啊！讲得好，确实很有道理。"

君臣促膝长谈，越谈越投机，齐威王见邹忌是一个具有雄才大略的能人，便拜邹忌为相国，挂丞相之印。同时根据邹忌的建议，发布了广开言路的命令：凡群臣吏民，有能当面尖锐指正寡人的错误的，得上等奖赏；书面劝谏寡人的，得中等奖赏；能够在街头巷尾议论寡人的，也可得下等奖赏。命令初下，门庭若市，进谏不绝。齐威王真正醒悟，开始任用贤才，集思广益，整顿朝政，发展生产，齐国又逐渐开始出现蒸蒸日上的气象。

三

战国时代，有人用琴道治理国家，也有人学琴为报父仇，聂政刺韩王即是琴史上长期流传的一段佳话。

据东汉蔡邕在其《琴操》卷下中的记载：

《聂政刺韩王》者，聂政之所作也。政父为韩王治剑，过期不成，王杀之。时政未生，及壮问其母曰："父何在？"母告之。政欲杀韩王，乃学涂入王宫，拔剑刺王不得，踰城而出，去入太山。遇仙人，学鼓琴，漆身为厉，吞炭变其音。七年而琴成，欲入韩，道逢其妻，从置栉，对妻而笑，妻对之泣下。政曰："夫人何故泣？"妻曰："聂政出游七年不归，吾尝梦想思见之。君对妾笑，齿似政齿，故悲而泣。"政曰："天下人齿，尽政若耳，胡为泣乎？"即别去，复入山中，仰天而叹曰："嗟乎！变容易声，欲为父报仇，而为妻所知，父仇当何时复报？"援石击落其齿，留山中三年习操。持入韩，国人莫知政。政鼓琴阙下，观者成行，马牛止听，以闻韩王。王召政而见之，使之弹琴。政即援琴而歌之，内刀在琴中。政于是左手持衣，右手出刀以刺韩王，杀之曰："乌有使者，生不见其父，可得使乎！"政杀国君，知当及母，即自犁剥面皮，断其形体，人莫能识。乃枭磔政形体，市悬金其侧，有知此人者，赐金千斤。遂有一妇人，往而哭曰："嗟乎！为父报仇邪！"顾谓市人曰："此所谓聂政也。为父报仇，知当及母，乃自犁剥面，何爱一女之身，而不扬吾子之名哉！"乃抱政尸而哭，冤结陷塞，遂绝行脉而死。故曰《聂政刺韩王》。

上述这段聂政刺韩王的故事，虽然与历史真实相差甚远，但因为东汉著名文人蔡邕的解读而在琴界广为流传，从以假成真角度论，此故事可谓空前绝后。

真实根据蔡邕与嵇康等人的理解，后人常把《聂政刺韩王曲》和旷古绝作《广陵散》联系起来。

据明代琴家朱权《神奇秘谱》云："《广陵散》曲，世有二谱。今予所取者，隋宫中所收之谱，隋亡而入于唐，唐亡流落于民间者有年，至宋高宗建炎年间，复入于御府，经九百三十七年矣。予以此谱为正，故取之。"说出此谱是一首来源甚古的曲谱，因谱中有"取韩""冲冠""发怒""投剑"等分段小标题，琴家就认为《广陵散》是源于《聂政刺韩王曲》，并把《广陵散》看作是和《聂政刺韩王曲》异名同曲，也称"曲之师长"，为我国现存琴曲中唯一的具有戈矛杀伐战斗气氛的乐曲。现据明朱权《神奇秘谱》卷上、明朱厚爝《风宣玄品》卷五、明汪芝《西麓堂琴统》卷22、清孔兴诱《琴苑心传全编》卷19、清《襄露轩琴谱》卷12、清杨宗稷《琴学丛书》卷38、刘少椿《琴谱》所收本统计，以《聂政刺韩王曲》改编而来的《广陵散》，共有四十五段。题名分别为：开指，小序，止息一，止息二，止息三，井里，申诚，顺物，因时，干时，取韩，呼幽，亡身，作气，含志，沉思，返魂，徇物，冲冠，长虹，寒风，发怒，烈妇，收义，扬名，含光，沉名，投剑，峻迹，守质，归政，誓毕，终思，同志、用事，辞乡，气冲，微行，会止息意，意绝，悲志，叹息，长吁，伤感，恨愤，亡计。古人称此曲："其怨恨凄恻，即如幽冥鬼神之声，邕邕容容，言语清冷；及其怫郁慷慨，又亦隐隐轰轰，风雨亭亭，纷披灿烂，戈矛纵横。粗略言之，不能尽其美也。"这正是：不畏强暴为复仇，学琴亦能报父仇。

四

孟姚以琴取悦赵武灵王取得王后之事也十分有名。

战国时代，赵武灵王胡服骑射，成为一代天骄。

然而，自古至今，英雄难过美人关。

在这世界上，自从上帝造人以来，女人，就成为上帝用来克制男人的一个十分有效的法宝。

当初，在伊甸园中，亚当本来过着无忧无虑，自由自在的日子。可这让上帝感到心里堵得慌。为了释怀，他便施出万能的本领，再造出一个异性夏娃，引诱亚当犯罪。这位万能的上帝，则在旁边边看笑话，边用天条惩罚人类，以证明自己神圣不二的权威。

因为上帝造人时的有意布控，但凡是人，就总会有这样或那样的缺点，这些缺点，就成为上帝操纵人类的权柄。

赵武灵王虽然英姿勃发，但喜爱女人和音乐，尤其喜欢听琴，爱听美人弹琴。

史载，一天，赵武灵王梦见美人鼓琴。美人那姣好的面容，婀娜的身姿，美妙缠绵的琴声，就像生了根似的，让赵武灵王再也难以释怀。折磨之下，他向群臣问计。大夫胡广遂将其女孟姚荐与赵王。孟姚自幼学琴，精通音律，加上音容相貌酷似赵武灵王的梦中情人，赵武灵王"大悦之，纳于宫中，谓之吴娃"。喜爱得不得了。王后死后，赵武灵王立刻立吴娃为后，并废太子，立吴娃的爱子为太子。这种因为沉溺于女人，将国事家事分不开的帝王自古有之。周幽王、晋献公等人就是前车之鉴。人人貌似明白，但一旦涉及自身，仍是难逃红尘魔咒，最后酿成悲剧。因为爱一个女人就随便将接班人选更换，从而埋下了日后王权更迭时期动乱的祸根，聪明如赵武灵王者亦不能免俗。

五

战国虽为动乱年代，但古琴音乐并未失传，这从齐国民间琴家雍门周一例中即可得到证明。

当时，齐国的国都临淄，都市兴旺，经济繁荣，为音乐艺术发展提供了雄厚的物质基础。临淄人以爱好音乐，吹竽鼓瑟，击筑弹琴为时尚，孕育出大批民间职业音乐家，家住雍门的民间职业琴家雍门周就是这样环境下出现的一个代表性人物。

雍门周，本姓周，因居雍门，人们都叫他雍门周，亦称雍门子或雍门子周。雍门周以善于鼓琴闻名于齐国。他的演奏技艺高超绝妙，尤其是演奏悲怨的琴曲，凄楚伤感，凡听过他演奏的人，无不感动得悲伤落泪。雍门周以善弹悲曲而驰名都城。

　　历史上著名的"战国四公子"之一的齐国孟尝君爱好音乐，在古琴方面也有一定的造诣。他不相信雍门周的演奏技术会像人们风传的那样，具有催人泪下的感染力。于是，就派人去请雍门周。二人见面后，孟尝君对雍门周说："听说先生擅长弹琴，但不知先生弹琴能使我悲伤流泪吗？"雍门周深知孟尝君养尊处优，没有经历过什么悲伤的事情，就坦诚直率地说："我怎么能使您悲伤呢？我弹琴只能使有数几种人感到悲伤。"孟尝君认为雍门周弹琴技艺也不过如此，并没有像人们所说的那样神乎其神，心里虽然这么想，嘴上还是客气地说："想听先生说说是哪几种人？"

　　雍门周不紧不慢地说了起来："我的琴艺能叫这样的几种人感到悲伤：先前锦衣玉食，而今贫困潦倒；昔日地位高贵，今日一落千丈；或者品性高雅，但不能见信于人；或者至亲好友无故被迫分离，永远没有机会再见面；或者孤儿寡母无依无靠，而又无人援手相助；或者身处逆境，而四邻都不与他来往；或者被人栽赃诬告，而有冤又无处得伸；或者才华出众，但处处受到压抑无法伸展其能；像这些人本来听见风声鸟鸣都会伤心，只要我抱琴调弦，长长叹息，琴声刚起，他们就会伤心哭泣，泪湿衣襟。而您与他们不同，您养尊处优，无忧无虑，是拥有千乘兵车的显贵人物，住的是高房明堂，睡的是牙床锦被，穿的是绫罗绸缎，吃的是山珍海味；又时时有歌舞相伴，歌女为您歌唱，舞姬为您起舞，眼前是郑国的女伎，美色迷住了你的双眼；耳边响起楚国的音乐，妙乐充斥着您的两耳。您外出游玩，乘的是豪华的楼船，旗鼓相随，前呼后拥；您山野狩猎，骑着上等的骏马，任意驰骋，尽情玩乐；像您这样生活优裕，整天享乐，就是天下弹琴高手，任凭他弹奏什么悲伤的曲子，也难以使您感到悲伤呀！"

　　孟尝君听了这番话，感觉也有几分道理。不过，他仍然不相信雍门周具备过人的琴艺。

　　雍门周话锋一转，接着说道："不过依我看来，您也有值得悲伤的事情。"

　　"真的吗！先生说来我听听。"孟尝君急切想知道雍门周说些什么。

　　雍门周认真严肃地说："您知道吗？现在苏秦主张合纵，要联合众多弱国去攻打强大的秦国；而张仪则提出连横，游说弱国依附强国去讨伐楚国，您既抗秦又伐楚，得罪了秦国和楚国，而今天下大势非秦即楚，合纵成功，楚国就要称霸；连横胜利，秦国必然称王。天下群雄争斗，忽而变为合纵，忽而又改为连横，翻云覆雨，变化多端，无论是楚国称霸，还是秦国称王，两国都会来向您寻仇。您想过没有，您只拥有区区弹丸之地的薛邑，别人要来收拾您，如同用锋利的斧头去砍细嫩的蘑菇一样容易。天下凡有远见卓识的人，无不为您担忧啊！"

孟尝君听了有些忧虑迷茫，深感不安，忙问："那先生说说如何是好？"

"别急，还不止这些呢！"雍门周接着又说："破国亡邑的后果不堪设想，那是多么的凄惨啊！等你一死，您的祖宗庙堂没有人祭祀，您的高台楼阁也全都被毁，您的亭园曲池日渐残败，您的坟头长满荆棘杂草，狡狐野兔出没其间，牧童在坟上嬉戏践踏，荒冢渐渐被踏平，而又没有人来修葺。到那时候，谁人见了都会叹息地说：孟尝君曾经那样显赫尊贵，到头来也落得如此地位呀！这些您又想过没有？"

雍门周所描绘的破国亡邑的凄凉情景，让孟尝君突然感到恍惚身临其境，身为其人，开始长吁短叹起来，眼眶里含着泪珠。此时，雍门周的琴声响了，他轻轻地拨动宫徵，缓缓地挥弹角羽，深沉悠满地弹完一曲，只见孟尝君歔欷不已，泪如雨下。孟尝君恭敬地站起身来，对雍门周说："我一听先生弹琴，就感到自己好像是破国亡邑的人了。"

关于此事，唐人白居易在《和思归乐》诗中所云：

孟尝平居时，娱耳琴泠泠。
雍门一言感，未奏泪沾缨。

雍门周是个音乐行家，懂得音乐欣赏中的情感问题，他先用一番话，晓以利害，恳切中的，使孟尝君从自己现今安富尊荣的处境中，看到将来破国亡邑的悲伤，继而抚琴演奏，孟尝君也就产生了强烈的情感共鸣，才会泪湿衣衫。西晋有"陆才如海"之称的陆机在《豪士赋序》中曾谈到孟尝君听琴的事，认为孟尝君听琴落泪主要是他的主观感受，而雍门周的琴声的作用则是次要的，他是这么说的："落叶俟微风以殒，而风之力盖寡；孟尝遭雍门而泣，而琴之感以末。"

唐人皎然在其《杂兴六首》诗中云：

谁高齐公子，泣听雍门琴。

死且何足伤，殊非达人心。

雍门周琴技高超绝妙，琴声感人至深，又深谙情感共鸣，以琴启发孟尝君改过，可谓德艺双馨的音乐家，成为战国音乐百花园中古琴花卉中一朵不可多见的奇葩。

总与世人拧巴的庄周

　　庄子在《齐物论》中讲了一个著名的寓言："昔者庄周梦为蝴蝶，栩栩然蝴蝶也。自喻适志与！不知周也。俄然觉，则蘧蘧然周也。不知周之梦为蝴蝶与？蝴蝶之梦为周与？周与蝴蝶，则必有分矣，此之谓物化。"在庄子看来，梦也好，醒也好，庄周也好，蝴蝶也好，究竟是什么根本不必去追求，因为从"道"的角度看，什么都一样。

一

　　庄子，名周，宋国蒙人（今河南、安徽交界处），生卒年月不详，大约生在公元前 369 年，死于公元前 286 年，与孟子同时而稍后。

　　他曾做过管漆园的小吏，有时又以打草鞋为业，生计甚不富裕。虽然生活贫困，他倒也自得其乐，没有感到自己有什么不适。

其实，庄子本人非常善文，又善辩，在当时的知识界颇有名望。凭他的本事，他原本是不用生活贫困的，但他不像常人那样"正常"，他视官禄如粪土，甘愿安贫乐道，也不愿意入仕过上阔绰但受约束的生活。

据司马迁在《史记·老子韩非列传》中记载：当时，楚威王听说庄子学问渊博，就派人带了大量钱财去请他作相，但被庄子拒绝了。他对前来请他的人说：千金、卿相确实是重利尊位，但这好比祭祀用的牛一样，养了多少年，还给它披上漂亮的衣裳，但目的是为了送入太庙当祭品。到那时虽然想做一只自由自在的小猪，也不可能了。你快走吧，不要玷污我！我宁愿像一头小猪，在污泥中自得其乐，也不为帝王们所束缚。我一辈子不当官，以达到我自得其乐的志愿。

自己不受聘也就罢了，不仅不受聘，反而把使者奚落了一番。放在当今这个世界，肯定人们都会嘲笑这位老先生迂腐而且傻冒。但这就是庄子。这就是他的迂而且傻的可爱处。

这，是庄子与这个世界拧巴的第一个地方。

二

庄子对战国时期剧烈的政治斗争与战乱的社会现实，采取了批判与回避的态度。

庄子消极厌世，对人生取虚无主义的态度，幻想摆脱一切外物和肉体的束缚，追求一种个人精神上绝对自由的境界。

庄子认为，人所以不自由，一方面是由于外界物质条件的束缚，另一方面则是由于自身肉体的束缚。用庄子的话来讲就是"有待"和"有己"。

庄子在《逍遥游》中说，大鹏的飞翔要靠大风和长翅膀，走远路的人要带许多干粮，这都是有所"待"。因为，没有大风、长翅膀、干粮等条件，就飞不了也走不成。他还说，传说列子能乘风飞行半个月之久，这比起一般人只能走路来讲，是自由多了。但是，列子也还是要受风的束缚，没有风他还是飞不了，所以也不能说是真正的自由。真正的自由是一切条件都不需要依靠，一切限制都没有，在无穷无尽的天地之间自由地行动，这叫做"无待"。庄子这是讲的要摆脱外界条件的限制和束缚。同样，受自己的肉体以至精神的限制和束缚，也不能得到真正的自由。所以各种主观条件也要摆脱，以达到"无己"。庄子理想中的最高尚的人，都是能做到"无己"的"真人"境界。

庄子在《大宗师》中描写的"真人"的情况是：睡觉时不做梦，醒来时无忧虑，吃东西也不感到特别香甜。对生不感到特别喜欢，对死也不感到特别厌恶。总之，他们是自然而生，自然而死，自然而来，自然而去，也就是说一切听任自然而然，毫不计较个人得失。这就叫"无己"，达到此境界就可以得到精神上的绝对自由。

庄子认为，要达到真人这种境界，其修行办法是"坐忘"。所谓"坐忘"，就是彻底地忘掉一切。庄子在《大宗师》中说："堕肢体，黜聪明，离形去知，同于大通，此谓坐忘。"这就是说，不仅要忘掉外界物质世界，而且要忘掉自己的肉体、感官的存在，排除形体、知识的束缚，使自己与整个自然混为一体。据庄子说，达到了"坐忘"的人，他们是形同槁木，心如死灰，无思无虑，无生无死，精神上得到了彻底的自由，也就是完全恢复了人的所谓"天然"的本性。

然而，庄子追求这种个人精神上绝对自由的境界，却与常人的想法格格不入。

在世人看来，人本来就是动物，与畜生一样，"食色性也"，靠本能打发岁月。

人生在世，就是要比别人多吃多占。

"对酒当歌，人生几何。譬如朝露，去日苦多。"

不抓紧在能享受的有限年代，吃喝玩乐，纵欲恣情，那活着还有什么意思？

庄子讲的绝对自由，在现实中不可得，就向内求，用清心寡欲来升华自己的精神世界。这种修养的方法，当然与世人的红尘欲望格格不入。

这，是庄子与这个世界拧巴的第二个地方。

三

在这个世界上，人们习惯于依赖明君贤相，喜欢歌颂治世、治人，而谴责乱世、乱人。

庄子却一反常态。他认为人类社会中一切祸乱的根源恰恰来源于这个"治"字上面。

庄子认为，人类的自然性与统治者的关系，如同陶土与陶冶者、树木与工匠、马与伯乐的关系一样，都是后者对前者的破坏。这种破坏表现在两个方面：一是"乱世之性"（《天道》），引起性情"烂漫"，使人类自身每况愈下，不可收拾；二是"治人"也破坏了自然界的和谐，"乱天之经，逆物之情，玄天弗成；解兽之群，而鸟皆夜鸣；灾及草木，祸及止虫"（《在宥》）。

人们都称道黄帝、尧、舜是"治天下"的"圣人"，然而庄子却认为，历史上一切混乱正是从这些人的"治"开始的。故云："治，乱之率也，北面之祸也，南面之贼也"（《天地》）。《庄子·在宥》篇曾经以这种思想为指导，具体叙述了黄帝倡义乱世的历史。人们都希望"治人"、贤圣出来治世，而《庄子》却认为："其存人之国也，无万分之一；而丧人之国也，一不成而万有余丧矣。悲夫！有土者之不知也"（《在宥》）。这就是《庄子》对那些希望"治者"出来拯救人类的人们的独特角度的回答。遍览《庄子》，书中对那些被人们公骂的不肖之主不置一词，而专骂那些被人们称颂为神圣的帝王君主，认为黄帝、尧、舜、禹、汤、王季、文王、武王、周公是真正的伤天害理的罪魁，君主是真正的大盗大贼。"大盗者为诸侯"，"窃国者为诸侯"。君主的所作所为都是自私的，是违反自然规律的。"天地之养也一，登高不可以为长，居下不可以为短。君独为万乘之主，以苦一国之民，以养耳目鼻口。"

不依赖明君贤相，不将希望寄托于别人的身上，做自己生活的真正主人。这，是庄子与这个世界拧巴的第三个地方。

四

司马迁说：天下熙熙，皆为利来；天下攘攘，皆为利往。名利是人类社会前进的驱动器。庄子却认为，人们只有从名利中解脱出来，才能回到自然的状态，因此，对名利欲望大加鞭挞。

《庄子》认为，名利欲望同人的本性是对立的。《庚桑楚》曾把名利欲望概括为四个方面，二十四种表现。即："贵、富、显、严、名、利，六者勃志也；容、动、色、理、气、意，六者缪心也；恶、欲、喜、怒、哀、乐，六者累德也；去、就、取、与、知、能，六者塞道也。"《庄子》认为"四六"不去，人性难复。去掉"四六"便能使人心归正。"正"就是人性的恢复。故又说："此四六者，不荡胸中则正。正则静，静则明，明则虚，虚则无为而无不为也。"这种连锁反应的最终结果，就是《庄子·德充符》理想中的"有人之形，无人之情"之人了。

《庄子·外物》认为，名利之类都属于身外之物，而"外物不可必"。如果一定要追求名利，就必然招祸。比如关龙逢、比干、箕子、恶来、桀、纣、伍员、苌弘、孝己、曾参等历史上的人物，都是因为追求名利，才招来了伤害。

庄子抨击名利，还有这样一个理由。这就是，一个人得到的名利越多，他的尊严丧失的也就越多。

庄子在《列御寇》中讲了这样一个故事：曹商为宋偃王使秦，因应对得当，秦王赐车百乘。曹商回到宋国，忍不住喜悦之情，向庄子夸耀了一番。

庄子有感于此,说:"秦王有病招医,破痈溃痤者得车一乘。舐痔者得车五乘,所治愈下,得车愈多,子岂治其痔邪?何得车之多邪?子行矣!"着实将曹商痛骂了一顿。

因为,在庄子看来,名利获得的多少与人格下降程度成正比。因此,为了保持自身人格的价值和尊严,最好不要让名利来玷污自己。

如此看淡与反感名利,这是庄子与这个世界拧巴的第四个地方。

五

在先秦诸子中,人伦关系是人类社会关系的重要表现之一,以儒家倡导最力,有一整套以忠孝仁义为主要内容的理论体系与实践的准则。

然而,在《庄子》看来,仁义与道家之"道德"是根本对立的。

大道废而后有仁义。这一说法,是《老子》一书首先提出来的,但未加说明论证。庄子则继承和发挥了这一观点。

庄子认为,"道""德"是自然的本性,仁义则是人的有意志的行为。"道不可致,德不可至。仁可为也,义可亏也,礼相伪也。"(《知北游》)又说:孝悌仁义、忠信贞廉,"此皆自勉以役其德者也"(《天运》)。因此道德与仁义的对立是自然与人为的对立。道、德是自然的"全",而仁义总是偏执一方。偏执一方就必然会走向另外一端,《庄子》所说的"合则离,成则毁,廉则挫,尊则议,有为则亏,贤则谋,不肖则欺"(《山木》),讲的就是这个意思。

在《庄子》看来,人只要为仁义、礼乐、知、利等念所缠绕,势必颠三倒四,坐卧不安。"不知乎?人谓我朱愚;知乎?反愁我躯。不仁则害人,仁则反愁我身;不义则伤彼,义则反愁我己。"(《庚桑楚》)总之,只要与仁义沾边,便如同播糠眯目,四方不辨;如蚊虻叮肤,通宵不寐;如敲锣打鼓,觅求亡子,无一时安宁。

庄子的这种反感儒家忠孝仁义的主张，是他与这个世界格格不入的第五个地方。

六

庄子的言论，充满了对喜生恶死观念的批判。

在庄子看来，生与死，本来就是一个自然的生理过程，生不足喜，死不足恶。被生死问题所纠缠，实在是自寻烦恼。对此，他提出了外生死的主张，以求彻底摆脱生死的束缚。如何做到外生死呢？《庄子》一书从各方面作了说明。其中最有价值的一点是它反复说明了生死是自然的过程。庄子再三指出，生死的自然过程是人的主观意识不能改变的。"死生，命也，其有夜旦之常，天也。人之有所不得与，皆物之情也。"（《大宗师》）又说·"圣人之生也天行，其死也物化。"（《刻意》）如果用今天所谓科学的观点来看，这些认识并不完全准确，但庄了沿着自然的过程来寻觅生死的玄机，在思路上是合理的。

既然打破了生死的牢笼，庄子就极其藐视儒家在乎的那套厚葬思想和风气。据《庄子·列御寇》中记载："庄子将死，弟子欲厚葬之。庄子曰：'吾以天地为棺椁，以日月为连璧，星辰为珠玑，万物为齐送。吾葬具岂不备邪？何以加此！'弟子曰：'吾恐乌鸢之食夫子也。'庄子曰：'在上为乌鸢食，在下为蝼蚁食，夺彼于此，何其偏也！'"这真是大彻大悟之论，发聋振聩之言。正因为庄子真正明白了生死，他才会有如此高的见识和彻悟。

对喜生恶死观念的批判，成为庄子与这个世界拧巴的第六个地方。

七

庄子认为，事物之间的差别根本没有客观标准。所以会形成一种标准，不是客观事物本身的性质所决定，而完全是由人的主观判断所决定，并且随人的观察角度不同而又会有所区别。

庄子在《秋水》篇中说："以道观之，物无贵贱。以物观之，自贵而相贱。"庄子认为，从"道"的观点来看世界，物是没有贵贱分别的，然而从"物"的观点来看问题，那总是以为自己贵而别物贱的。所以庄子说，你从事物大的方面去看它的大，那么万物没有不是大的；你从事物小的方面去看它的小，那么万物没有不是小的。同样，事物的有和无，是和非，也都决定于人从哪个角度去观察它。对此，庄子用比喻加以说明：最小的东西，像兔子身上毫毛的尖，也可以说是天下没有再比它大的东西了，而泰山反而可以说是小的了。历来传说中最短命的殇子，也可以说是最长寿的人，而传说中活了七八百岁的彭祖反而可以说是短命的了。天地是先我而有的，但也可以说"天地与我并生"。万物是与我不同的，但也可以说"万物与我为一"（《齐物论》）。总之，在庄子的眼中，一切客观标准都不存在，一切都是随主观而转移，是相对的。

庄子认为，认识没有任何标准可以遵循。他在《齐物论》中，同样用举例的方式加以说明。他说：人睡在潮湿的地方就要得腰病，半身不遂，难道泥鳅也是这样吗？人爬到树梢上就发抖、害怕，难道猴子也是这样吗？那么，人、泥鳅、猴子三者，究竟谁懂得恰当的居住地方呢？又说，人吃牛羊猪肉，麋鹿吃草，蜈蚣爱吃蛇，鸱鸟和乌鸦喜欢吃老鼠，这四者究竟又是谁最懂得好的味道呢？再说，毛嫱、丽姬这些古代传说中的美女，人都以为美，可是鱼见了赶紧游到深水中去，鸟见了赶紧高高飞走，麋鹿见了也赶紧跑掉，这四者究竟是谁懂得真正的美呢？由此可见，一切都是相对的，人究竟能不能获得正确的认识，是值得怀疑的。

庄子还在《齐物论》中讲了一个著名的寓言："昔者庄周梦为蝴蝶，栩栩然蝴蝶也。自喻适志与！不知周也。俄然觉，则蘧蘧然周也。不知周之梦为蝴蝶与？蝴蝶之梦为周与？周与蝴蝶，则必有分矣，此之谓物化。"在庄子看来，梦也好，醒也好，庄周也好，蝴蝶也好，究竟是什么根本不必去追求，因为从"道"的角度看，什么都一样。

庄子还在《齐物论》中论证说：我与你两个人进行辩论，怎么能肯定你说的一定对，而我说的一定错呢？同样，也怎么能肯定我说的一定对，而你说的一定错呢？我与你是没法判定的，即使请出第三个人来，也没法判定。因为，如果他的意见相同于你我任何一方，他就没法判定谁是谁非，而如果他的意见与你我都不相同，或者都相同，那他也没法判定谁是谁非。所以说，无论谁也没法判定究竟谁是谁非，是非永远也搞不清楚。

现实生活中充满了是是非非，可庄子对此完全予以否定。

总是与世人观点不同，这是庄子与这个世界拧巴的第七个地方。

八

庄子虽然和这个世界很拧巴，貌似与这个世界格格不入，但实际上，他很智慧。只是因为看透了这个世界上太多的乌七八糟，他才会主动与这个世界保持着一段长长的的距离。这是世人看不透他的地方。

实际上，庄子并不是消极地避世。

他虽然主张乐天安命的人生，然而他却要追求绝对自由的高质量的人生。

他虽然对这个世界旗帜鲜明地呐喊：我不玩啦！我不和你们玩啦！我不和儒墨道德规范之类的规矩玩啦！但不自觉间，他却与这个世界，实际上是玩上了。

他虽然口口声声地要"逝将去女,适彼乐土。乐土乐土,爰得我所?""逝将去女,适彼乐国。乐国乐国,爰得我直?"但在实际上,他并没有那么超脱,并没有真正地做到身如槁木,心如死灰。

他虽然身居鄙野,生计贫困,但他的心是鲜活的,时不时地自说自话。要么把自己想象成一飞九万里的大鹏鸟,要么想象趁秋水上涨,自己顺黄河水自上而下到大海自由自在地游览一番。或者,他有时忍不住地写上几个寓言故事,发泄一下他对这个现实世界的不满与不屑。

他虽然希望逍遥人生。然在实际上,他的精神却蹚入了秋水,应了帝王,进了人间世啦!

他虽然身居草野,但心系天下;人在人间,却心游太虚;貌似逍遥旨在,却整天指桑骂槐,对他看不惯的东西,唠唠叨叨地不停地发泄着他的不满和牢骚。要是他真的想开了,看开了,很可能就不会有《庄子》这部与天地同朽的经典著作问世了。

庄子一生不仕,但他对这个炎凉世态的观察却独具眼光。

庄子的主观目的是想出世,为此他极细致地观察了这个世界,研究了世态万情,相应地提出了一整套理论,这种不自觉间,便为先秦思想界开辟了一个新的领域。

《庄子》一书共三十三篇,分内篇、外篇、杂篇,是我们了解和研究庄子思想的第一手材料。关于《庄子》的作者,学术界众说纷纭,莫衷一是。有的说内篇为庄子之作,外、杂篇为其后学之作。有的则认为外、杂篇多数属庄子本人之作,内篇为后学之作。还有的认为,庄子本人之作分散在内外篇中,应作具体分析。至于写作的时间,多数人认为书成于战国时期;有的则认为一些篇章是汉初的作品。不过,以本人之狭隘且有限眼光来看,我们不必死脑筋地非要搞清楚这些并不重要的东西,因为即使再争吵,也于事无补。就像一件十分宝贵的东西,丢了就是丢了,再也找不回来。《庄子》一书本来就像庄子本人一样,天马行空,嬉笑怒骂,无一定规则可循,到处充溢着谬悠之说、荒唐之言,无端崖之辞。从写作风格上看,仍然是庄子的灵魂在主宰一切。说它是庄子和战国时期庄子后学的论文汇编，当不会离事实太远。由于书成众手，在具体看法上多有抵牾之处，不过主体思想大体相近。《庄子》一书的主要思想可概括为一句话，即人性自然说和自然主义政治观。在《庄子》一书中，很难找到积极的治世方案，相反，看到的多是冷嘲热讽，然而嘲讽之中却包含着庄子独到的见解，从而从另一角度丰富了人们认识社会的途径。《庄子》对许多问题的结论是荒谬的，但在认识的过程中却迸发出许多光彩夺目的思想火花。